比べ読みの可能性とその方法

船津啓治

溪水社

読書力を高める比べ読みの意義と可能性

京都女子大学発達教育学部教授　井上　一郎

比べ読みは、読書行為の一つの方法である。目的に応じ、対象とするテキストの特質を解明したり、読者が自分の考えを深めたりするなどの方法として読書活動に活用することは、有益かつ意義深い。特に、現代社会のように情報過多といわれる時代にあっては、複数の資料を活用し、多様な立場を考慮しつつも、自らの立場を明確にすることが欠かせない。クリティカルな解釈力などは、一つのテキストを凝視させるだけの指導では育成しにくい。このように、比べ読みは、ある目的に応じた精読の読書行為として、また複数のテキストの活用における読書活動の方法として実に意義深いのである。

本書にあるように、私が比べ読みを提唱して長い時間が経った。提唱をし始めた頃は、ほとんど反響がなかった。まだ、一つの作品を丁寧に読むことに躍起になっていた時代だからであろう。今もその傾向が強いことに変わりがない。しかし、一方では、ＰＩＳＡによる読解リテラシーの低下や、各教科等を貫く調べる力の重要性の認識は、一つの文章を読むだけでは不十分であることを示唆し、大きなうねりとなって読書活動の変革を迫ることになった。特に、ＰＩＳＡの問題に手紙形式で比べ読みが出たことは大きなことであった。国立教育政策研究所教育課程調査官・学力調査官として、平成十九年の全国学力・学習状況調査において、物語を読んでの比べ読みを問題として設定したり、質問紙調査で実態調査をしたのもそのような流れを大切にしようと考えたからである。

また、文部科学省教科調査官として、平成二十年版学習指導要領では、「本や文章」を読むことを位置付けるとともに、「読むこと」の領域の指導事項に比べ読みを位置付けた。今後は、比べ読みという読書行為が重視されるとともに、多様な読書活動の中核となる読書行為の方法として言語活動の充実とともに活用されることであろう。

◆

そのように考えると、船津啓治先生によって、比べ読み一つに絞った研究書が刊行されるのは、時代がそうさせたとも言える。以前ならいくら研究が深くても、このように刊行まで至ったかは心許ないところである。だが、勿論、そのような時代状況があっても、これを正面からとらえ、歴史的な視点に加え、精密な実態調査やその有効性を検証する用意周到な実践を行った研究と実践への熱意がなければ本書は世の中に出ることはなかったであろう。

船津先生は、小学校教師である。私が鹿児島に足を運ぶようになって二十年近いが、まず何よりも実践者として私の厳しい指導に耐え、何度も原稿を書き直し、教育雑誌や全国国語教育カンファランスの実践書の執筆者として活躍してきた。全国大会での研究発表も数多い。全国国語教育カンファランスの鹿児島会員から、全国組織の中核会員となった一人である。実践への情熱は勿論、細やかな理論へのこだわり、何度も分かるまで質問し、追究する姿勢には、頭が下がる思いで見ていた。いつか、鹿児島の指導者となり、そして、大学院にまで進学し研究者となった。彼が、本書をまとめる契機と研究能力を高めていただいたことに、私からも、鳴門教育大学において国語教育研究を進めておられる先生方に深い感謝を申し上げたい。

実践者としても、比べ読みが重要であることに早くから気付き、自分のクラスで実践を蓄積してきた。児童たちの顔を思い浮かべながら本書の執筆が進んだことであろう。これほど確かな検証と客観性はない。本書が、多くの人に読まれ、比べ読みの意義と重要性が知られるとともに、船津啓治先生が実践者として、また研究者として国語教育界で活躍を続けることを期待したい。また、そのようになるように、今後も彼を見守り続けたいと思う。

はじめに

　私が「比べ読み」を知り、自覚して授業に取り入れ始めたのは、教師になって六年目の頃である。それまでは、発展読書として同じ作者の作品を読ませる程度であった。子どもたちは、自然と比べて読むことはあったのかもしれない。しかし、教師の側にはっきりした意図や目的がなければ、子どもがどういう読み方をして、どういう力をつけたのかは分からないのではないか。やはり、教師がその意義も方法も知らなければ、指導ができない。

　そう思い始める前、奄美大島の小学校にいたときに「比べ読み」をやったことがあった。教師四年目で、六年生の担任だった。二社の新聞記事を切り抜き、表現を比べたのである。二つの記事は明らかに違っていた。その記事とは、夏の高校野球で沖縄水産高校が準優勝し、ピッチャーが力投したものである。その姿は痛々しかったが、感動しながら見守っていた。当時その時のピッチャーが一人で何試合も投げ抜き、最後の決勝戦では、腕か肩を痛め、スローカーブの連投になってしまったのだ。当然打たれ、チームは負けたのである。一つの新聞社は、地元奄美の新聞社で、記事を大きく取り上げていた。それは、沖縄と奄美は昔から交流が深く、奄美大島は鹿児島県ではあるが、沖縄県に親しみを持っている人は多い。その影響もあり、記事は大きかった。もう一社は鹿児島県の新聞社で、記事を取り上げてはいたが小さかったと思う。どちらも賞賛していたものの、その違いが明らかだったので、子どもに読ませようとしたのだ。比べ読みをさせたいというスタートではなく、そのピッチャーに感動し、子どもに読ませたいと思ったから読ませた。その記事は、まず朝の会で教師の話の時に語り、その後、国語の授業で取り上げたのである。書き手によって、同じ出来事でも全然違ったものになるということを伝えたかったのだと思う。記事を読んだときの子どもの様子は定かではないが、まずまずの反応だったと記憶している。

教材開発は、子どもに伝えたい、おもしろく読ませたい、力をつけたい、という気持ちから始まる。

小学校卒業後も私とよく電子メールのやり取りをしている中学二年生の子ども（以下、A児）がいる。当時六年生であった。その一部を紹介する。

船津：ところで、六年生の時、国語で文章を比べて読んだこと、何か覚えてる？

A児：「海の命」を何個かシリーズっぽいのを比べて読みませんでしたっけ。あとは、宮沢賢治ですかね。

船津：よく覚えてるね。それで、比べて読んでどんなことが分かった？　どんなことがよかった？

A児：メール見た次の日に小学校に行ったんです。そしたら、思い出しましたよ。さすが習った場所に行くと思い出すんですね。「海の命」だと、他の「山の命」と比べて、表現の仕方が違った気がします。宮沢賢治だと、その物語ごとで全然感じが違って、難しい話もあれば、面白い分かりやすい物語もあった。オノマトペが面白かったです。

船津：それだけ覚えていたら十分だね。小学校に行ったら思い出したというのもいいね。中学ではしている？

A児：中学校では、比べ読みすることないですね。自分で読むときもそんなに考えません。

A児は、学習全般に真剣に取り組む子どもであった。二年以上も前のことを記憶していることは難しいことである。しかし、記憶に残っているものである。このやりとりから、これだけ記憶しているということは、当時、比べて読むことがA児に読みの力として身に付いていたと考えられる。「海の命」と『山のいのち』などを比べ読みしたときのことをA児は、「「海の命」だと、ほかの「山の命」と比べて読んで、表現の仕方が違った気がします」と記憶している。宮澤賢治の本を読んだときには、一冊一冊を対象として比べて読んだ。各グループや個人によっては、オノマトペや造語に注目して読むこともあった。そのときのことをA児は、「宮沢賢治だと、その物語ごとで全然感じが違ったり、難しい話もあれば、すっごい面白いわかりやすい物語もあった。オノマトペとか面白かったですね」と、記憶に残している。

一方、A児が、「中学校では比べ読みすることがないですね。自分で読むときもそんなに考えません」と言うように、二年後の今現在の読書生活に生かされていないことが課題である。当時の読書生活の中では、同一作者や同テーマの本を読むことがあったかもしれないが、時が過ぎれば、比べて読む力が忘れ去られている。

今まであまり意識していなかったことがある。それは、「教室」という場所である。A児は、その日は思い出せなかったが、次の日、偶然教室に行ったことで記憶が甦る。友達と教師と学び合った教室である。その場を持つということの大切さを教えてくれた。何を、どのように読むということは、よく考慮することであるが、場所は軽視していた感がある。学びは、子どもから教えられることが多い。

以上の二つの事例からも分かるように、子どもから学び、子どもに力をつけたい、という思いを念頭に置き研究に取り組む姿勢を基本に持った。どれだけその思いが具現化しているかどうか定かではない。

本研究では、〈比べて読む〉ことに考えを巡らせた。比べ読みの単元構想にも取り組んでいる。理論書を読んだことも、実践記録を読んだことも、単元開発に取り組んだことも、全て、いや僅かでもよいから子どもの中に生きてくれたらと願う。

◇

国語の授業の中でも、特に「読むこと」に関心を持つようになった。そんな折、井上一郎先生（当時、神戸大学助教授）の公開講座が初めて鹿児島で行われた。私はその講座に参加し、大きな衝撃を受けた。文章を比べて読むことも初めて知った。それが、先にふれた教師六年目のときである。読者論を基盤に「比べ読み」が明確に位置付けられ、読みの世界が広がることを実感した。鹿児島国語教育カンファランスに参加し、実践を重ねていくうちに、さらに研究を深めたいという気持ちが高まっていった。

その後、鳴門教育大学大学院に進学し、「比べ読み」に特化して研究を進めるようにした。そこでは、村井万里子先生に大村はまの「比べ読み」やアドラーの『本を読む本』について、丁寧な指導をいただいた。時代や国が違っていても、そこには「比べ読み」という読書行為が成立し、展開されていたことに気付かされた。

本書は、井上一郎先生、村井万里子先生の御指導がなければ生まれることはなかったであろう。時間を惜しまず御指導下さったことやお二人の国語教育にかける熱い思いを忘れることはできない。ここに記して、両氏に対して、謝意を申し上げたい。

本書の中では、御指導いただいたことを基盤として、下の「本書の構造図」ように展開した。

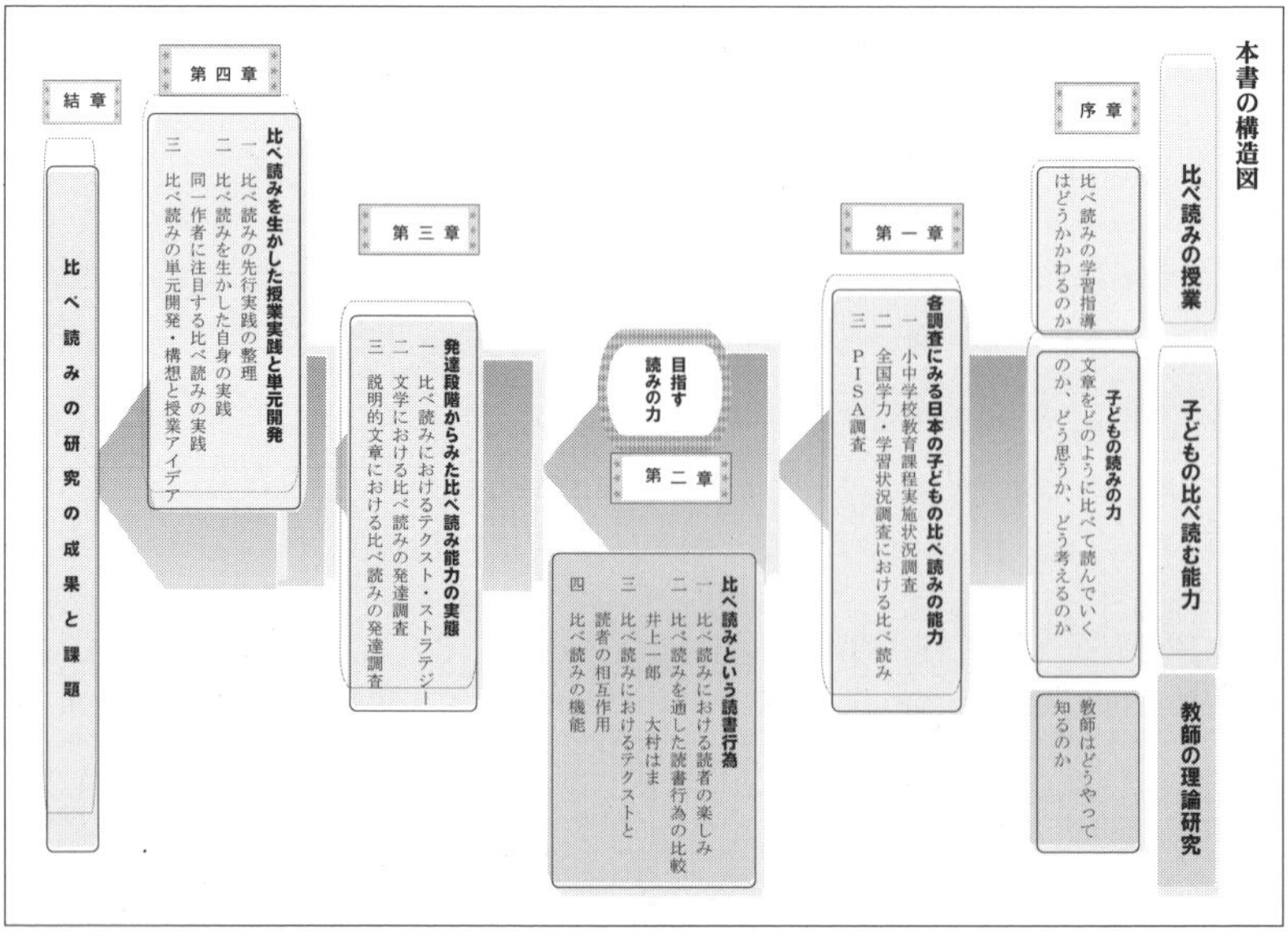

比べ読みの可能性とその方法　目次

比べ読みの可能性とその方法

序　章　研究の目的と方法

第一節　研究の目的

本研究の目的は、小学校における比べ読みの学習指導が、子どもの読みの力を高めるためにどうかかわるのか、子どもが文章をどのように比べて読んでいくのかを明らかにすることである。

子どもは文章を比べて読んでどう思うか、どう考えるのか、つまりは、どう感想をもつのかを明らかにしたい。そして、子どもが文章をどう理解していくのか、その理解に比べ読みはどうかかわるのか。その際の子どもの中に何が起こっているのか、読みの広さや深さを、教師はどうやって知るのか、明確にしていく。

そのために、先達の現代の文学理論や比べ読みの実践を考察し、子どもの読みをみる物差しをもちたい。

『平成一三年度小中学校教育課程実施状況調査報告書　小学校国語』の質問紙調査の結果に、子ども読者が比べ読みの学習に距離をおいていることが克明に分かる。小学五・六年生を対象として一六の調査項目中「いくつかの文章を読み比べること」は、「好きだった」が五年生二四・六％、六年生二一・五％でどちらも最下位である。「よく分かった」は五年生三三％で一四位、六年生二九・六％で一五位であった。（詳細は第一章で考察する）

これは、子どもの読みに原因があるというより、教師の読み方、読むことの指導の在り方に問題があったのではなかろうか。理解単元では、ほとんど同じ読み方でしか授業を構成していなかった。教材を読む指導過程に大きな問題があった。初発の感想を書く、教材を場面に分け、場面を決める、各場面ごとに詳しく読む、終わりの感想を書き発表する、評価テストをする、という流れである。この流れが悪いということではなく、この方法しか使ってなかった教師の画一的な指導に問題があった。この問題は、「特に、文学的文章の詳細な読解に偏りがちであった指導の在り方を改め、自分の考えをもち、論理的に意見を述べる能力、目的や場面などに応じて適切に表現する能力、目的に応じて的確に読み取る能力や読書に親しむ態度を育てる」（平成一〇年告示学習指導要領作成にかかわる教育課程審議会答申の基本方針）に影響している。

なお、本研究で使う〈比べ読み〉については、「複数のテクストをある観点を持って比べ、多面的、総合的に読むこと」と定義付けておく。井上一郎は〈比べ読み〉と〈重ね読み〉をどちらも「二つ以上の作品を比較・対照しながら読書行為を行うのである」としたうえで、区別して使用しようとする。〈重ね読み〉については「中核教材に対してまとまった作品を副教材として提供し、コンテクストの拡大によるテクスト化を図り、並行して複数の作品を読む行為が主要な目的となる」とし、〈比べ読み〉は「観点を定めて作品の一部を焦点化して教材化を図り、学習資料（ワークシート）などで集中的に議論を深めて読むような活動を主要な目的とする」[1]と定義している。本研究では、授業実践の中には〈重ね読み〉として明記されていても、〈比べ読み〉の範疇に入れて考えていく。

では、子どもが喜び分かる、目を開かれるような比べ読みの学習指導はどうあればよいか。前述した比べ読みが嫌いで分からなかった子ども読者は、比べて読むことに消化不良を起こしていたのかもしれない。読者が主体に成り得ていなかったのである。それに、まずは、読者が主体である状況を読書行為力と読書生活力との両面からとらえ、明らかにする必要がある。次に、読者主体の目指す読みの力を具体的にもち、それが比べ読みという読書行為をすることでどうかかわり合うのかとらえる。その育成すべき読みの力を明確に読書過程の中に位置付けることを綿密にしたい。

これらの力を育成するために、比べ読みをしていてどんなときに楽しいか、どう興味を持つのか、調査研究を中心に分析し考察する。

理論研究については、読書行為力と読書生活力との統合を目指して提案し続けている井上一郎の著書を中心に進める。

また、一読書人の育成を目指し、実践を続けた大村はまの授業を通して、実践に裏付けられた理論を見いだしていく。読書指導を読書生活指導にまで踏み込み、指導していた点を中心とする。

理論、調査結果、実践を分析、解釈することに加えて、自分自身が単元を構成していく視点を持ち、単元開発、比べ読みのテクスト開発も並行して行う。自分自身の授業実践に生かせるように、これまで述べてきたことと重ねて自身の実践を省察する。

第二節　研究の方法

本書は、序章・結章のほか、次の四章で構成する。

第一章　各調査にみる日本の子どもの比べ読みの能力
第二章　比べ読みという読書行為
第三章　発達段階からみた比べ読みの能力の実態
第四章　比べ読みを生かした実践と単元開発

第一章においては、比べ読みの意義と子どもの読みの楽しさ、読みの力を概観する。

第一・二節では、国内で行われている各学力調査における比べ読みを考察する。先般行われた全国学力・学習状況調査における比べ読みには、どのような問題が使われていたのか、子どもはどの程度比べ読みができるのか、分析していく。

第三節では、世界に目を広げ、ＰＩＳＡ調査における比べ読みを考察する。まずは、リーディング・リテラシー、ＰＩＳＡ型読解力の定義を確認する。次いで、二人の意見文を対象として比べ読みをすることでどの程度理解が進み、活用することができるのかを分析していく。

第二章においては、読者主体の比べ読みがどのような機能を持っているのか諸理論を基に分析し構築する。

第一節では、比べ読みの前提となる読者の権利や楽しみを整理していく。井上一郎は、読者の楽しみを文学、説明的文章の両面から多彩な読者の楽しみを列挙している。これらを授業につながるように整理し直していく。

第二節では、比べ読みを通した読書行為を比較していく。井上一郎が、比べ読みをどうとらえ、提案しているのか、考察する。また、大村はまが、比べ読みをどうとらえ、授業に位置付けているのか、倉澤栄吉とのつながりも射程に入れて考察する。さらに、井上一郎・大村はまの両者を比較して、その共通点と相違点を明らかにすることで、共通した比べ読みの意義と、両者それぞれの特徴的な比べ読みの在り方を明らかにする。

それらを地盤として、第三節では、読者とテクストの関係を現代文学理論を基に考察する。これらの理論を基に、目指す読みの姿や読書行為力、読書生活力をどう関連付け、その中に比べ読みをどう位置付けるか考え、構造化を図る。比べ読みが他の読書行為とどうかかわるのか、あるいは、比べ読みの効果や意義、おもしろさについて、観点を明確にして整理する。

第三章においては、比べ読みの反応の実態調査を文学と説明的文章の大きく二つに分けて行う。読みの反応については、子どもの生の声を聞くことを重視し、子どもの読みがどう発達するかということを中心にする。小学一―六年生までを対象とする。

第一節では、子どもの読みの反応を見る前に、テクストのもつ力に着目した。テクストと読者の相互作用を考える場合、テクストが読者にどう働きかけてくるのか、その作用を筆者（船津）が一読者になって明らかにする。

第二節では、文学における比べ読みの発達調査を行い、子どもの読みの反応を分析する。前節で明らかになったテクストの作用と結合した考察を進める。中でも、「登場人物を読むこと」における反応の発達に注目する。

第三節では、説明的文章における比べ読みの発達調査を行い、子どもの読みの反応を分析する。前項と大きな相違点は、目的を設定した比べ読みということである。中でも、題名をどう読むか、子どもの反応に注目する。

第四節では、子どもの比べ読みという読書行為に関する意識を把握する。比べ読みのよさをどう自覚しているのか、二つの調査を通して見えるものを整理する。

第四章においては、自身の実践を、読者が主体と成り得ていたのかを中心に省察する。表現者意識を育てる視点をもって分析する。これまで行われた読むことにおける理論や指導法を遡り、比較検討していく中で、自分自身の授業構想に役立てるようにする。

第一節では、過去に比べ読みの授業実践がどのように行われてきたか、探索していく。その中で、時代的変化を把握する。管見に及ぶかぎり、過去二〇年に渡り雑誌『実践国語研究』『教育科学国語教育』『月刊国語教育研究』を取り上げ、時間軸に沿って整理する。

各章において、いずれの章でも最初の第一節でその章の前提となる考え方を定め、それ以降の節では、第一節の内容を展開していく論の運び方をとった。

注

（1）井上一郎編『多様な読みの力を育てる文学の指導法　教材研究と全授業記録』高学年、明治図書、一九九八年五月、七頁

第一章　各調査にみる日本の子どもの比べ読みの能力

第一節　小中学校教育課程実施状況調査における比べ読みの意識

第一項　質問紙調査における国語の内容項目

本節では、平成一三年度小中学校教育課程実施状況調査の「質問紙調査を通してみた調査結果」の中の比べ読みに絞って考察する。

本調査を対象とするのは、①現在の子どものデータに近いこと、②小学生を対象としていること、③全国の子どもを対象とし、参加数が一〇万人を超えて妥当性が高いこと、④『平成一三年度　小中学校教育課程実施状況調査報告書　小学校国語』として出版されまとまっていること、⑤子どもと教師の双方の調査であり、両者の意識を比較できること、⑥本データを一読したとき刺激を受けたこと、の六つの理由からである。

一　質問紙調査項目

対象は、第五・六学年である。調査人数は、第五学年一〇万四三四三人、第六学年一〇万三六六一人、計二〇万八〇〇四人である。一六項目で、児童教師双方の意識を調査している。調査項目を領域ごとに分けると次のようになる。

【話すこと・聞くこと】
説明や発表をすること
目的をもって相手の考えを聞くこと
みんなで話し合うこと
【書くこと】
記録や報告などの文章を書くこと
手紙や感想文を書くこと
話や本の内容をメモすること
【読むこと】
説明的な文章を読むこと
文学的な文章を読むこと
いくつかの文章を読み比べること
読んだ後に関連した他の文章を読むこと
詩を読むこと
音読やろう読をすること
【言語事項】
漢字を読んだり書いたりすること
言葉のきまりを身に付けること
正しく整った文字を書くこと

内容項目ごとの「よく分かった」割合「子ども」

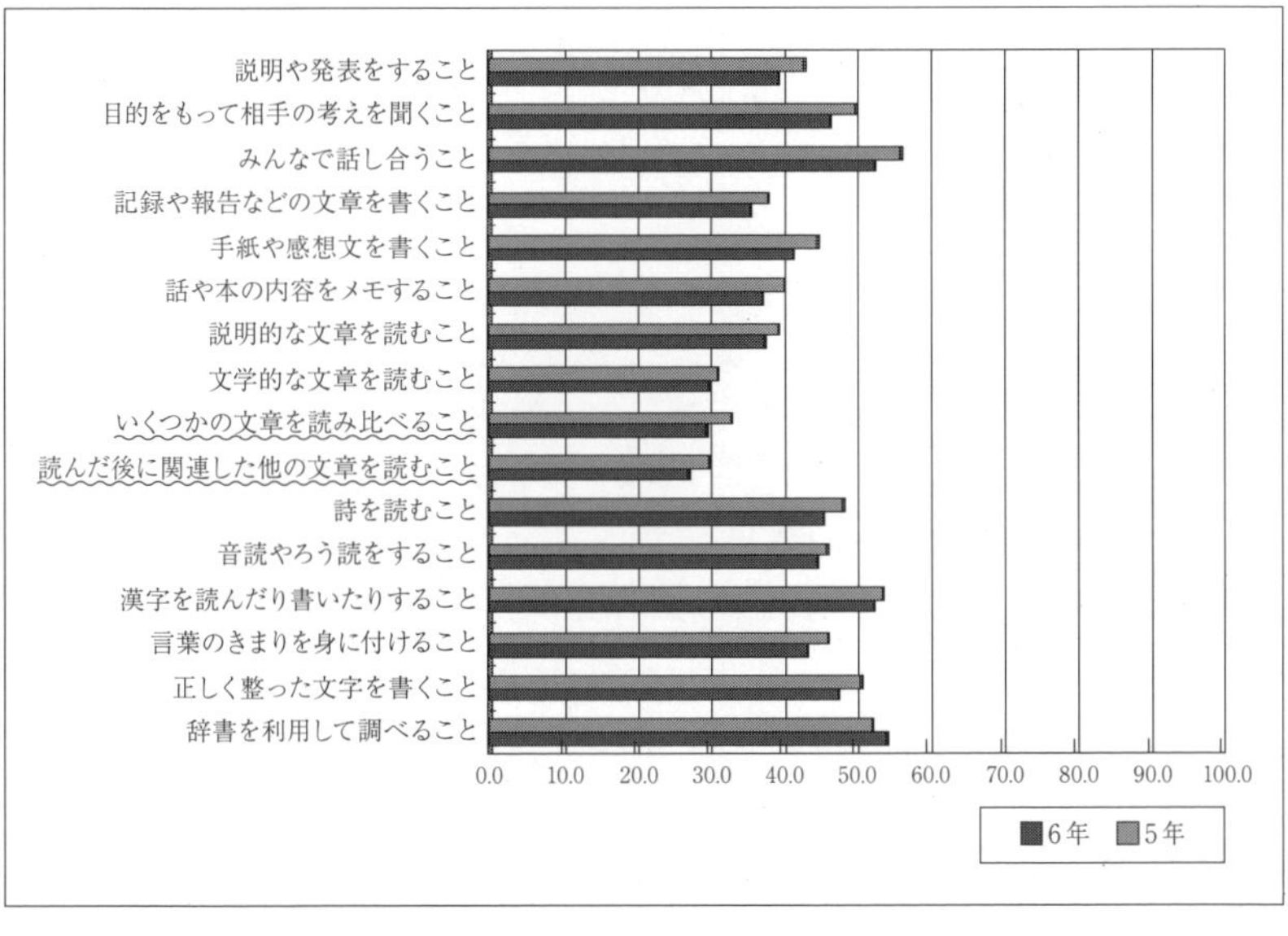

【児童対象】

児童	よく分かった		好きだった		役に立つ	
学年	5年	6年	5年	6年	5年	6年
説明や発表をすること	43.1	39.5	27.4	22.8	50.4	52.4
目的をもって相手の考えを聞くこと	50.2	46.7	35.7	32.6	49.9	52.6
みんなで話し合うこと	56.3	52.7	51.0	48.2	51.4	53.4
記録や報告などの文章を書くこと	38.1	35.6	31.0	27.4	46.3	48.2
手紙や感想文を書くこと	44.9	41.5	39.5	35.1	41.8	42.3
話や本の内容をメモすること	40.3	37.2	29.4	25.4	40.7	40.9
説明的な文章を読むこと	39.5	37.6	30.9	28.2	43.5	43.0
文学的な文章を読むこと	31.1	29.9	28.6	28.2	40.6	40.8
いくつかの文章を読み比べること	**33.0**	**29.6**	**24.6**	**21.5**	**34.4**	**32.0**
読んだ後に関連した他の文章を読むこと	29.9	27.2	25.5	23.6	31.4	28.9
詩を読むこと	48.4	45.6	52.4	48.6	27.7	23.7
音読やろう読をすること	46.1	44.8	41.8	38.8	36.1	34.2
漢字を読んだり書いたりすること	53.7	52.6	46.1	45.9	57.6	61.3
言葉のきまりを身に付けること	46.3	43.4	32.3	29.0	56.6	60.1
正しく整った文字を書くこと	50.8	47.6	40.3	36.7	56.9	60.3
辞書を利用して調べること	52.4	54.3	43.4	44.0	53.9	56.1

【教師対象】

教師	理解しやすい		興味を持ちやすい	
学年	5年	6年	5年	6年
説明や発表をすること	33.6	30.8	53.4	47.2
目的をもって相手の考えを聞くこと	29.3	32.8	31.7	30.7
みんなで話し合うこと	43.3	40.3	67.8	64.0
記録や報告などの文章を書くこと	18.3	22.1	21.1	23.2
手紙や感想文を書くこと	35.8	34.7	33.2	30.9
話や本の内容をメモすること	32.9	35.0	24.5	24.3
説明的な文章を読むこと	38.3	41.3	34.9	33.3
文学的な文章を読むこと	49.7	44.3	70.7	67.8
いくつかの文章を読み比べること	**13.9**	**11.0**	**15.9**	**12.6**
読んだ後に関連した他の文章を読むこと	**27.8**	**23.7**	**49.4**	**45.1**
詩を読むこと	45.9	40.2	69.7	64.3
音読やろう読をすること	59.9	53.7	71.4	61.4
漢字を読んだり書いたりすること	50.1	55.0	38.2	41.2
言葉のきまりを身に付けること	19.9	18.8	21.9	20.4
正しく整った文字を書くこと	42.5	43.3	29.2	28.2
辞書を利用して調べること	50.3	53.0	62.3	59.7

子どもを対象としては、各項目ごとに、「好きかどうか」「分かるかどうか」「役立つかどうか」がたずねられている。教師を対象としては、各項目ごとに、「児童にとって理解しやすいかどうか」「児童が興味を持ちやすいかどうか」がたずねられている。結果は前頁の通りである。

第二項　質問紙調査における子ども・教師の比べ読みの意識

一　比べて読むことをどう思っているのか

『平成一三年度小中学校教育課程実施状況調査報告書　小学校国語』（井上一郎担当）の質問紙調査の結果を見ると、「いくつかの文章を読み比べること」は、五年生の「好きだった」二四・六％、「きらいだった」四四・二％であった。同じく六年生「好きだった」が二一・五％、「きらいだった」四七・〇％でどちらも各項目間で最下位である。「よく分かった」は五年生三三％で一四位、六年生二九・六％で一五位でこれも最下位に近い。

「ふだんの生活や社会に出て役に立つと思った」は、五年生三四・四％、六年生三二・〇％、「役に立つとは思わなかった」は、五年生一八・七％、六年生二〇・九％である。

いくつかの文章を読み比べること［子ども］

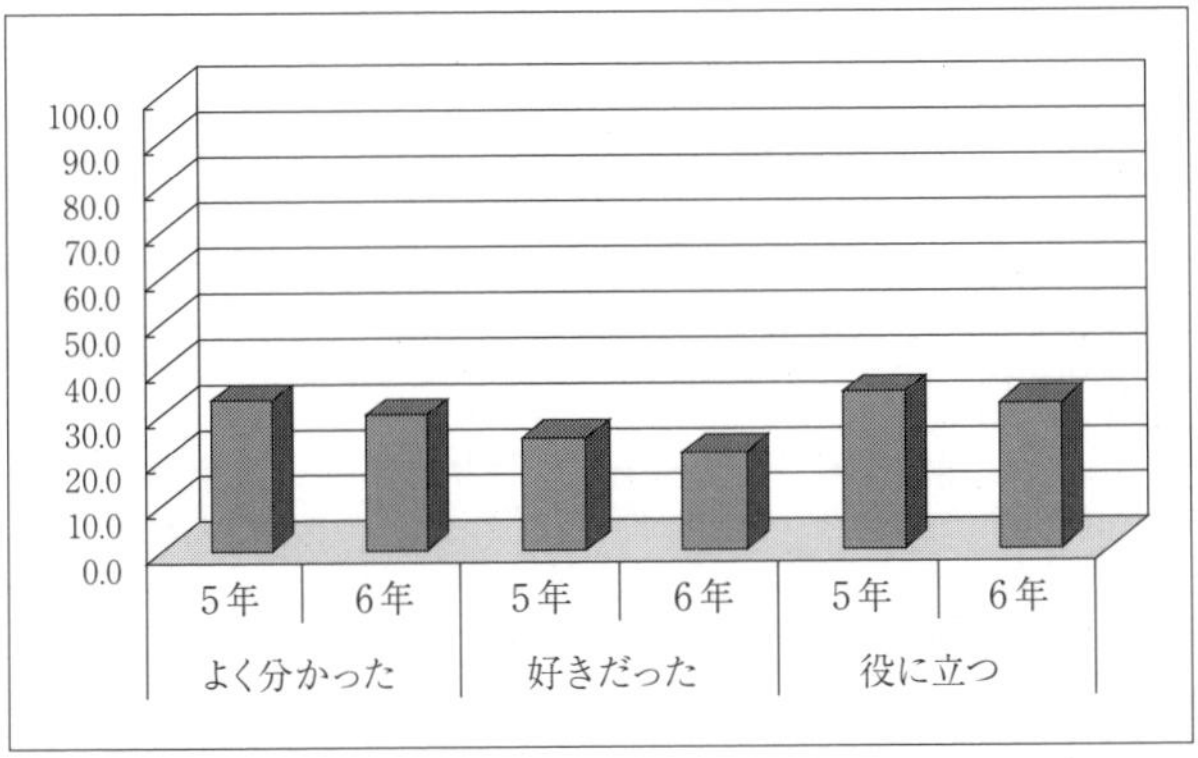

五年生担任の教師への調査では、「児童にとって理解しやすい」が、一三・九％、「児童にとって理解しにくい」は、五七・四％と高い数値が出た。「児童が興味を持ちやすい」は一五・九％、「児童が興味を持ちにくい」は四一・三％であった。

六年生では、「児童にとって理解しやすい」が一一・〇％、「児童にとって理解しにくい」は、五四・八％と高い数値が出た。「児童が興味を持ちやすい」は一二・六％、「児童が興味を持ちにくい」は四二・〇％であった。

いずれにしても数値が低く、比べて読むことは、教師にも「理解しにくいもの」「興味を持ちにくいもの」としてとらえられていることが分かる。他の調査項目と比して、大差を付けた最下位である。

子ども読者だけではなく、教師もが比べ読みの学習に距離をおいていることが明確に分かる。その理由については問われていないから、その原因を以下のように推測する。

○ 他の活動に比してあまり取り上げられていない。例えば、上位三位までの「詩を読むこと」「みんなで話し合うこと」「漢字を読んだり書いたりすること」は日常の学習でよく行われている活動である。

○ 意図的に取り上げられていない場合だけではなく、読み比べることの方法が理解されていない。

○ 複数のテクストを必要とすることからテクスト開発が必要である。

いくつかの文章を読み比べること［教師］

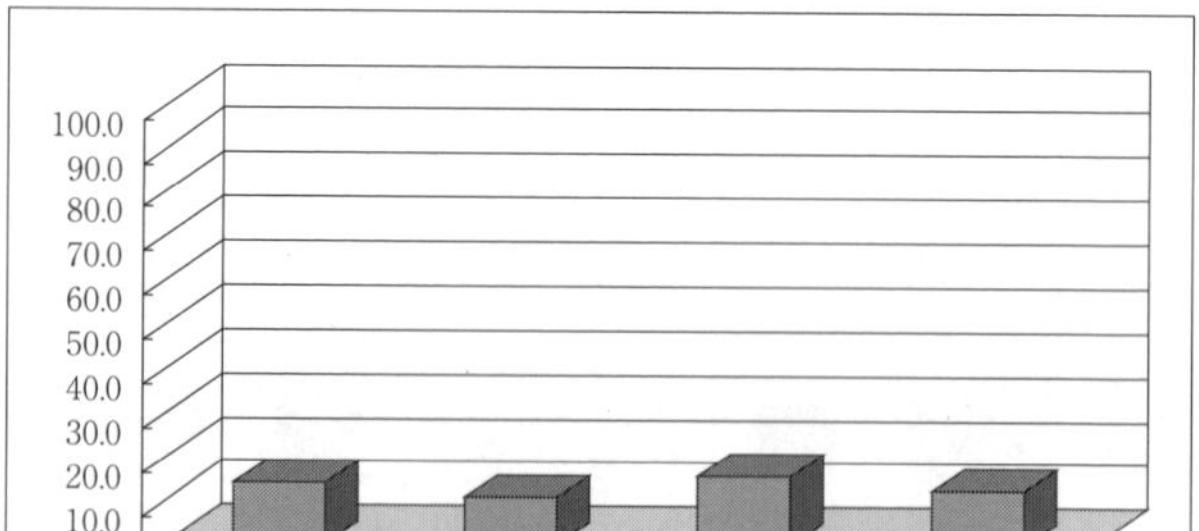

○テクスト開発はしても、繰り返すことがなく学力として定着していない。
○テクストの分量が学年の発達段階に合っていない。
○比べ読みをしたことはあっても学習後の満足感、成就感、達成感を味わっていない。
○教師も学習後の充実感などを実感として味わっていない。
○指導計画の関係上、比べて読む時間を見いだせない。
○比べて読む目的が分からない。
○これまでの指導法から抜け出せない。

二　調査を通しての課題

「いくつかの文章を読み比べること」以外に読むことの内容は「説明的な文章を読むこと」「文学的な文章を読むこと」「読んだ後に関連した他の文章を読むこと」「詩を読むこと」「音読やろう読をすること」の調査項目がある。「詩を読むこと」「音読やろう読をすること」は、子どもたちに割と支持されているが、他の活動は「読み比べること」ほどではないにしても数値が低い。

「読み比べること」と関連性の高い「読んだ後に関連した他の文章を読むこと」についても、五、六年生で「好きだった」は、一五位と一四位である。「よく分かった」はどちらも最下位であった。「読み比べること」を含む「読むこと」の学習指導の改善が大きな課題である。井上一郎が「日本の子どもの「読解力」[1]」で、平成一五年度の調査も用いて指摘していることも同様なことである。

本調査で現在の比べ読みの学習指導がうまくいっていないことが明確になった。その原因として、「教師のテクスト開発の困難さ」をいちばんに挙げる。比べ読みをするためには、比べて読むためのテクストが必要である。しかし、教科書に掲載されているものはほとんどが一つのテクストである。そこで、教師は読書し、テクストを探さなければならない。ただ似ているから、同一作者のものだから、というだけでは十分ではない。学習目標に応じてテクスト選択をしなければならない。したがって、テクスト開発の重要性が益々高まってくる。

『平成一五年度小中学校教育課程実施状況調査　小学校国語』の調査でも似た状況であった。詳しくは省略するが、そこで明確に挙げられた「指導上の改善点」を確認しておく。七つの課題の一つに比べ読みに関する課題がある。

情報活用や楽しみ読みなど様々な目的に応じて、必要な図書資料を選んだり、多読や比べ読み、速読や摘読、目標や時間を具体的に決める、など多様な読書活動を積極的に行うとともに、学校図書館等を利用する環境作りを行う必要。

指導上の改善点からも分かるように、比べ読みだけが問題なのではなく、それにかかわる選書や多読、速読、摘読、目標や時間の設定、など、課題の解決に取り組むべき読書活動である。それを支えるものとして学校図書館等の環境整備も忘れてはならない。

ここまで述べてきたことは同時に、今後の課題でもあるので五点に整理して確認しておく。

◇教師の比べ読み学習の理解
◇テクスト開発とそれに伴う単元開発
◇目的の持たせ方と比べて読む観点の産出
◇比べ読みとかかわる読書行為力の策定
◇比べ読みのための学校図書館を中心にした環境整備

第二節　全国学力・学習状況調査における子どもの比べ読みの実態

第一項　読書感想文を対象とした比べ読み

一　比べて読む問題

国における全国学力・学習状況調査の実施（平成一九年度）は四三年ぶりになる。この調査にも井上一郎がかかわっている。

国語の調査問題は、大きく二つの問題から構成されている。①主として「知識」に関する問題と、②主として「活用」に関する問題である。〈比べ読み〉に関する問題は、「文章を読んで筆者の主張の内容やその表現方法などを評価すること」の観点の一部になるようだ。〈評価して読む〉ための〈比べ読み〉という位置付けになっている。

出題の趣旨は、「二つの文章を比べて読み、共通する書き方の良さや工夫を評価し、自分の考えとしてまとめる」である。学習指導要領の内容・領域は、「読むこと」の「オ　必要な情報を得るために、効果的な読み方を工夫すること」（第五・六学年）である。

問題形式は、「記述式」になる。その他には、「選択式」「短答式」の二種類とする。では、実際に問題を見てみることにしよう。

比べて読む対象としては、子どもが書いたと思われる感想文が二編である。通常、文学や説明的文章を比べて読むことが多い。この出題から、比べ読みの対象は、大人の手によるあるひとまとまりの完成したテクストだけではなく、子どもが書いたものでも十分にテクストとなることが理解できる。

出題された問題文を挙げ、感想文としての作用や価値を考察してみる。考察の都合上、形式段落に番号を付す。

中川さんの学級では、夏休みに読んだ本の中で心に残ったものを感想文に書き、図書新聞にのせることにしました。先生が、感想文の書き方の勉強になるように二人の感想文をしょうかいしました。同じ本について書いた二人の感想文を読んで、あとの問題に答えましょう。

〈高橋さんが書いた感想文〉

①わたしは、相手のきげんをとったり、合わせたりするのは、本当の友達とはいえない。」という主人公あゆみの言葉をうまく受け入れられません。この本を読んで、人と人とがつながることのむずかしさを改めて考えました。

②あゆみは、親友とうまくいかなくなったとき、今までとはちがう見方をしました。少しずつはなれていく関係になやみながらも、新しく友達との関係をつくることができました。いつまでも考えこまず、気持ちを切りかえるようにしたのです。あゆみは自分にとって本当の友達とは何かということの答えを見つけたのです。

③わたしも、あゆみと同じような体験をしたことがあるのですが、うまくいきませんでした。広く人とかかわり、新しく友達を見つけていくことは大事です。だからといって、すぐに気持ちを切りかえるのはかんたんではありません。これからも人と人のつながりについて、考えていきたいと思います。

〈青木さんが書いた感想文〉

①主人公あゆみの印象的な言葉。「いつもそばにいていっしょに行動することだけが友達じゃない。ときにはきょりを置き、友達を見守ることが大切だ。」わたしは、この本を読んで、はげまされ、勇気をもらいました。

②あゆみは、親友とささいなことでけんかをします。少しずつ二人の心ははなれてしまい、落ちこんでいきます。そんなとき、全く気が合わないと決めつけていた別の友達が、「気にしすぎだよ。そのうち、仲良くなれるよ。」と声をかけてきました。話すことが少なかった友達が、声をかけてくれたことで、あゆみは元気づけられ、前向きな気持ちになれたのでした。
③わたしは、この本と出会ってから、いろいろな人と広くかかわることができるようになりました。少しのけんかは気にせずに、できるだけ多くの友達をつくろうと思います。この本に出会うことができて、本当によかったです。

先生は、この二人の感想文はどちらも良い書き方だとみんなにしょうかいしました。二人に共通する良い書き方とは、どのようなことですか。二つ書きましょう。

二　二人の感想文の作用と分析

正答率は、一つ目が五六・二％、二つ目が五五・一％であった。半数を少し超えた程度である。誤答例には、「しっかり書けている」など、抽象的なものや問題の条件に応じていないことが挙げられている。

正答の条件は三点ある。

ア　自分の生活体験や思いなどを結び付けた感想や意見、決意が明確であること
イ　本の引用や要約をしていること
ウ　段落構成（三段落）や言葉の使い方（現在形、過去形）を工夫していること

アについては、感想文という表現様式を考えると、感想や意見が明確に表れているかどうかというのは落としてはいけない重要な観点である。〈高橋さんが書いた感想文〉（以下、〈高橋〉）も〈青木さんが書いた感想文〉（以下、〈青木〉）も、どちらも三段落目に感想や考えが表れている。〈高橋〉は、「広く人とかかわり、新しく友達を見つけていくことは大事です。（中略）これからも人と人のつながりについて、考えていきたいと思います」とまとめている。〈青木〉は、「少しのけんかは気にせずに、できるだけ多くの友達をつくろうと思います」と述べている。最後の段落に感想や意見が表出していることは共通している良いところではあるが、細部を読むと相違点にも気付く。〈高橋〉は、「すぐに気持ちを切りかえるのはかんたんではありません」と述べて、「これからも人と人のつながりについて、考えていきたいと思います」というように、考え続けることを感想として持っている。一方、〈青木〉は、「できるだけ多くの友達をつくろうと思います」と次の行動へ思いを馳せている。その上、このような思いになったことを「この本に出会うことができて、本当によかったです」と本の出会いによるものとして感謝している。最後の段落は、どちらも感想や意見が表れているということは言えるが、筆者の立つ位置の相違にも気付かせたいところである。

また、感想や意見が表れているのは、③段落だけではなく、両者とも、①段落から感想や意見が表れている。〈高橋〉は、「――受け入れられません。この本を読んで、人と人とがつながることのむずかしさを改めて考えました」と、冒頭で読後の考えを出している。〈青木〉は、「この本を読んで、はげまされ、勇気をもらいました」と読後の感想を表している。自分を出し、読んだテクストに、励ましと勇気を感じている。

イについては、引用と要約とに分けて考えてみる。両者とも①段落で、主人公の印象的な言葉を引用し、その後、感想や意見を述べている。調査においては、引用しているということが解答の基準になっているが、読者主体の読むことの授業においては、その子ども読者がどの部分を引用したのか、ということが問題になる。

再読すると、両者とも、主人公あゆみの「友達観」が表れているところを引用している。つまり、冒頭で主人公の友達観を引用しているという共通点と引用箇所が違うという相違点がある。この調査テクストを授業として比べて読む際には、子ども読者がいちばん引用したい箇所を発表したり、それを整理して類別したり、引用した文章の違いを話し合ったりする活動が考えられる。

要約については、両者とも、②段落目に表現しているという共通点に気付く。解答としては、そのことを文章にすればよい。しかし、読者主体の授業になれば、その要約の仕方を問題にしたいところである。両者とも、四文で構成しており、始めに主人公の言動の事実を、その後、その理由を述べている。相違点としては、〈青木〉はここでも引用をしていることと、文末表現が、「――しました。」「――のです。」と「――ます。」「――のでした。」となっているところが挙げられる。要約部分を詳しく見ると、次のように比較できる。

	〈高橋〉	〈青木〉
主人公	①親友とうまくいかないときに違う見方をする。	①親友とけんかをする。
	②悩みながら新しい友達関係をつくる。	②心は離れ、落ちこむ。
	③気持ちを切り替えるようにした。	③気が合わないと決めつけていた友達に励まされる。
（引用）	④本当の友達とは何かという答えを見つける。	④元気づけられ、前向きな気持ちになれる。

同じ要約することでも、読者によってその仕方が違うことが分かる。その要約、引用したことをどう自分の考えと結び付けるのか、感想文を読む上で大切な観点になろう。表現する立場で考えると、比較することで、要約の仕方を学ぶことができる。

ウについては、感想文に限らず、作文は構成がはっきりしているということは、その文章の読みやすさ、筆者の論の展開、などの点から大切である。両者とも、次のような構成をとっている。

①段落…本を読んで、引用した箇所を基にした端的な感想や意見。
②段落…本の内容の要約。
③段落…読者の明確な感想や意見。

③段落目を比較すると、両者とも読者の明確な感想や意見が表れていることは確かだが、言っていることは違う。〈高橋〉は、主人公に似た自分の体験を出して、新しい友達を見つけることの大事さを述べている。最後には、「人と人のつながりについて、考えていきたい」という思いで締めくくっている。〈青木〉は、「多くの友達をつくろう」という思いの後、この本との出会いに感謝したい気持ちが前面に出ている。どちらも「思い」が込められている。また、表現の違いによる差異も生まれている。人間関係について考えていきたい高橋と、友達をつくろうと行為に及んでいる青木の違いがある。

表現の工夫については、イのところで述べたような文末表現の工夫がある。

無答率に目を向けてみると、問題の一つ目が一三・一%、二つ目が一七・四%で、全問題の中でいちばん高い。これは改善しなければならない問題で、子どもたちが比べて読むことに慣れていないかが分かる。

全体を通しての課題と言えるのは、複数のテクストを読むという行為が特別なことではなく、日常に行われなければならないということである。

第二項　質問紙調査における教科関連項目

前項では、比べて読むことにおいて、不正解であった子どもはどう比べて読んでよいか分からないようである。それだけではなく、問題に答えることさえできず、比べ読みに慣れていない子どもが多いのではないだろうか。その表れが、無答率の高さでもある。

ここでは、日常の国語の授業において、子どもが比べ読みをどれだけ経験しているのか、質問紙調査を基に考察する。

質問事項は、「あなたは、国語の授業で、二つ以上の資料や文章を比べて読んだり、調べたりしていますか」である。

結果は、「している」一〇・〇％で、国語に関する質問項目の中で二番目に低位であった。「どちらかといえば、している」三三・四％、「どちらかといえば、していない」四三・四％、「していない」一三・〇％である。因みに、一番低位であったのは、「あなたは、国語の授業の中で司会をすることがありますか」であった。なお、国語に関する質問事項は全部で一一問である。

「している」と「どちらかといえば、している」を足してみても四三・四％で、半数に満たない。これだけ経験をしていないということは、やはり正答率が高くなることは考えにくい。

文章を比べて読んだり、調べたりしていますか

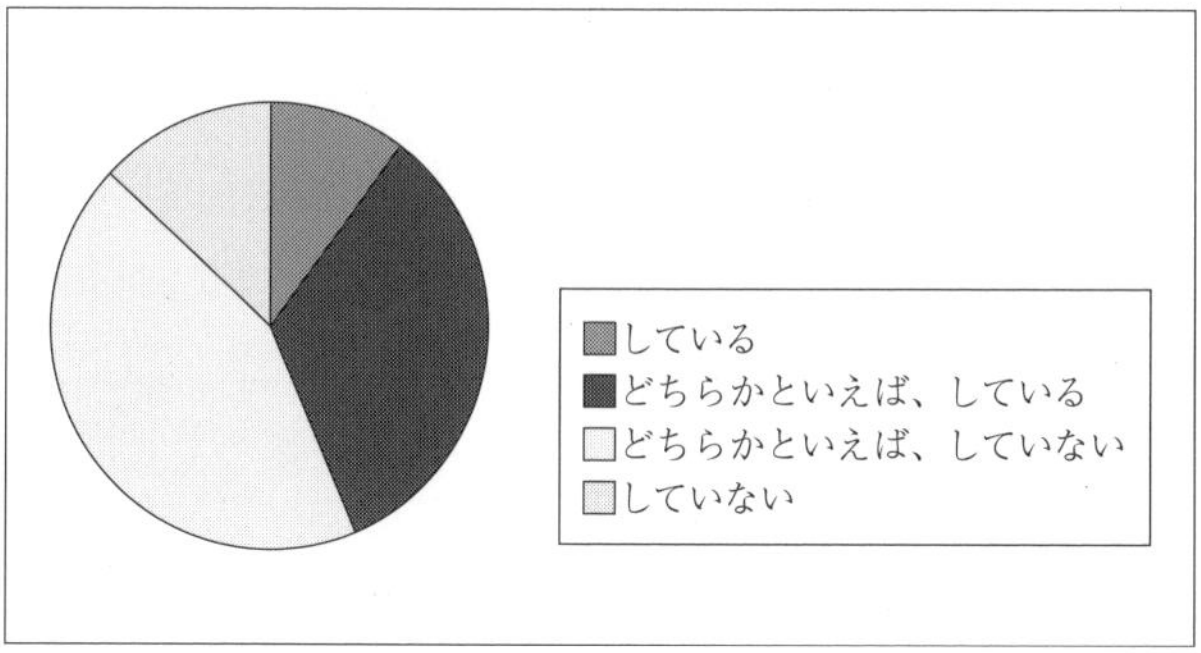

「国語B」活用型問題の平均正答率とのクロス集計を見てみると、「している」が六八・〇%、「していない」は五四・〇%と、一四・〇%の有意差が見られる。やはり、比べ読みを経験している子ども群が、していない子ども群よりも得点の高いことが見て取れる。「国語A」基礎問題では、僅かな違いであった。

第三節　PISA調査における生徒の比べ読みの実態

第二節までは、国内の調査を中心に取り上げ分析してきた。第三節では、国際調査に目を向け、比べ読みがどう取り上げられ、日本の子どもたちがどう反応しているか、「PISA型読解力と意見文を対象とした比べ読み」を中心に考察していく。

筆者自身、前回の二〇〇〇年PISA調査は、対象が一五歳の高校一年生だということもあり、あまり関心がなかった。新聞記事を読みはしたものの、自分が送り出した子どもたちが対象になっていることも実感としてなかったからだ。結果に責任も感じず、問題を漠然と見る程度であった。しかし、実際に問題を解いてみてその考えを改めた。これまでとらえていた「読解力」とは全く違ったものであり、真剣に分析しなければいけないと感じた。日頃使っているテスト問題と全く違う。少し分析して気付くことは、日本の生徒の無回答率の多さ、数学的リテラシーは六位で一位グループと科学的リテラシーは一位でありながら、読解力は一四位と落ちている、など。これらの結果は、これまで筆者が担任している子どもたちにも当てはまる部分が多い。読むという行為を、プロセスを、テキストの形式を狭くとらえすぎていた反省もある。

本節では、二〇〇三年のPISA調査を中心に分析していく。ただ、公開されている二〇〇〇年の問題を分析の対象とし、比較することもしてみたい。

第一項　ＰＩＳＡ調査における読解力

ＰＩＳＡ調査における読解力の定義を先に見ておき、図式化してみる。

一　読解力の定義

> 読解力とは、自らの目標を達成し、自らの知識と可能性を発達させ、効果的に社会に参加するために、書かれたテキストを理解し、利用し、熟考する能力である。

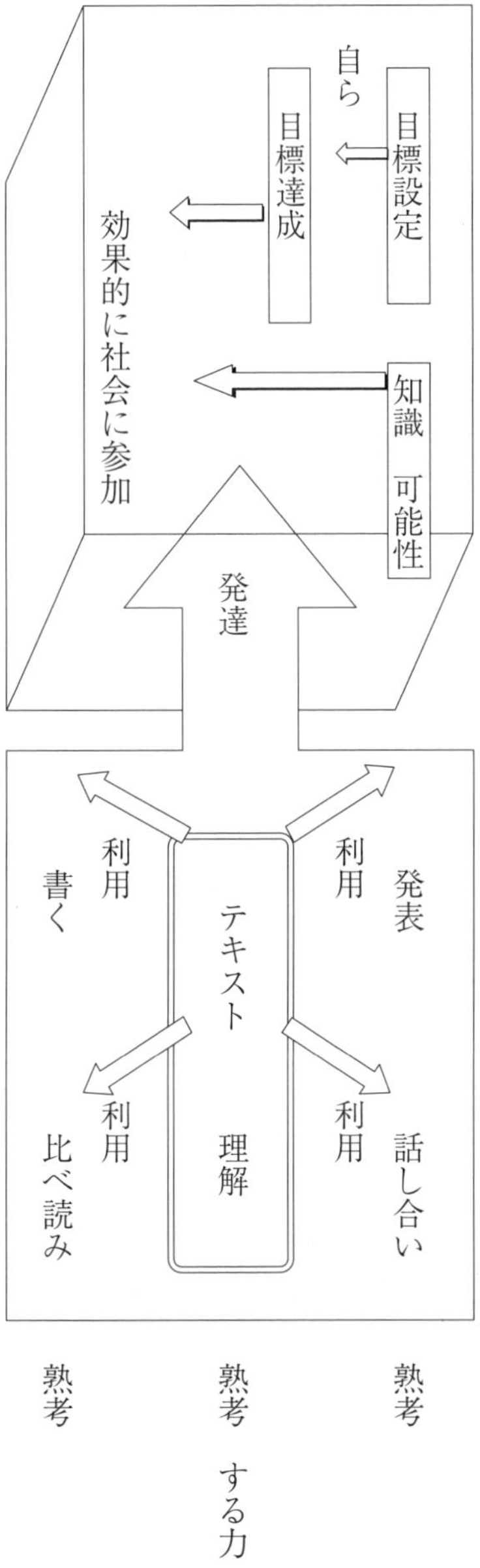

書かれたテキストを理解するだけではなく、利用し、熟考することが求められている。図に「比べ読む」「書く」「発表」「話し合い」も付け加えて表してみた。

明らかに、「読み解く」といった読解力とは違い、社会への参加まで意図する幅広い読解力ととらえることができる。

二　読解力の三つの側面

1　読むテキストの形式

読むテキストの形式を「連続型」と「非連続型」の二つに分けている。

（1）連続型テキスト……物語、解説、記述、議論・説得、指示、文書または記録

（2）非連続性テキスト…データを視覚的に表した図・グラフ、表・マトリックス、技術的な説明の図、地図、書式

2　読む行為のプロセス

（1）テキストの中の〈情報の取り出し〉

（2）書かれた情報から推論したテキストの意味を理解する〈テキストの解釈〉

（3）書かれた情報を自らの知識や経験に関連づける〈熟考・評価〉

3　テキストが作成される用途、状況

（1）私的な用途……私的な手紙、小説、伝記

（2）公的な用途……公式の文書

（3）職業的な用途…マニュアル、報告書
（4）教育的な用途…教科書、ワークシート

第二項　ＰＩＳＡ調査の意見文を対象とした比べ読み

一　「落書き」の問題例

学校の壁の落書きに頭に来ています。壁から落書きを消して塗り直すのは、今度が四回目だからです。創造力という点では見上げたものだけれど、社会に余分な損失を負担させないで、自分を表現する方法を探すべきです。

禁じられている場所に落書きをするという、若い人たちの評価を落とすようなことを、なぜするのでしょう。プロの芸術家は、通りに絵をつるしたりなんかしないで、正式な場所に展示して、金銭的援助を求め、名声を獲得するのではないでしょうか。

わたしの考えでは、建物やフェンス、公園のベンチは、それ自体がすでに芸術作品です。落書きでそうした建築物を台なしにするというのは、ほんとに悲しいことです。それだけではなくて、落書きという手段は、オゾン層を破壊します。そうした「芸術作品」は、そのたびに消されてしまうのに、この犯罪的な芸術家たちはなぜ落書きをして困らせるのか、本当に私は理解できません。

ヘルガ

十人十色。人の好みなんてさまざまです。世の中はコミュニケーションと広告であふれています。企業のロゴ、お店の看板、通りに面した大きくて目ざわりなポスター。こういうのは許されるでしょうか。そう、大抵は許されます。では、落書きは許されますか。許せるという人もいれば、許せないという人もいます。

落書きのための代金はだれが払うのでしょう。だれが最後に広告の代金を払うのでしょう。その通り、消費者です。

看板を立てた人は、あなたに許可を求めましたか。求めていません。それでは、落書きをする人は許可を求めなければいけませんか。これは単に、コミュニケーションの問題ではないでしょうか。

あなた自身の名前も、非行少年グループの名前も、通りで見かける大きな製作物も、一種のコミュニケーションではないかしら。

数年前に店で見かけた、しま模様やチェック柄の洋服はどうでしょうか。それにスキーウェアも。そうした洋服の模様や色は、花模様が描かれたコンクリートの壁をそっくりそのまま真似たものです。そうした模様や色は受け入れられ、高く評価されているのに、それと同じスタイルの落書きが不愉快とみなされているなんて、笑ってしまいます。芸術多難の時代です。

ソフィア

前ページの二通の手紙は、落書きについての手紙で、インターネットから送られてきたものです。落書きとは、壁など所かまわずに書かれる違法な絵や文章です。この手紙を読んで、問一～四に答えてください。

落書きに関する問一　　プロセス…解釈　タイプ…議論・説得　状況・目的…公共

この二つの手紙のそれぞれに共通する目的は、次のうちどれですか。

A　落書きとは何かを説明する。
B　落書きについて意見を述べる。
C　落書きの人気を説明する。
D　落書きを取り除くのにはどれほどお金がかかるかを人びとに語る。

「落書き」に関する問題では、全体的に二つの文章を比較して読む力が問われる。問1では、比較して読む基本になる共通点をとらえるのがねらいである。二通の手紙の表現の目的を解釈しなければならない。

正答率は、八四・五％で、ＯＥＣＤ平均は、七六・七％である。韓国、カナダ、フィンランドに次いで日本の正答率は高い。選択肢の問題に慣れていることも要因であろう。

落書きに関する問二　プロセス…解釈　タイプ…議論・説得　状況・目的…公共

ソフィアが広告を引き合いに出している理由は何ですか。

［回答の採点基準］

落書きと広告を比較していることを理解している。広告は落書きの合法的な一形態という考えに沿って答えている。

または、広告を引き合いに出すことが、落書きを擁護する手段の一つであることを理解している。

正答率は、四二・四％で、ＯＥＣＤ平均は、五三・四％である。一一％も低い。無答率も二八・八％であり、ＯＥＣＤ平均が一〇・二％ということを考えると、無答率の高さがよく分かる。自由記述式の問題で、広告を取り上げている理由を解釈しなければならない。それを文章にまとめることが難しかったようであり、記述式になれていないとまとめにくい。なお、高校生の中には、「引き合いに出す」という言葉の理解ができなかった生徒がいるそうだ。

落書きに関する問三　プロセス…熟考・評価　タイプ…議論・説得　状況・目的…公共

あなたは、この二通の手紙のどちらに賛成しますか。片方あるいは両方の手紙の内容にふれながら、自分なりの言葉を使ってあなたの答えを説明してください。

［回答の採点基準］

片方または両方の手紙の内容にふれながら意見をのべている。手紙の筆者の主張全般や意見の詳細を説明していてもよい。手紙の筆者の意見に対して、説得力ある解釈をしていること。課題文の内容を言い換えて説明しているのはよいが、何も変更や追加をせずに課題文全部または大部分を引用するのは不可。

正答率は、七一・一％で、ＯＥＣＤ平均は、六七・八％である。自由記述式の問題の中ではよい正答率である。しかし、無答率は一五・二％と、ＯＥＣＤ平均の六・八％より高いのは課題である。この問題は、二通の手紙の要旨を熟考・評価することが大切である。評価するということは、自分の考えを明確に持ち、しかも、自分なり言葉で説明しなければならない。評価しながら読むことが必要ではあるが、それ以上に、自分なりの言葉を使って表現する説明力が必要であろう。つまり、説明する文章が書けないといけない。

落書きに関する問四　　プロセス…熟考・評価　タイプ…議論・説得　状況・目的…公共

手紙に何が書かれているか、内容について考えてみましょう。

手紙がどのような書き方で書かれているか、スタイルについて考えてみましょう。

どちらの手紙に賛成するかは別として、あなたの意見では、どちらの手紙がよい手紙だと思いますか。片方あるいは両方の手紙の書き方にふれながら、あなたの答えを説明してください。

［回答の採点基準］

片方または両方の手紙のスタイルについて意見を述べている。文体、議論の組立て、議論の説得力、論調、用語、読み手に訴える手法などの特徴を説明している。「よい議論」と述べている場合、それについての立証が必要である。

正答率は、五四・七％と低いようだが、ＯＥＣＤ平均が四五・一％だということを考えると、決して悪くはない。問題自体が高校生には難しかったようである。

「スタイル」とは表現の方法ととらえる。手紙としての表現の内容と方法を熟考し、評価しなければならない。採点基準にある手法の特徴（文体・組立て・説得力・論調・用語・読み手への訴え）を説明するのが難しかったのかもしれない。

二　ＰＩＳＡ調査における課題

比べ読みだけに課題があるのではなく、読むこと全体としての課題ととらえた方がよい。読んで熟考すること、読んで評価することの正答率が他と比べても特に低く、課題を残している。評価しながら読むことに関して、石原千秋は『国語教科書の思想』（筑摩書房、二〇〇五年一〇月）の中で、次のように言っている。

ＰＩＳＡの「読解力」試験をいち早く分析した国語教育学者の浜本純逸は「二〇〇〇年調査の問題の傾向から考えると、単に、「読解力が低下した、読解力の指導を強化せよ」というだけでは、学力問題の解決にはならない。従来の「読解指導」を強化すると、ＰＩＳＡではますます得点が下がっていくであろう」と的確に指摘している（「考える力と表現する力を育てる国語教育」『月刊国語教育研究』二〇〇五・四）。

ＰＩＳＡの読解力が求めているのは、端的に言えば批評精神なのだ。（中略）他人を遠慮なく批評し（「批評」は単なる「批判」でもないし、「非難」でもない）、常に他人とは違った意見を言うことができる個性なのである。

批評精神が大事だと言い、さらには、他人とは違った意見を言う個性を重視している。少し厳しい提言のようだが、今後のことを考える際に、的確な指摘のように思える。自分の意見を明確に持ち、それを表明することが求められている。それは、無答率が高いことがほとんどの結果に影響していることとも関連する。目的や条件に合わせた書く力、つまり記述力に大きな課題がある。ここまで見てきたことからも分かるように、書くことも含めて読解力を考えることが必要である。

［読解力の定義］「テキストを理解し、利用し、熟考する能力」の「理解すること」に比べ読みは効果的であり、「利用する」ときには比べて読むことで利用しやすくなり、「熟考する」ときには比べて読むことで思考が深まることが期待できる。少しはＰＩＳＡ調査における読解力の中身が分かってきたが、さらに分析を進めて、課題と今後の対策を進める必要がある。

第四節　三つの調査を通した日本の子どもの比べ読みの実態

第一項　三つの調査から分かったことと課題

一　比べ読みを日常の授業に位置付ける

国内の二つの調査からは、子ども読者だけではなく、教師もが比べ読みの学習に距離をおいていることが克明に分かった。その理由については、①日常の学習で行われていない、②比べ読みの方法の無理解、③複数テクストの開発、④比べ読みの積み重ね、⑤学年に応じたテクストの分量、⑥比べ読みの学習の成就感、⑦教師の充実感、⑧比べ読みの授業の計画性、⑨比べて読む目的の明確化、⑩これまでの指導法からの脱却、の一〇点が考えられる。

学力・学習状況調査で「している」と「どちらかといえば、している」をたしてみても、半数に満たなかった。これだけの経験では正答率を高くすることは困難である。

「国語B」活用型問題の平均正答率とのクロス集計を見てみると、比べ読みを経験している子ども群が、していない子ども群よりも高いことが見て取れた。誤答例には、「しっかり書けている」など、抽象的なものや問題の条件に応じていないことが挙げられていた。

全体を通しての課題と言えるのは、複数のテクストを読むという行為が特別なことではなく、日常に行われなければならないということである。

二　書くことまでを視野に入れた読解力

無答率に目を向けてみると、一つ目が一三・一％、二つ目が一七・四％で、全問題の中でいちばん高い。これは改善しないといけない問題で、子どもたちがいかに比べて読むことに慣れていないかが分かる。それと同時に、どう記述したらよいのか分からないということも考えられる。

三　読むこと全般の力の育成は全教育活動の中で

指導上の改善点からも分かるように、比べ読みだけが問題なのではなく、読むこと全般に関する力の育成の不十分さが問題である。選書、多読、速読、摘読、目標や時間の設定、などの読書活動である。

これらの読書活動は、日常生活や国語の授業だけで行うのではなく、各教科・領域、全教育活動の中で取り組むことが肝要である。

四　教師の比べ読みへの取り組み

「一　比べ読みを日常の授業に位置付ける」でも挙げたように、比べ読みの学習指導が充実するためには、教師の理解が不可欠である。それ以外に、①テクスト開発とそれに伴う単元開発、②目的の持たせ方と比べて読む観点の産出、③比べ読みとかかわる読書行為力の策定、である。

五　環境整備・充実

比べ読みを支えるものとして学校図書館等の環境整備も必要である。環境整備に努めてもらうよう、学校から家庭に発信することも必要である。

ここまで述べてきたことは同時に、今後の課題でもあるので確認しておく。

日頃の読書生活が豊かであればあるほど、読解力の得点が高いということが、データから見て明瞭に出ていた。

六　趣味としての読書

読解力の分析を、生徒の背景にある読書生活との相関関係の上で行ったことは有意義であった。それは、生徒の実態に応じて、総合読解力の点数の変化を見ることができたからだ。その中で印象的だった問題は、読書を趣味としている生徒は調査国中、最下位で少なかった。そこで、ＰＩＳＡ調査のように、実生活に生きる問題に反応できる力もつけるとともに、読書を楽しむ子どもの育成に早急に取り組まなければならない。

第二項　調査が示し、浮き彫りにしたことに対しての対策

一　読解力向上プログラム

二〇〇三年、ＰＩＳＡ調査の結果公表後、文部科学省は早速対策をとった。その表れが、読解力向上プログラムも含む「読解力向上に関する指導資料――ＰＩＳＡ調査（読解力）の結果分析と改善の方向」（二〇〇五年一二月）である。調査結果をふまえて、次に示す七つの課題を挙げている。これらの課題に対応していくことが今後必要になってくる。

一　テキストを理解・評価しながら読む力を高めること

1　目的に応じて理解し、解釈する能力の育成

2　評価しながら読む能力の育成
3　課題に即応した読む能力の育成
二　テキストに基づいて自分の考えを書く力を高めること
4　テキストを利用して自分の考えを表現する能力の育成
5　日常的・実用的な言語活動に生かす能力の育成
三　様々な文章や資料を読む機会や、自分の意見を述べたり書いたりする機会を充実すること
6　多様なテキストに対応した読む能力の育成
7　自分の感じたことや考えたことを簡潔に表現する能力の育成

今後、読解力向上プログラムの具体化を図り、各教科のテキストに応じて読解力をつける構想を練っていきたい。

二〇〇六年、ＰＩＳＡ調査の結果概要が出された。その結果はまだ詳しく分析することはできないが、前回より伸長していることは認められなかった。取り組めることから一つ一つ重ねていくことが必要だと考えている。

二　環境整備・充実——理想的な学校図書館——

前項の「五　環境整備・充実」に応じて、学校図書館の充実を図ることから取り組みたい。図書が充実することで比べ読みの基盤になってほしいと念願し理想の学校図書館を提案したい。子どもが主体的に読むことを支える、学校図書館の条件はどんなものか。理想的な学校図書館の姿を「ひと」「もの」「こと」「とき」「ところ」の五つの

観点から二〇箇条にまとめてみた。

【ひと】

1　すてきな司書がいる
2　図書委員会が活躍している
3　地域のボランティアの方が読み聞かせをしてくれる

【もの】

4　質のある本の数・種類が豊富
5　絵本がたくさん
6　本に関する映像資料がそろっている
7　検索システムが便利
8　教科の関連図書が提供される
9　外国の本も充実している

【こと】

10　部屋の中で遊べる
11　サービスがよい（予約、リクエストなど）
12　ブックウォークに取り組む（目標を立てて読書する）
13　学期に一度、イベントがある
14　他の図書館との連携が密（書店、文化センター）

【とき】

15　毎日開館している

16　保護者にも開放している（参観日など）

【ところ】

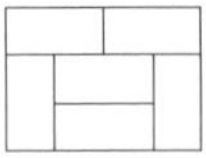

17　設営がかわいらしく、季節によって変わる

18　畳の部屋やゆっくりできるスペースがある

19　学校の真ん中にある

20　二部屋ある（調べ学習・閲覧）

学力調査に関する図書や資料を、引き続き分析、考察することで、新しい視点が見えてくるかもしれない。第一三回全国大学国語教育学会岡山大会から、課題研究「国語学力調査の意義と問題」[2]が三回に渡って開催された。その中で、国立教育政策研究所の有元秀文は、「結果が悪いと言って、詰め込みのようにすることはなく、楽しい授業をすることを基本としてください」というようなことを話していた。今後の展開にも注目していきたい。また、海外の調査については、足立幸子の「状況的認知論に基づく読みの指導に関する一考察――Liz Waterlandの教育実践の分析」など、一連の各国の調査[3]は参考になり、今後、参考にして取り入れていきたいと考えている。

注

（1）　井上一郎『「読解力」を伸ばす読書活動――カリキュラム作りと授業作り――』明治図書、二〇〇五年一〇月

（2）第一一三回全国大学国語教育学会岡山大会（二〇〇七年一一月）での、課題研究「国語学力調査の意義と問題」の提案者は以下の通りである。
有元秀文「ＰＩＳＡ読解力調査から国語学力調査へ――国語Ｂ問題について」
服部環　「学力調査の方法論と検査の信頼性と妥当性」
鶴田清司「教育評価としての学力調査のあり方――学力調査の結果を授業の改善に生かすために――」
松崎正治：司会

（3）足立幸子の一連の各国の調査は、以下の通りである。
「読書力評価の国際標準にむけての一考察――イギリスのナショナル・テストを中心に――」『人文科教育研究』No.30（人文科教育学会編、人文科教育学会）二〇〇三年八月
「読書力評価の国際標準にむけての一考察（2）――アメリカのＮＡＥＰを中心に――」『人文科教育研究』No.31（人文科教育学会編、人文科教育学会）二〇〇四年八月
「読書力評価の国際標準にむけての一考察（3）――オーストラリアのＤＡＲＴの分析――」『人文科教育研究』No.32（人文科教育学会編、人文科教育学会）

第二章　比べ読みという読書行為

前章では、三つの調査について考察してきた。

小中学校教育課程実施状況調査によると、子どもも教師も比べ読みから距離を置いていることが明らかになった。比べ読みにおいて、子ども読者は主体になっていなかったということが言える。

本章では、読者主体の比べ読みの在り方について考えていく。

第一節　読者の楽しみ

ＰＩＳＡ調査による「読解力」「生徒の背景と到達度・読書生活」では、ほとんどの場合、日頃の読書生活が豊かであればあるほど、読解力の得点が高いというデータが出ていた。新聞などメディアでは、わが国の生徒の読解力は、二〇〇〇年より二〇〇三年になって落ちていることが大きな話題になった。しかし、それ以上に問題なのは、読書を趣味としている生徒の少なさではなかろうか。調査国中、最下位であった。そこで、ＰＩＳＡ調査のように、実生活に生きる問題に反応できる力もつけるとともに、読書を楽しむ子どもの育成が大切だと考える。

本節では、読者主体に焦点を当て、「読者」について考えを広げていく。①子どもが読者としてどんな権利を持っているか、②読者としての楽しみは何か、読書の楽しみと能力の関係はどうあるか、について考えていきたい。

第一項　読者の論理・楽しみ

以前、ダニエル・ペナック『奔放な読書――本嫌いのための新読書術――』を基に、読者の権利について10ヶ条が妥当かどうか、1ヶ条ずつ取り上げ検討していったことがある。そこでは、授業における読者の権利と日常生活での読書の権利との区別をすることで時と場に応じた読者の権利を探った。ただ、それは、区別することよりも、10ヶ条の深層を探ることの方が日常と授業の読書行為を結合することにおいて有効であった。それでもまだ不十分さを拭うことはできなかった。その反省を生かし、ここでは、実際の授業で子どもはどういう読書の楽しみを持っているのかを、井上一郎の調査を基にした論考「読者の論理」から究明することとした。複数の調査をし、『読者としての子どもを育てる文学の授業――文学の授業研究入門――』[1]の中に、文学の楽しみを一一〇箇条抽出している。調査方法として、一つは、教師や研究者による「楽しい授業」を標榜する実践報告・研究論文を取り上げている。二つは、小学校一年から中学校三年まで三二〇名の調査結果を考察した。三つは、大学生二五〇名による子ども時代の読書の楽しみを回想させた。それらを以下の観点から五つに分類している。一　対自的（1〜22）、二　対他的（23〜26）、三　対象的（27〜44）、四　対言語的（45〜95）、五　対学習的（96〜110）。

さらに、四の「対言語的」をA《読書対象―選択》、B《読書主体》、C《読書方法》C1《耽読》C2《表現読み》C3《朗読》と、五の「対学習的」をA《学習の主体性》、B《学習方法》、C《学習の充実感》と細分化している。

その文学の楽しみを読書の過程に沿って分析することとする。

一　読書の過程

読者主体の読書の過程を考えてみる。この過程は、日常の読書を基にしながらも、授業における指導過程にもなるようにした。授業によっては、途中が省略されているものももちろんある。活動の流れは、1から順序よく進む場合もあれば、逆に流れることもあるから、「←→」で表した。これ（下段）と、井上が示している読書の過程（上段）とを比較する。

1 読書課題の設定 ←→ 2 読書計画 ←→ 3 検索 ←→ 4 本の選択 ←→ 5 黙読・音読 ←→ 6 精読

1 読書の目的の設定 ←→ 2 読書の見通しを持つ・読書計画の立案 ←→ 3 本を探す ←→ 4 本の選択 ←→ 5 黙読・音読 ←→ 6 精読

7　活用　⇄　8　表現　⇄　9　創造・制作　⇄　10　交流（コミュニケーション）　⇄　11　モニタリング　⇄　12　評価（アセスメント・エバリュエーション）

⇄　7　表現　⇄　8　交流　⇄　9　評価・振り返り　10　読書全般　11　A学習の主体性　B学習方法　C学習の充実感

　読書の過程を作成するときに上段の読書の過程を参考にして「7　活用」「8　表現」「9　創造・制作」を一つにまとめて「7　表現」とし、「11　モニタリング」「12　評価（アセスメント・エバリュエーション）」を「9　評価・振り返り」とまとめた。文言が違うところは別にして、基本的な考えは変わらない。

　授業や本を通して、多様な読み方に出会うことができた。それを読書行為として箇条書きでまとめたものを読書の過程に対応して整理、分類する。

では、読書はどのような過程を経て行われるのか、読書にはどのような段階があるのか。ここでは、一般的な読書の過程を井上一郎の考えている読書過程[2]を参考に考えてみた。読書過程は、日常の読書を基にしながらも、授業における指導過程にもなるようにした。授業によっては、途中が省略されているものももちろんある。活動の流れは、1から順序よく進む場合もあれば、逆に流れることもあるから、「←→」で表した。

ヴォルフガング・イーザーは、読者過程について「日本語版への序文」『行為としての読書』[3]の中で次のように言う。

> 読書過程の分析は、われわれが自分自身を読み解くための特定条件を明らかにする。（中略）読書行為の研究は、自己観察を経て自己解明に至ることを目的としている。このように自己に対する意識を高めて行かなければ、文学との出会いによって獲得し、また自己の行動が自動化し規格化する傾向の歯止めとなる批判能力を、読者が内在化することはできない。
>
> （『行為としての読書』、xiii頁）

イーザーの言葉は、読書行為の研究や読書過程の分析をするときに、忘れてはならない。「自分自身を読み解くための特定条件を明らかにする」ということは、テクストに出会って、自分自身を見つめ、テクストを読んでいる過程において、自己は常に変わっていくということを自覚することでもある。

二　読書の過程に沿った文学の楽しみ

読書の過程に沿うことで、いつどんな楽しみがあるか探ることにした。また、井上一郎が整理した一一〇箇条の文学の楽しみの下に、それにかかわる能力や活動を考えて短くまとめた。読書の過程にかかわらず、どの段階にも入りそうなものは、「読書全般」とし、学習活動に関するものは、「学習の主体性・学習方法・学習の充実感」としてまとめた。

1　読書の目的の設定

2　読書の見通しを持つ・読書計画の立案

3　本を探す

45　自分が偶然見つけた本を読む楽しみ　偶然読む

4　本の選択

2　自分が興味あることを読み、夢をふくらませる楽しみ　興味・感心　夢の実現

46　好きなジャンルや作品を授業で取り上げられる楽しみ　好きな本を授業で

47　名作集・グレード別などブックリストに載っている作品を読めるようになる楽しみ　推薦本を読む

48　作品と挿絵を重ねて読む楽しみ　作品と挿絵の照応

49　教科書作品の原作を取り上げ、全編や関連するところを読む楽しみ　原作との関連読書

50　感動したテレビや映画などの映像を原作で読む楽しみ　映像との関連読書

51　同一のテーマ・題材を同じ作者あるいは違う作者で読み、考え方の違いや表現の仕方を比較する楽しみ　比べ読み

52 一人の作者の作品や生いたちを重ねて読み、その人の生き方を総合的に知る楽しみ　作者読み
53 同じ様式の作品を重ねて読む楽しみ　重ね読み
54 同じ表現構造の作品を読む楽しみ　重ね読み

5 音読・黙読

59 読み聞かせやストーリーテリングを聞く楽しみ　物語を聞く
60 一人で読み、自己の考えを膨らませていく楽しみ　考えの広がり
61 一人の時間を持てる楽しみ　一人の時間
62 本の中の世界にいつの間にか自分が入り込んでいる楽しみ　本に入り込む
78 言語表現のリズムを感じる楽しみ　表現のリズム
89 一人で皆の前で音読する楽しみ　音読
90 会話文などを二人で読む楽しみ　役割読み
91 登場人物ごとに役割を決めて読む楽しみ　役割読み
92 みんなで声を出して読む楽しみ　一斉読み
93 効果音を使いながら読む楽しみ　効果音を使った読み
94 作品を暗唱して皆の前で発表する楽しみ　暗唱
95 上手な朗読を聞く楽しみ　聞く

6 精読

63 題名を見て内容を予想する楽しみ　題名読み
64 先を予想したり、推理しながら読み進める楽しみ　予想読み
65 対話しながら部分的に読み進めていく楽しみ　自己内対話・部分読み
66 本を初めからではなく、好きなところから読む楽しみ　拾い読み

1	一つの場面からいろいろなことが考えられ、想像出来る楽しみ	想像力
4	作者や本文の内容に感動できる楽しみ	感動
5	登場人物と一緒に考えを進めたり自分を重ね合わせたりして読む楽しみ	同化・自分重ね
6	見たことのないことにイメージをふくらませていく楽しみ	想像力
11	自分が出来ないことを人物がやってくれる楽しみ	自己代理
15	自分とは別の人間の生き方を知る楽しみ	他者理解
16	自分と違う人格をもつ人物の目で物事を捉える楽しみ	他己化
20	自分の理想としている人物像などに出会ったときの楽しみ	理想の人物との出会い
21	自分の信条にしたいと感じられるものを示してくれる楽しみ	信条
22	作品や作者に対して批評・反論する楽しみ	批評・反論
79	二重視点の作品を通して、同じことを違う人間から見る楽しみ	二重視点

7　表現

13	自分のおかれている状態を知ったり、自己を認識したり、表現したりする楽しみ	自己認識・表現
80	書くために読み、自分の表現や作品に生かすことが出来る楽しみ	活用読み（書く）
81	作品世界を体験して、刺激された行動や、同じような体験（動作化）をして表現する楽しみ	作品の表現化
82	主人公になって日記を書く楽しみ	表現（同化して日記を書く）
83	作品をある観点で書き直す楽しみ	リライト
84	作品世界を紙芝居・絵本創作にする楽しみ楽しみ	表現（紙芝居・絵本）
85	作品を絵画化する楽しみ	表現（絵画）
86	作品を劇化（人形劇・ペープサート）する楽しみ	表現（劇）
87	続き話を書く楽しみ	表現（続話を書く）

88　作品を読んで、家族や友達に知らせる楽しみ　作品を読み、伝える

8　交流

26　本の貸借を通して友達の輪が広がる楽しみ　友達の広がり
58　集団で話し合ったり書いたりしながら、他の人の考えを知ったり影響を受けるあるいは与えたりする楽しみ　集団読書

9　評価・振り返り

67　長文の文章を読み通した充実感を味わう楽しみ　長文読み
68　難解な表現・固い表現によって緊張したり、それを読みこなしたりする楽しみ　難解な本を読む
55　作品を読んだ後、解説や批評を読む楽しみ　解説・批評読み
56　他教科で習った内容と関連のある作品を読む楽しみ　関連読書
57　訳者が違うものでイメージが異なって読める楽しみ　比べ読み（訳者）
75　作品の叙述が自分の考えをまとめるときに役立つのに気付く楽しみ　活用読み
74　自分が今まで知らなかった単語・表現・方言に触れ、それを実際に使う楽しみ　生活化
43　文学の舞台となった土地を訪れたり、自分が住んでいる所が舞台となっているのを知ったりする楽しみ　舞台に触れる

10　読書全般

3　冒険や夢、吃驚することや可哀相な話を読む楽しみ　共感
7　現実の世界を忘れる楽しみ　現実逃避
8　人物の経験が自分が体験したように思える楽しみ　共感
9　同じような経験をしたという共感を得る楽しみ　共感
10　自分の感性・考えに合致したり、人物の行為と共感出来、自分を肯定されたように思ったりする楽しみ　共感

12　自分の心が広がっていくことを知る楽しみ　自覚化　メタ
14　自分の新しい考え方を発見したり、自分の考えを更に深めていったりする楽しみ　自分の考え方の発見・深化
17　今までの価値観が全く変わってしまうような楽しみ　価値観の変化
18　自己の将来について考えを深めたり、これからの生活に影響を及ぼすような内容を読んだりする楽しみ　将来像への影響

19　悩みや苦しみの解決を暗示してくれた楽しみ　問題解決
23　人間の内面の心理や人間相互の関わりを考える楽しみ　人間理解
24　いつも一緒にいる友達や家族の気づかなかった点を知る楽しみ　他者理解
25　熱中してつきあうので、友達を得たような楽しみ　本を友達にする
27　文化・芸術としての文学を読める楽しみ　文化・芸術
28　自分の体験の世界と全く違う世界に触れる楽しみ　異世界に触れる
29　日常生活で体験出来ない現実を知る楽しみ　非現実を知る
30　実在しないことを考えることが出来る楽しみ　非現実を考える
31　知識が増える楽しみ（歴史文学など）　知識の増加
32　新しい生活や分野を知る楽しみ　新しいことを知る
33　読んだものに刺激され、新しい発想が出てくる楽しみ　発想が生まれる
34　現象の中から問題を発見し、解決を与える楽しみ　問題発見・解決
35　多様な認識の仕方や考え方を知る楽しみ　認識の仕方・考え方
36　日常で関わるものを深く掘り下げて考える楽しみ　深く考える
37　今まで身近に感じなかったものを感じられるようになる楽しみ　親近感
38　今まで見過ごしていたことや興味を持つことが出来なかったものに着目するようになる楽しみ　興味・関心

39	忘れていたり、見失っていたりしたことを思い出す楽しみ	思い出す
40	自分の求めていたものを言葉で表現される楽しみ	表現
41	部分しか知らなかったことの全体像が分かる楽しみ	全体理解
42	今まで興味を持っていたことがよりよく分かる楽しみ	理解の深化
44	以前に読んだ作品の表現が、ある現実に一致しているのを発見する楽しみ	作品世界と現実世界を比べての発見
69	作品を読んで同じ話があったことを想起する楽しみ	同作品の想起
70	読んだ当時に考えていたことを思い出す楽しみ	読んでいた当時の想起
71	同じ作品を読み、新しいことを発見する楽しみ	再読
72	もう一度時間をおいて読みたいと感じるような楽しみ	再読の欲求
73	一度読んで難しすぎた作品が分かった時の楽しみ	再読
76	自分が表現出来なかったことを作品中に見つける楽しみ	活用読み
77	多様な言語表現の様式や方法を発見する楽しみ	表現様式・方法の発見

11A　学習の主体性

96	興味や意欲を持って取り組む楽しみ	興味・意欲
97	主体的に生き生きと関わっていくことが出来る楽しみ	主体的な態度
98	一人学習を頑張ったときや、班学習で話し合ったりしたときの楽しみ	一人学習・班学習
99	自分の考えたことが学習過程で生かされている楽しみ	考えが生かされる
100	難しいことをやりとげる楽しみ	成就感
101	授業を通して疑問に思っていたことが分かる楽しみ	疑問解決

11B　学習方法

102	学び方が分かって取り組む楽しみ	学び方を学ぶ

103　遊戯的・行動的・表現的に活動する楽しみ　活動
104　自分で学ぶ楽しみ　自己学習
105　活動が変化に富みダイナミックに活動する楽しみ　ダイナミックに活動
106　つまずきを助けられて解決していく楽しみ　学習援助・課題解決
107　教師が楽しく教えてくれる楽しみ　楽しい授業

11C　学習の充実感

108　よく分かる楽しみ　分かる授業
109　確かな学力がつき、学習の成果が見える楽しみ　学力の定着・成果の実感
110　図書カードにマークが埋まっていく楽しみ　読書量の増加

整理してみて気付くことは、「1　読書の目的の設定」「2　読書の見通しを持つ・読書計画の立案」の楽しみが一つもなく、「8　交流」は二つ、「3　本を探す」はわずか一つである。実際に本を読む前に、目的を持ったり、読書計画を立てたりする楽しみを持っていないようである。本を探すことは、選択することと重なる部分があり、一概に楽しみが少ないとは言いにくい。読書した後に、表現する楽しみは多岐にわたっているが、交流する楽しみは少なく、他にも挙げられそうである。

第二項　育てたい読者像

一　文学と説明的文章の楽しみと能力・言語活動

本を読むことを楽しみながら、読む力がついていくことが望ましい。文学の楽しみ一一〇箇条をそれぞれ能力としてとらえ直してみる。表現の仕方によっては、能力というより、活動として表したものも多い。それらを整理し直し、文学の楽しみと能力の関係を探ってみる。なお、「文学を楽しむ」ということ自体も能力としてとらえることが大切だと考えている。

説明的文章を読むことの楽しみについても分析したが、詳しい記述は省略し、能力を短い言葉でまとめたものを文学と対応させて一覧表に表す。文学と説明的文章のかかわりもとらえるようにする。

文学	説明的文章
【1　興味・関心】	
興味・感心・意欲	興味・感心・意欲
夢の実現	夢の膨らみ
好きな本を授業で	
理想人物との出会い	理想人物の出会い
【2　音読・朗読】	
音読	音読
役割読み	会話文の読み・役割読み
一斉読み	一斉読み

文学	説明的文章
効果音を使った読み	効果音を生かした読み
暗唱	
表現のリズム	
【3　読む】	
偶然読む	
推薦本を読む	
作品と挿絵の照応	
原作との関連読書	
映像との関連読書	

作者読み
重ね読み
比べ読み（訳者）
題名読み
予想読み
自己内対話・部分読み
拾い読み
同化　自分重ね
活用読み（書く）
長文読み

難解な本を読む
解説・批評読み
関連読書
二重視点
再読の欲求
再読

表現様式・方法の発見
主体的な態度

重ね読み
比べ読み（訳者の違い）
題名読み
予想読み

長文読み
表現に生かす読み
行動のための読み
考えが生かされる読み
難解作品が分かる

他の視点で捉える
再読・思い出す
再読・発見
原作を読む
好きなジャンル読み
話し合いながら読む
他者生活読み
集団読書

主体的な読み

全体理解
理解の深化

文化・芸術
読書量の増加
親近感
成就感

【4　知識・情報の増加】

自己代理

全体像の理解
理解の深化
具体例の理解
他者同意の理解
文化の形成理解
自分の社会での位置の理解
歴史上の現在の理解
世代を越えたことの理解
イメージを膨らませる
地図を基に想像を広げる

親近感
成就感
筆者と共有
筆者へ反論
筆者と対話する

知識・情報の増加
新分野を知る
単純と気付く
認識の仕方・考え方
自己代弁
人間理解（友達）
共感・自己肯定
自分の時間を持つ

【5　思考】	図読し思考を生む
発想が生まれる	新発想
考えの広がり	
想像力	
感動	感動
他者理解	
他己化	
信条	
批評・反論	
深く考える	深い思考
	将来像の考えの深化
	自然との関わりへの思考
	生物との関わりへの思考
人間理解	
他者理解	
共感	共感
	考え方を発見
	考えの深化
	本の世界に入る
	本との出会い
	予想しながら読む
【6　話す】	
作品を読み、伝える	
【7　聞く】	
（物語を）聞く	

【8　表現】	言語表現の仕方の発見
作品の表現化	
表現一般	
表現（同化して日記を書く）	
リライト	
表現（紙芝居・絵本）	
表現（絵画）	
表現（劇）	
表現（続話を書く）	
考えが生かされる	
活動	活動（行動・表現）
ダイナミックに活動	ダイナミックな活動
	文化を調べる
	現代社会をまとめる
【9　問題解決】	
問題解決	問題解決の暗示
問題発見・解決	問題発見・解決
疑問解決	
学習援助・課題解決	学習援助・課題解決
【10　現実と非現実】	
異世界に触れる	未体験に触れる
	非現実の理解
非現実を知る	
非現実を考える	疑似体験

【11　思い出】			知識の増加
思い出す	思い出す		新しいことを知る
同作品の想起		生活化	自己学習
読んでいた当時の想起		【13　授業・学習】	
	心の広がりを知る	楽しい授業	
【12　学び方】		分かる授業	分かる授業
学び方を学ぶ	学び方を学ぶ	学力の定着・成果の実感	学力の定着・成果
	認識の仕方・考え方	一人学習・班学習	一人学習・班学習

二　育てたい読者像

前項では、読者の楽しみを中心に整理してきた。文学と説明文で共通するもの、それぞれ独自なものが少し分かりかけた。しかし、あまりの数の多さに、これを実践に役立てようとすると、更に分類、整理する必要がある。同じようなものをまとめ、類型化した。それを、子どもたちに味わってほしい、または身に付けてほしい文学の楽しみを二〇にまとめてみた。説明文については、以下の一二点にまとめ、更に検討が必要である。

文　学	説明的文章
【目的】	
①　読書の目的を持つ	学習に主体的に取り組む
【計画】	

② 目的に応じて本を探し、選ぶ	学習方法を学ぶ
【音読・朗読】	
③ 一人で、ペアで、役割を決めて、声に出して読む	
【聞く】	
④ 読み聞かせや語りを聞く	
【読書行為】	多様な読書行為を経験する
⑤ 全体や一場面から想像する	想像力が深まる
⑥ 内容に感動する	
⑦ 登場人物や内容に自分を重ねて読む	筆者や取り上げられたことへの共感
⑧ 現実の世界を忘れる	
⑨ 作品や作者を批評・反論する	筆者や取り上げられたことへの反発
⑩ 同じ様式や構造の作品を重ねて読む。	
⑪ 関連する作品を比べて読む	筆者や取り上げられたことへの影響
⑫ シリーズやジャンルを意識して読む	人間と対象との関わり方を知る
【自己】	
⑬ 自分の心を広げる	対象認識の広がりを知る
⑭ 自己を認識する	
⑮ 自分の考えが深まる	対象認識の深まりを知る
⑯ 自分とは別の生き方を知る	

【表現・交流】	
⑰ 本を読んで友達と語り合う	身近な現実から離れる
⑱ 読んだことを生かして自己表現する	
⑲ 新しいことを知ったり知識を増やしたりする	
【評価】	
⑳ 本を読んだ成就感や満足感を持つ	学習の充実感を持つ

今後、学年の発達段階を考慮したり、基礎・基本と発展・応用を区別したりする必要がある。

三　読書論を巡って

「読書の権利一〇ヶ条」を単純に、授業での読書行為と一般的に授業では許されない読書行為に分けてみると、次のようになる。ペナックが理想としている日常の読書と授業中の読書の間に大きな壁があることが分かる。授業で許されるのは4・6・9ヶ条の三つで、それ以外の七つは、一般的には授業では許されない読書行為である。

【授業で可能な読書行為】
4ヵ条　読み返す
6ヵ条　ボヴァリスム（小説に書いてあることに染まりやすい病気）
9ヵ条　声を出して読む

【一般的に授業で許されない読書行為】
1ヵ条　読まない
2ヵ条　飛ばし読みする
3ヵ条　最後まで読まない
5ヵ条　手当り次第に何でも読む
7ヵ条　どこで読んでもいい
8ヵ条　あちこち拾い読みする
10ヵ条　黙っている

しかし、全一〇ヵ条の深層の意味を探ってみると、決してそうではないことが分かった。以下のように箇条書きすると、授業でも使える読者の権利となる。【精神衛生】【目的設定】【選書】【時間に応じて読む】【読み方】【場所への拘り】【他者と読む】【本に親しむ】の八項目の観点で二四項目に変換し、整理し直した。「読書の権利二四ヶ条」とすることが可能である。

【精神衛生】
1　安心して読む
2　読まない日・時をつくり休んでよい
3　途中で止めてよい
4　読んだ後、黙っている

【目的設定】
5　目的に応じて読む
6　本の必要性を感じて読む

【選書】
7　本を選ぶ判断力

【時間に応じて読む】
8　時間を考えて読む

9　飛ばして読む
10　拾い読む
11　最後まで読む
【読み方】
12　声に出して読む
13　同化して読む
14　再読する
15　別の角度から読む
16　確認のために読み返す
17　再会の喜びを味わうため繰り返し読む
18　親密さを試すために読む
【場所への拘り】
19　場所を選んで読む
【他者と読む】
20　読み聞かせする
21　推薦者とともに読む
22　慕っている人と読む
【本に親しむ】
23　好きな本を心に持つ
24　苦手な本に挑戦する

これであれば、授業で可能な読書行為である。授業や本を通して、多様な読み方に出会うことができる。

第二節　比べ読みを通した読書行為の比較
――井上一郎・大村はま――

本節では、現在、読書指導に関して積極的に提案し、現場との連携も密にして授業提案を行っている井上一郎の比べ読みと、昭和四〇年代に読書指導を中学校という実践の場で直接指導に当たった大村はまの比べ読みとを比較していく。時代にかかわらず、比べ読みの意義やその方法、授業における有効性を少しでも明らかにしていくことを主眼としている。

第一項　比べ読みを比較する観点の産出――『本を読む本』（講談社）より――

人物の比較研究を進める場合、同じ年代に活躍した人物を取り上げ、その業績を比較しその年代の特徴をとらえる方法が有効である。また、その年代の共通する特徴を見いだすことと、それぞれ個人ならではの特徴を見いだすことも意義がある。さらにその両者の間に影響関係がある場合には、より共通性と相違性が明確になり、影響を受けた側にはその発展性が、影響を与えた側には、その基礎なり基盤なりが明確になる。

今回、年代としては二〇年以上違い、互いに影響を及ぼしているとは考えにくい両者を比較する。共通性を見いだすことで時代や理論にかかわらず大事にされてきたものと、相違性を見いだすことでそれぞれ独特な理論や実践、その成果を浮き彫りにすることができる。

両者の影響力は非常に大きく、今後の小中学校での実践に広がりを見ることも可能になる。

両者を対象としたこれまで行なわれてきた研究とは別の可能性を探っていく。

一　井上一郎・大村はまを対象とする

大村はまと倉澤栄吉、滑川道夫を比較検討した足立幸子「情報化社会における読書指導」(4)の研究や、大村はまと芦田恵之助を併せて研究したもの、大村はまと西尾実をつながりの中で研究したものなどが、これまで研究成果として表れている。

説明的文章において、井上一郎と倉澤栄吉の指導例を事例に挙げて研究しているものに、寺井正憲（一九八九）の「説明的文章教材の学習における自己世界の創造」[5]がある。また上谷順三郎は、関口安義、田近洵一の両者と並べて、日本に読者論を吹き込んだ人物と評価している。

上谷（一九九七）はそれぞれの代表的文献を巡って研究の進展の流れを内枠の図に表している。[6]その後、一〇年を経た現在、筆者はそのまとめた図に加えて、現在までの読者論の研究の進展と系譜を以下のように考えている。

読者論導入の提唱―文学研究における読者論
（関口安義『国語教育と読者論』明治図書、一九八六）
↓
読者論の定位――文学教育における読者論
（田近洵一『読み手を育てる―読者論から読書行為論へ』明治図書、一九九三）
↓
読者論の応用――国語教育における読者論
（井上一郎『読者としての子どもと読みの形成―個を生かす多様な読みの授業―』明治図書、一九九三）
↓
読者論の発展――
文学における読者論を基盤にした授業作り、ドイツ圏における読者論の応用、読書行為論の展開　上谷順三郎
アメリカにおける読者論の応用、読者反応理論の展開、リテラチャーサークルの紹介　山元　隆春
主に説明的文章の指導、コミュニケーション能力、語りの授業へと展開　寺井　正憲

では、両者の「比べ読み」を比較するときにどのような観点が必要なのであろうか。本節では、比べ読みの比較だけにとどまらず、その後の展開や、比べ読みの前提としての読書指導の考えを明らかにすることもねらいとしている。そのために、読書指導の古典的な役割を持っているM・J・アドラー、C・V・ドーレンの『本を読む本』における読書指導観、比べ読み、その後の展開を検討しておく。『本を読む本』で比べ読みにあたる、シントピカル読書の考えを以後反映させる。

『本を読む本』は、一九四〇年（昭和一五年）アメリカにおいて刊行された。高校や大学でテキストとしても読まれており、五カ国語で翻訳されている（スペイン語、ドイツ語、フランス語、イタリア語、ポルトガル語）。日本では、遅れること三八年、一九七八年に刊行された。アメリカだけではなく、日本においても評価されている本である。この本を訳した外山磁比古は、本書の技法が有益であると考え、新しいタイプの読書家が生まれることにも期待していた。鶴田清司は、古典的名著と呼び、「今後の「読むこと」指導に示唆を与えてくれる[7]」と述べている。

本の構成は四部からなり、M・J・アドラーとC・V・ドーレンの担当は次のようになっている。

第一部　読書の意味（「初級読書―読書の第一レベル」「点検読書―読書の第二レベル」を含む）　M・J・アドラー
第二部　分析読書―読書の第三レベル　M・J・アドラー
第三部　文学の読みかた　C・V・ドーレン
第四部　読書の最終目標（「シントピカル読書―読書の第四レベル」を含む）　M・J・アドラー

二　M・J・アドラーの読書指導観

アドラーが読書をどうとらえているのか見てみる。アドラーは、積極的に読書することこそ、良い読み手と言う。それは次の引用からも分かる。

「読む」という行為には、いついかなる場合でも、ある程度、積極性が必要である。完全に受け身の読書などありえない。読むということは、程度の差こそあれ、ともかく積極的な行為だが、積極性の高い読書ほど、良い読書だということをとくに指摘したい。読書活動が複雑で多岐にわたり、読書にはらう努力が大きければ大きいほど、良い読み手である。自分自身と書物に対し意欲的であればあるほど、よい読み手と言える。

（『本を読む本』一六頁）

また、読み手や聞き手を野球のキャッチャーに、本や記事をボールに例え、読みの積極性を説明している。読者であるキャッチャーは、ゆっくりしたボールだけを捕るのではなく、速球やチェンジアップ、変化球を捕らなければならない。そのためには、ボールに応じた捕る技術が必要になってくる、というわけだ。そこで、捕る技術を読み方だととらえれば、アドラーが言う「本当の意味ですぐれた読書家になるには、それぞれの本にふさわしい読みかたを見つけ、読書の技術を使い分けるコツを体得することである」ということがよく理解できる。

アドラーは、読書を二種類に分けて考えている。「情報を得るため」と「理解を深めるため」の読書である。そして、「目的の違う二種類の読書は、はじめからはっきり区別して考える必要がある」と、目的の違いを重視して考えている。

観点1　**【読書指導の在り方】**　◇本にふさわしい読み方、目的に応じた読み方　◇読書の技術

三　M・J・アドラーの比べ読みの意義

アドラーは、読書を四段階に分けて考えている。初級読書、点検読書、分析読書、シントピカル読書である。比べ読みは、アドラーの場合、シントピカル読書にあてはまる。シントピカル読書とは、「一冊だけでなく、一つの主題について何冊もの本を相互に関連づけて読むことである」と定義付けている。そのシントピカル読書の意義を次の文からとらえることができる。

どの読者もみな自分よりまえの時代の著者の影響を受けている。したがって、ある著者の作品を読めば、そのあとにつづく著者の作品が理解しやすくなる。互いに関連のある作品を、その関連の中において読むこと、また、理解しやすいように、作品が書かれた順をおって読むということは、付帯的読書の基礎的、常識的な心得である。(中略)
一冊の本全体が、その本のすべての部分の文脈であるように、関連のある何冊かの本は、これから読む本の理解を助ける大きな文脈になるのである。
(同上書、一八一頁)

比べ読みというより、複数の作品を関連付けて読むという趣旨が濃い。過去の読書経験や現在並行して読んでいる他の作品をコンテクストとして関連付けて読むことを重要視している。

村井万里子は、「主題読書法を頂点とする読書技術の体系」(8)の中で、シントピカル読書の意義を述べている。

読書の醍醐味はシントピカル読書に尽きる。適切なテーマと材料と指導が用意されれば少年でも可能な読書法であり、真の主体性を確立し新しい価値を生み出しながら生きていく力として、教育がぜひ用意しておかねばならぬ技術である。ここに至るまでの力を、一人一人の学習者にどこまで保障できるかが、読むことの教育に課せられている最大の課題である。

（『国語・日本語教育基礎論研究』三三一頁）

読書には積極性が重要とするアドラーは、シントピカル読書を「読書の最終目標」としている。村井は、シントピカル読書の技術を身に付けることが「読むことの教育に課せられている最大の課題」としている。すなわち、複数の作品を関連付けて比べて読む力の育成が求められているのである。

観点2【比べ読みの意義】◇関連読書

四　M・J・アドラーの読む対象

アドラーは、「読書の補助手段」として、読書に対する外部からの手助けを、四つに分類している。①読書に関連のある経験、②読書の手助けとなる他の本、③注釈書や抜粋、④辞書などの参考図書、である。したがって、一つの作品を読むことと並行してそれぞれを読むことが理解の補助になると考えている。補助でありながら比べて読む対象でもある。

一方、「どんな本を読めばよいか」ということについては、「はるかにむずかしい」とし、同一主題で読むべき本を見つけることの困難さを述べている。

シントピカル読書の第一段階は、「関連箇所を見つけること」であるとし、次のように述べる。

シントピカル読書では、読む本ではなく、読者、および読者の関心事が、最優先されなくてはならない。したがって、シントピカル読書の第一段階は、主題に関連のある作品をすべて再点検し、読者自身の要求にもっとも密接なかかわりをもつ箇所を見つけ出すことである。

（『本を読む本』二二七頁）

アドラー自身、この本をすぐれた読書家になりたいと思う人のために書かれた本と言っているように、教師が準備して与えるということはなく、読者自身が探し出し、選択することを前提とし、あくまで読書生活上の問題としている。それを国語の授業においてはどうすればよいかという課題に変換する必要がある。

では、第二から五の段階までを確認しておこう。

第二段階　著者に折り合いをつけさせる。

著者のキー・ワードを見つけ出して、その使い方をつかむのである。しかし、シントピカル読書で、読者が相手にしなくてはならない多数の読者が、全部、同じ言葉を使っているとは考えられない。したがって、読者が用語をしっかりきめ、言葉の使いかたについて、著者に折り合いをつけさせなくてはならない。

これが、おそらく、シントピカル読書の一番むずかしいところである。具体的に言えば、「著者に、読者の言葉で語らせる」ということである。

第三段階　質問を明確にすること。

命題もまた、読者自身がたてなくてはならないのである。一番良い方法は、問題に解決を与えてくれそうな一連の質問を作り、その質問に、それぞれの著者から答えてもらうことである。

第四段階　論点を定めること。

質問が明確であり、それに対する著者の答えがあい対立していることがはっきりしたら、論点が生じたことになる。

第五段階　主題についての論考を分析すること。

論考について二つの質問を試みるのである。すなわち、「それは真実か」、「それにはどんな意義があるか」を問うのである。

（同上書、二二八―二三二頁）

アドラーの場合は、読む対象を事実を扱う文章に限っている。読む本以上に、読者の興味・関心を最優先して考えていることに読者重視の考え方がみえ、同時に、それだけ読者に責任を持たせるようにしている。読者自身が読む対象を探す。そのようなことは、授業で扱われる場合はほとんど考えていないのではなかろうか。特徴的なことは、著者に折り合いをつけさせることである。「著者に、読者の言葉で語らせる」という発想は読者主体そのものである。そうやって、本を読み進めていくことで読む対象にぶつかっていく真剣さが増してくる。

観点3　【比べ読みの対象】◇検索、選書

観点4　【比べ読みの観点】◇キーワード、著者と折り合いを付ける、著者の読者の言葉で語らせる
◇質問、問いを持つ、目的を持つ　◇論点、観点　◇問いかける

五　M・J・アドラーの読む観点

シントピコンとは、何を見ればよいかを示す参考書の役割を果たすものである。

最後の教育的効果として、シントピカル読書から得られる大きな特典として以下の二点を挙げている。

まず、シントピコンを使って、ある主題について文献の関連箇所を読むとき、読者は、その箇所が主題とどのように関連しているかを、的確に発見しなければならない。これができるようになれば、読書法の重要な技術が身についたと言える。

第二に、一つの主題について、参照すべき多くの箇所が、さまざまの著者、さまざまの作品からあげられているから、読者の解釈を深めるのに役立つ。（中略）別々の書物の、対照的な箇所、相反する箇所を対比させて読むと、それぞれの意味が強調されてくる。

（同上書、二三九―二四〇頁）

アドラーは、「対照的な箇所」「相反する箇所」を対比させて読むように言う。それは、それぞれの意味が強調されるということをねらいとしている。観点としては大まかであり、細かい観点については、読者に委ねられている。それ以上、比べて読む観点を与えることはない。それは読者が自分で見つけることが大切であると考えていることからであろう。「比べて読むこと」と「関連付けて読むこと」とは切り離して考えることはできない。

観点5　**【比べ読みと関連付けた読み】**◇関連付け

六　産出した観点

以上のことから、次の五つを観点として産出した。

観点1　**【読書指導の在り方】**◇本にふさわしい読み方、目的に応じた読み方　◇読書の技術

観点2　**【比べ読みの意義】**◇関連読書

観点3　**【比べ読みの対象】**◇検索、選書

観点4 【比べ読みの観点】◇キーワード、著者と折り合いを付ける、著者に読者の言葉で語らせる
◇質問、問いを持つ、目的を持つ　◇論点、観点　◇問いかける

観点5 【比べ読みと関連付けた読み】◇関連付け

授業においての実際や成果については、第四章での研究とする。それ以前に、井上一郎と大村はまが読書や読書指導をどう考えているか、ということも見ておきたい。全ての実践や提案は網羅できないので、筆者が特徴的だと考えたものを中心に紹介する。

第二項　井上一郎の比べ読み

一　読書・読書指導についての考え

井上一郎は、読書行為力と読書生活力の統合を図ることの必要性を講演や一連の著作を通して伝えている。井上一郎の著書を取り上げる理由をまとめると、①読書行為力や読書生活力のとらえ方が明確であり、両者を統合していこうという考えに共感したこと、②理論だけではなく実践に結びついていること、③実践例も多く、授業作りの参考になること、ということである。

井上は、読者論を踏まえて、以前から読者の役割を強調している。そして、作品は、読者がいてこそ、成立する存在であるとしている。それは、以下の文章からも伺える。

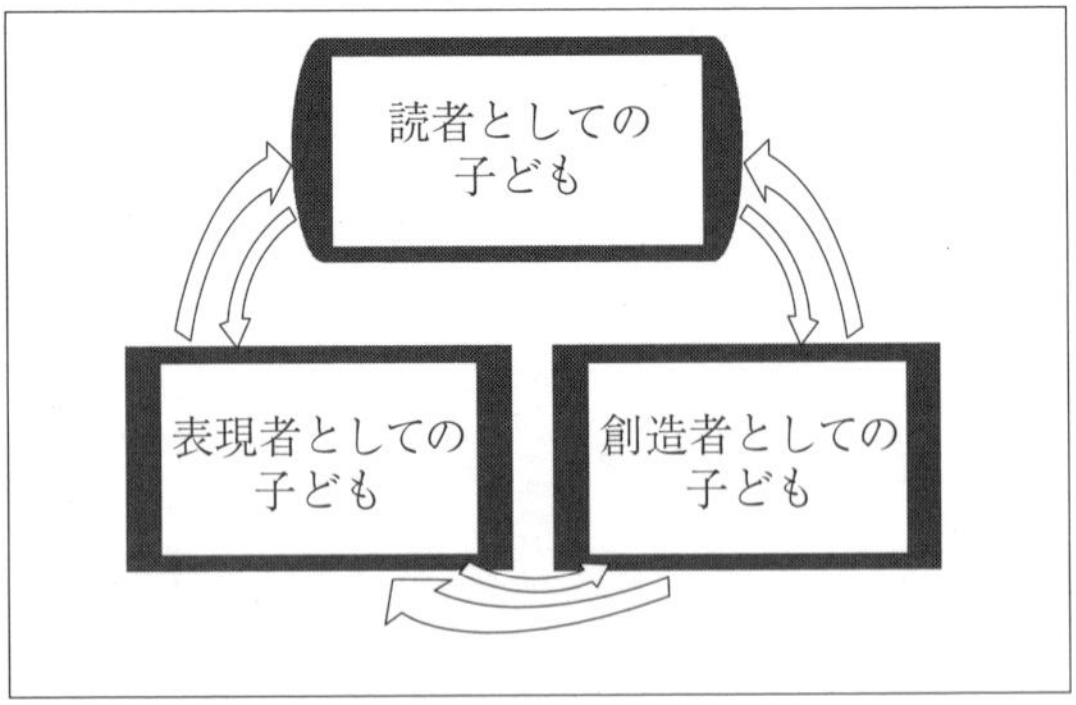

作品は、読書行為によって、すなわち、読者による意味の生産によって初めて成立する共存的存在である。従って、かつてないほどの読者の役割の強調が必要であり、国語科教育的には、読書行為を具現する多様な学習活動を通して読者主体の確立を目指すとともに、理解教材における実技的側面を強調しなければならない。

（『読者としての子どもを育てる文学の授業――文学の授業研究入門――』二四四頁）

読者と作品とが共存的存在であるということは、イーザーの言う「テクストと読者の相互作用」と共通していると考えてよいだろう。これは、基本的な考えとなっている。「読者主体の確立」のために、多様な学習活動の必要性を訴え、知識の取り出しだけではない、実技的な面を子どもに身につけさせようと考えている。

もう一つの基本的な考えとして、学習者を〈読者としての子ども〉ととらえ直すことである。『読む力の基礎・基本――17の視点による授業づくり――』から引用する。

主体的な子ども像を理念とする中で、〈読者としての子ども〉像をどのように描くのか。また、〈表現者としての子ども〉〈創造者としての子ども〉といった子ども像とどのように関連付けるか。また、言語主体を強固なものにするためには、一つの作品を読む力である読書行為力と、日常的に読書を継続する生活を営む読書生活力を統合させるような授業を構想しなければならない。

（三頁）

〈読者としての子ども〉の存在は、子どもが何か表出しない限り他者には分からない。そこで、〈表現者としての子ども〉と結びついてくる。また、表現するということは、創造することにもひろがり、〈創造者としての子ども〉につながる。同時にこの両者は、重なる部分も大きく、創造することは表現することとも考えられる。それぞれの子どもは、上の図のように深く結びついてかかわり合っている。

また、「言語主体」の確立のために、読むことであれば「読者主体」の確立のために、「読書行為力」と「読書生活力」を統合して考えることを重要視している。これまでの著書を探っていってもこの考えは一貫している。

二　比べ読みの意義

ここでは、まず、「比べ読み」「重ね読み」という用語を確認しておきたい。「比べ読み」と似ている読書行為である「重ね読み」についての定義も見ておく。どちらも、二つ以上の作品を比較・対照しながら読書行為を行う点で共通している。

○重ね読み…中核教材に対してまとまった作品を副教材や補助教材として提供し、コンテクスト化を図り、並行して複数の作品を読む行為が主要な目的となる。

○比べ読み…観点を定めて作品の一部を焦点化して教材化を図り、学習資料（ワークシート）などで集中的に議論を深めて読むような活動を主要な目的とする。（『多様な読みの力を育てる文学の指導法　教材研究と全授業記録』七頁）

では、その「比べ読み」の意義や方法について考えてみよう。井上は、比べ読みの意義を以下の五点にまとめている。

①複合テクストを対象に行う
②最も目的的な読書活動
③自己学習力育成の方法的具体化
④思考力の育成、とりわけ課題探求力の育成に大きな効果
⑤理解することと同時に表現の工夫を見いだし、自己表現に役立てられる

（『読む力の基礎・基本——17の視点による授業づくり——』五四頁）

①は、一教材だけに時間をかけて行う授業からの脱却でもある。比べ読みをするということは、複数の教材を扱うことになり、必然的に何のために比べるのかという目的をもつこととなろう（②）。目的が明確であると、子どもの意欲は高まり、自主的に活動するようになる。自己学習をどう進めていくか、それは、④の「思考力」「課題探求力」と多大に関連する。

⑤は、表現に着目している。比べ読みは、理解と表現の関連を図ることにも役立つ。

三　何を読むか——読む対象——

井上は、実際に比べて読む留意点として、四点挙げている。

Ⅰ　学習材として何を活用するか

① 本教材と重ねて読むひとまとまりの補助教材資料
② 学習上必要な参考知識を与える学習資料
③ 学習計画を構想する学習資料
④ 書く活動を通して学習を促進するワークシート
Ⅱ 学習行為としての授業過程のどこで活用するか
Ⅲ 読書対象としてのテクストは、何を選択するか
Ⅳ 読書・表現・創造・編集の行為モデルとしてのテクストは、何を選択するか
（同上書、五五頁）

井上は、「これらの中で現状において最も問題となるのは、読書対象もしくはモデルとしてのテクスト選択である」と述べ、Ⅲについて、二種類の比べ読みの方法を紹介している。

一つは、説明文を使って、ヤドカリの殻交換という同じ題材で、同じ筆者（今福道夫）が目的によって書き換えた「ヤドカリの引っこし」と「ヤドカリの争い」を読ませたものである。

もう一つは、文学の「お手紙」の授業で、シリーズ作品の表現様式を意識化して、同一作者（アーノルド・ローベル）の「お手紙」と「ぼうし」を比べて読む「比べ読み」である。

四　どんな観点で比べるか――読む観点――

井上は、比べ読みをするときに六つの観点を挙げ、「いくつかの観点を組み合わせることでテクスト選択が可能となるのである」と述べている。その六点に対応し、具体的に井上が提案した実践例の項目は以下の通りである。観点ごとに整理してある。

A表現機構を中心に　【伝達メディア、目的、相手、グレード、題材・論題・テーマ、など】

1　目的や再話者が違う二つの民話を比べる
2　同じ民話を違う再話者が再話し、長さの違うものを比べる
3　筆者の考え方の違いを比べる
4　同じテーマの作品の論証の仕方を比べる
5　同じテーマで違う作者の作品を比べる
6　同じ作者の同じテーマの作品を比べる
7　対談・座談の発言記録を比べる
8　同じ作者の違うテーマの作品を比べる
9　複数のメディアをミックスさせて比べる

B表現様式を中心に

10　表現様式の特徴や違いを比べる
11　日本の昔話と外国の昔話を比べる
12　同じ題材を随筆と小説に書いたものを比べる
13　同じ事件の新聞報道を比べる

C表現法を中心に

14　物語や小説の語り方を比べる
15　作品の構造や事件展開を比べる

D表現過程を中心に

16　粗筋を比べる
17　初出と定本・教材を比べる
18　原作とシナリオと映像を比べる
19　直接体験と間接体験の書き方を比べる

E読書・表現・創造行為を中心に

20　感想・批評・論説を比べる
21　論説文と悪文と推敲後の名文を比べる
22　作品の紹介文を比べる

F編集を中心に

23　編集の仕方を目次などを使って比べる
24　インタビューしたものと自己表現化したものを比べる

これだけの整理により、大体の比べ読み学習はどこかに位置付けることができる。授業においては、これらの観点の具体化を図って焦点を絞る必要がある。

第三項　大村はまの比べ読み

大村はまは、とりわけ昭和四一年から四五年まで、読書指導を読書生活指導にまでひろげ、深めた。その後も、読書生活指導は大村の国語教室に根づいていった。これらの実践は、特に、『大村はま国語教室第7巻　読書生活指導の実際（一）』『大村はま国語教室第8巻　読書生活指導の実際（二）』（筑摩書房、一九八四年）に納められている。

一　読書・読書指導についての考え

大村は、「読書について考える」において、以下の六点を基本的な考えとして示している。

1　読書指導は、読書案内だけではない
2　読書指導の内容は本を探すところから始まり、いろいろの読書の技術を身につけることである
3　読書指導は読解指導のあとに続くものではない。読解指導へのつけ足しでない、単なる発展でもない
4　読んだことを蓄えておくだけの〝情報人〟でなく、読んだことから何か発見したり、何か作り出したりする読書人に
5　読書は、まず読者のためのものである
6　読書生活の指導には、いろいろなものが必要である

（『大村はま国語教室第8巻　読書生活指導の実際（二）』七―八頁）

2について、大村は、読書指導を、読んでいる最中だけに限って考えているのではなく、本を選択することから考えている。それは、単元「問題について、その解決に役立つ本を探し、役立つ部分をメモする」にもあるように、本を探し、選ぶ活動を授業でも取り上げている。

従来、国語の授業においては、読書することより、読解することの方に多くの時間を割いていた。大村はまの実践では、3の「読解指導へのつけ足しでない」という言葉に、読書指導の位置付けがしっかりとなされていることが分かる。次の大村の言葉は、読解指導、読書指導、読書生活の関係を分かりやすく表している。

> 読書生活のなかに、読書指導のなかに、読解すること、読解指導が、位置を持っているのである。読書生活のなかに位置づけられて初めて生きる読解力である。
> （同上書、七頁）

大村は、4について「読書人」を「読んで考え、読んで行動し、いろいろの生活に広げていくような人、問題に出会うと助けを本に求める人」という意味でとらえている。読むことから何かにつながることを大事にし、読む最中だけではなく、読んだ後も大事にしていることが伺える。これは、2の本を選ぶ活動からつながり、一連のプロセスと考えることができる。

5の「まず読者のためのもの」という言葉は読書の本質をついている。主体は、作者でも、本そのものでも、教師でもなく、読者自身である。

二　比べ読みの意義

昭和四三年、大村は「批判的に読む」ために、比べて読むことを一〇月に三学年通して指導するようにした。一・二年「批判的に読む準備として比べ読み」、三年「批判的に読む」というように考えられている。一二月には、一年「本と本を結ぶ」二・三年「本で本を読む」と構成している。各学年の目標は、以下のように設定している。

一年：いろいろ読んだ本をある角度であるいはある観点のもとで、新しい関連で見直す。（略）
二年：2（2）で紹介する。
三年：ややむずかしい、程度の高い本は、その本ばかりをくり返し読んでいないで、また、何が書いてあるかと正面から取り組むだけでなく、その本と同じようなことやその周辺を書いた本をいっしょに読んだり、いろいろな角度からとらえてりすることで理解できるという、本の読み方の一つを体験する。

大村の体験談を紹介する。椋鳩十『カガミジシ』を読んでいたときに、宮澤賢治『なめとこ山のくま』と似た場面があったことを思い出したという。そこで、「二つの作品の似た場面を並べて思い浮かべ、つないで考えていく間に、自然に両方が深く読まれてくるという経験をしました」と述べている。比べるということは、二つを「つなぐ」はたらきがあるということに気付かせてくれた。共通点に気付きながら二つが結びつき、つながるということではなかろうか。そうするなかで、深く読めてくる経験をもつことは、一つの作品を読むだけではできないことである。

読む技術については、「重ねて読むということ、そのことの技術、それを身につけることは私はとても大事なことだと思って、そこに入れたのです。（五七頁）」と言うように、重ねて読むこと自体を技術ととらえていることが分かる。

単元「本を本で読む」「表現くらべ」「解説は、作品を読む前に読むか、あとで読むか」などにもあるように、何かを発見するためにも比べて読むことを行っている。講演会で、重ね読みについて次のように語っている。


一つの作品に対して他の作品を重ねて読むことによって、それぞれの作品がはっきりとわかってくるというわけです。ですから大変簡単なことなのです。教師の一番骨を折りますのがその作品の選定であるわけです。何を重ねたらいいか。何に、どういう方法で重ねるか。そのことが一番問題で、教材研究とも、自分のふだんの読書生活ともかかわってきます。そういうことについては大変骨が折れますが、一度教室にはいってしまった場合にはまるで楽でありまして、大骨が折れるなどということはありません。

（『大村はま国語教室第4巻　読むことの指導と提案』一七三頁）


大変優れた方法だとして考えていることが分かる。

三　何を読むか――読む対象――

当時の中学校学習指導要領（昭和三三年度版）の「読むこと」の中に、「文章の内容を読み取って批判する態度を身に付けること」が取り上げられていた。大村は、批判する態度を身につけることについて、「実際には、無理を感じさせるほど、むずかしいことである」と述べ、義務教育の最終学年である中学三年生としても、困難であると感じていた。それは次の言葉からも理解できる。

この学習は、ほんとうの批判ができるには、まだ幼いことを考え、「批判的」というところに止めたいと思った。それも、「批判的に読むこと」そのこともまだ無理な状態なので、「批判的に読むこと」の基礎になる態度、力の一つを目あてにしている。ここで練られる態度も力も、批判的ではないが、それに確かにつながる力であると思う。

（『大村はま国語教室第7巻　読書生活指導の実際（一）』一四二頁）

そこで、大村は、「本を読んで、批判する力、その基礎力を養う」という目標で、以下の九つの資料（四つだけ紹介する）を準備している。（昭和四三年六月、中学校三年）

①『福翁自伝』福沢諭吉、岩波書店、「大阪を去って江戸に行く」の章
②『少年少女おはなし日本歴史九――文明開化』上川淳・徳武敏夫、岩崎書店、「新しい時代をひらく――福沢諭吉とそのしごと――」
③『少年少女人物日本百年史四　文明開化』和田義臣、盛光堂刊、「第一部　港からの風――福沢諭吉」
④『教育につくした先覚者たち』樋口澄雄、さえら伝記ライブラリー、「福沢諭吉」など。

①の『福翁自伝』を中心に、②③④と比べ読みをしている。それらはいずれも伝記で、本の一部である。翌七月、同じ目標で内山賢次『シートン』の三〇年刊と三七年刊とを比べ読みしている。ここでも伝記を取り

扱っている。

「本で本を読む」（中学二年）では次の目標のもと、三種類の資料を比べ読みさせている。

ややむずかしい程度の高い本を、その本ばかりをくり返し読んでいないで、同じ人の同じようなことについて書いた本、別の人の同じように書いた本を重ねて読む。あるいは並べて読む。つまりいっしょに読むことで理解できる、という本の読み方の一つを体験する。

資料1　よく理解できない本、つまり、むずかしい本として「読書について」（中村光夫『青春と知性』から）

資料2　同じ人の同じようなことを書いた本として「科学者志望の少年」（中村光夫『私の読書遍歴』から）

資料3　別の人の同じようなことを書いた本として三編。

単元「表現くらべ」（昭和五四年一〇月）では、「記事の取り上げ方、見方、表現を比べる」ための資料として、四社の新聞（朝日新聞、毎日新聞、読売新聞、東京新聞）を取り上げ、隅田川の花火大会についての記事を比べて読んでいる。その他の比べて読む活動は略する。

四　どんな観点で比べるか――読む観点――

先に述べた単元「表現くらべ」では、隅田川の花火大会について、記事の取り上げ方、見方、表現を比べている。さらに明確に比べる観点をただ示すのではなく、教師自身が着眼点を持っていて、適切に学習者に示している。その着眼点とは、①花火大会、②空模様、③人出、④見にきた人たち、⑤橋の上の情景、⑥川面、⑦花火打上げ開始、⑧打ち上げの様子、⑨美しい花火の形、⑩花火の空、⑪大きい花火の打ち上げを禁じられた今年のくふう、⑫花火を見る人々、⑬伝統を思う、⑭花火の玉、⑮花火打ち上げ時間、⑯交通整理、⑰写真撮影の位置、⑱その他、の一八である。

決して長い新聞記事ではないけれど、これだけの着眼点をもって授業に臨んでいる姿勢に敬服する。生徒は全てを観点として比べるわけではないけれど、生徒の気付きにも広く対応するためには教師自身が比べる観点に多く気付くことが重要である。

第四項　井上一郎・大村はまの比べ読みの比較

一　井上・大村の読書・読書指導

両者の読書・読書指導に対する考えで共通しているところは、読者の存在の見方である。読者の役割を重視し、読者と作品とが共存的存在であると言う井上。「読書は、まず読者のためのもの」と言う大村。それぞれ表現は違うものの、作品を絶対と考えるのではなく、読者のはたらきこそが重要であると考えている。

「読書行為力」と「読書生活力」を統合しなければならないとする井上の考えと、読書生活、読書指導のなかに読解すること、読解指導が位置づけられるべきとする大村の考えは似ている。

「統合」と「――のなかに」とニュアンスは違うが、共通することの方が大きい。読んでいる最中だけでなく、本を探し、選ぶ活動から、読んだ後までを含めて単元を構想してきた大村と、読書の一連のプロセスを大切にする井上の考えには共通点が多い。井上は、〈読者としての子ども〉を〈表現者としての子ども〉〈創造者としての子ども〉と関連付ける。大村も、読書して発見し、作り出すことを大切にしている。

二　井上・大村の比べ読みの意義

両者の著書を読み進める際に、印象的だった共通点として、「子ども、または読者の自己学習力の育成が図られる」ということだ。それは、比べ読みが同時に複数教材を扱うことになり、目的的であるとする井上と、批判的な態度を育成する、発見する、難しい本を理解するために比べて読むとする大村、どちらも優れた読み方だと考えている。

比べ読みの意義について、それぞれで特徴的なものは、比べ読みが課題探求力や思考力の育成になるとする井上と、比べ読みによって作品と作品をつなぐという大村の考えである。井上と大村に共通していることとして、自己表現への結合がある。両者とも自分の表現を磨くために、比べて読む、気付いたことを表現へ生かすということを意識している。

三　井上・大村の読む対象

井上と大村は、読む対象をひろくとらえている。文学、説明文にかかわらず幅ひろい。例えば井上は、同じ題材で同じ筆者が目的によって書き換えたものや同じ題材で相違する筆者が書いたもの、目的や再話者が違う二つの民話、新聞紙上での同じテーマで反対の人の考え、物語の語り方、事件展開などを比べて読む対象としている。随筆や粗筋を比べる実践もある。表現・創造・編集の行為モデルの開発もしている。

大村は、福沢諭吉やシートンなどの伝記教材を読む際に、比べて読む方法をよく採っている。その目的は、批判的に読む態度を育てることにあることが多いようだ。また、難しい話を読ませるときに、似た内容の易しいものを読ませていることも特徴だと言える。とりわけ、単元「表現くらべ」で隅田川の花火大会について、四社の新聞を比べて読ませている授業の内容は充実している。内容が生徒の身近であることや、教材の文字数、教師の着眼点など大変参考になる。

四　井上・大村の比べ読みの観点

井上が先に挙げた、「6　同じ作者（筆者）の同じテーマの作品を比べる」例として、教科書に掲載されていた旧版「カブトガニ」と新版「カブトガニを守る」を比べて読む観点を見る。題名、筆者による焦点化、事実と表現（分類、生息分布、形・作り・大きさ、産卵・成長、進化の過程、現状と今後）、説明文の構造などである。これらを比べることで、筆者の手によってどう書き換えられたか、事実の何を取り上げているか、それをどう表現しているか、全体構造の共通点、などに気付くことができる。

大村は、「表現くらべ」において、①花火大会、②空模様、③人出、などの一八もの着眼点に気付き授業の準備としてもっていた。生徒に全て示していないということは、生徒の気付きを重視し、発見する喜びを味わわせたかったためであろう。井上の二四の比べ読みの可能性にしても、大村の着眼点にしても、教師の準備が、比べ読みの授業を左右する。

五　比べ読みにおける成果

井上・大村の両者の比べ読みにおける提案や実践を、①比べ読みの意義、②何を読むか、③比べる観点、という観点で見てきた。その前提となる読書・読書指導に対する考えも比較した。一九四〇年にアメリカで出された『本を読む本』から観点を見いだし、一九六五年頃、読書指導に力を入れて授業していた大村と、一九九〇年代から読者としての子どもの姿を追い求めた井上の考えを比較した。国や時代を超えて、共通しているところやそれぞれの異なる特徴を、考察一から四までのように、とらえることができた。

井上の場合、比べて読むことを指導過程に明確に位置付けている。比べ読みの対象や観点が詳細でそれらを生かして、比べ読みの教材開発をすることができる。また、ワークシートを工夫して文章を二段や三段に見やすくし、共通点や相違点などを発見できるようにしている。そうすることで、低学年でも十分に比べて読むことができるようにしている。ただし、細かな観点の何を重点的に、どの学年で育成していくかを考えていく必要がある。

大村は、学習の手引きを開発して、比べて読むことの学習を効果的に進めた。生徒は、その手引きをもとに、比べて読んでいく方法を身に付けていくことができたのである。それは比べて読む技術だけでなく、批判的に読む態度を身に付けたり、発見したりする力の育成にもつながった。

考察の最後に、アドラーが教育的効果の三つ目として述べている、次の言葉を引用する。

第三に、多くの主題についてシントピカル読書の経験を重ねると、同じ箇所が、シントピコンの二つ以上の主題の下に扱われていることがわかる。主題に応じて違った解釈をしているうちに、その箇所が幅のある意味をもっていることがわかってくる。読書は、こうして多角的な解釈のしかたを身につけ、複雑な文章がもっている意味のニュアンスを感じとれるようになる。

（『本を読む本』二四一頁）

その箇所の言葉が幅のある意味としてとらえられるようになったり、多角的な解釈ができたり、意味のニュアンスを感じ取ったりすることができることは、「読むこと」の授業において不可欠なことではなかろうか。

これまで調べていて、両者の共通点を多く見つけることができた。今後の展開の中でも、参考にする予定であるので、以下、箇条書きしておく。

【井上一郎と大村はまの共通点】

○　国語教育・人間教育への情熱が燃え続けている。

○　子ども、生徒の興味・関心を大切にしている。

○　学習が生活から生まれ、生活にかえる工夫がある。

○　自己教育力の育成を図っている。

○　学習の手引き、または、ワークシートなどの学習資料が用意周到である。

○　読書指導だけではなく、読書生活の指導までを重視している。

○　読むことの授業において、多様な読みをさせている。

○　比べ読みを有効に生かしている。

○　批判読み、評価読みを学年に応じて展開している。

○　子ども、生徒を愛する姿勢が根底にあり、指導が徹底している。

○　各オリジナルな理論が実践に結びつき展開している。
○　言語、語彙の指導を重視し、授業、理論の中に明確に位置付けられている。
○　著書が多数で多くの提案を発信している。

第三節　比べ読みにおけるテクストと読者の相互作用

第一項　テクストと読者の相互作用

一　読者が主体であること

これまでの自身の国語科学習の課題は、授業が一人一人の個に応じていなかったこと、授業の必然性のなさ、自己学習能力の育成の乏しさ、などが挙げられる。

読むことの授業では、子どもが読者主体になりきっていなかったのではなかろうか。前章で述べた調査結果の考察も踏まえて、子どもの読書行為の在り方を追究し、解明していくことにした。

一般的に考えると、読書すること自体、読者が主体でなければ成り立たないことである。しかし、読書生活が身に付いていない子どもにとっては、その主体は真の主体でなく、仮の主体である場合がある。それは、宿題として無理矢理読んでいたり、ノルマのために読んでいたり、行為ではなく、心が読書に向かっていないときである。

仮の主体ではない真の主体という意味で「読者が主体であること」を考えてみる。梶田叡一は、序章で「道具」

を例に出して主体について次のように述べている。

「道具」を適時適切に使いこなしていくためには、その人自身が賢くなくてはならない。「道具」を使う「主体」が育つということが重要な意味をもつのは、このためである。

（『〈自己〉を育てる——真の主体性の確立』四頁）

主体は無意識のうちに育つものではなく、主体的に道具を使う技術をみがくことで育てていかねばならない。本論でも、主体を育てることを前提として、読書行為力と読書生活力を育てることを目ざしていく。また、梶田は、主体と自己のかかわりについては次のように言う。

〈自己〉とは、自分自身への振り返りをもつ「主体」、自分自身を意識化し対象化した「主体」、自分が自分自身の主人公になっている「主体」のことなのである。

（同上書、一一頁）

主体が育つことで、自己が高まり、成長していく。それは、つまり、客観的に自己を見つめることである。自己の考えや言動を振り返り、省察することが必要である。読むことにおいても、自己を重視して、自身の体験や読書経験を大切にしながら読んでいくことが重要になってくる。自己が主体に立つ読書行為ができるように、教師は指導しなければならない。そして、それがゴールではなく、その積み重ねによって読書生活力にも結びつくようにしていく。

二　読者主体の読書行為

読者という主体の前にはテクストがある。そのテクストと読者の関係はどうあればよいか。ここでは、イーザーの『行為としての読書』の受容理論を基に考える。イーザーが「虚構テクストは、実在の対象に該当するような全面的な確定性はもちえず、つねに不確定な要素をそなえている。だがそれは欠陥ではなく、テクストが読者に伝達される基本条件になっている。不確定なところがあるからこそ、読者はテクストの意図を理解し、それに形を与えてみようという気持ちを起こす。」（四〇頁）と言うように、受容者である読者との相互作用がそのテクストの意味を決定する。テクストは常に同じ意味を持つのではなく、読者との相互作用によって、幾通りにも変化する。

読者主体が読書行為を行う際には、その読者なりの読書過程がある。それは本章の第一節で述べたように、常に同じとは限らない。しかし、イーザーのとらえ方は、少し違うところにまで及んでいるので次に引用する。

　書物は他者の思考によって成り立っているが、読書の間、読者はその思考の主体となる。読書過程においては、あらゆる認識ないし知覚にとって重要な主体―客体区分が消滅し、他者の経験を自己のものとする独特な領域が開けてくる。

（『行為としての読書』二六九頁）

読書過程の中で、主体と客体の区分が消えるように考えているところが斬新である。そこで、「他者の経験を自己のものにする」ことが読者におこっている。自己だけで読書することにとどまらず、読者の思考が、著者の考えに融合して、読書行為を展開する。このような過程で読者が主体となっていく。

イーザーのテクストのとらえ方として特徴的なものは、次に述べる空所と否定の関係である。

空所は意味の空白形式として、虚構テクストならではの経験を読者に与える。すなわち、空所は読者の想像力に働きかけて、テクストが与えるか、あるいは読者に喚起させた知識を再生に導く。この空所の働きで、否定がそなえている生産的な力がわかる。つまり、古い意味は、否定されながらも、新たな意味がそこに重ね合わされることによって、再び読者の意識にとらえられる。
(同上書、三七一頁)

読者は、イーザーが言うように空所を想像によって自分と噛み合わせ、意味をイメージしていく。その過程で、これまでとらえていた意味を否定しながら、また新しい意味を生成する。この繰り返しにより、イメージが決定される。しかし、それも再読するときには、また違ったテクストに変化することになる。読者も、また否定を続けながら新しい読者に生まれ変わることになる。つまり、空所にはイメージを呼び込む仕組みがあり、読者はそれに吸い込まれるかの如く空所を決定していく。イメージしながら否定し続けるのである。

これまでを踏まえて、読書行為力と読書生活力との結びつきについて考えていく。

三　読書行為力と読書生活力の結合

読者が主体となるには、読書行為力と読書生活力との両方の力の育成は欠かせない。読書生活力とは日常生活の中で長期に渡り読書し続ける力であり、長いスパンでとらえる。その一つ一つの展開されている行為に着眼したものが読書行為力と言うことができる。それは短期なもので、それぞれに目的を持つ。

読書活動や読書行為力、読書生活力、読者主体の言葉を「読書指導論」「読書能力論」から、下の図1に整理しておく。

読むことの学習において、教師はテクストを読む指導を行う。学習者である子どもは読者になってテクストを読む。その読書行為は、集団読書であることや時間制限があること、大きな枠組みがあること、教師に指導を受けることなど、授業という特別な読書形態の上で成立する。

一方、教師は、読むことの学習で日常生活における読書指導を行うことが必要である。それは、授業中教室の中で読書を行うだけでは、真の読者主体にはなれないからである。テクストを読む指導と同様に、子どもが家庭に帰ったときの読書生活の指導を行うことで、相乗効果も表れ、読書行為力の育成に結合する。これまでの読みの指導は、どちらかというとテクストを読む指導に傾斜していたのではないだろうか。日常生活の中で読書することがない子どもは、授業での読書がその子どもの読書生活の全てになる。それでは読書行為力は育成されず、その後の展開、発展は望めない。なお、テクストを読む指導と読書生活の指導は教師としては、意識して類別することが必要であるが、活動に目を向ければ厳密に線を引きにくい。両者を同時に指導することも当然あり得る。

読みの学習指導の場で、真に読書行為力が育成されれば、それが一つのまたは複数のテクストを読む力、つまり読書行為力の育成となる。もう一つ

【図1】

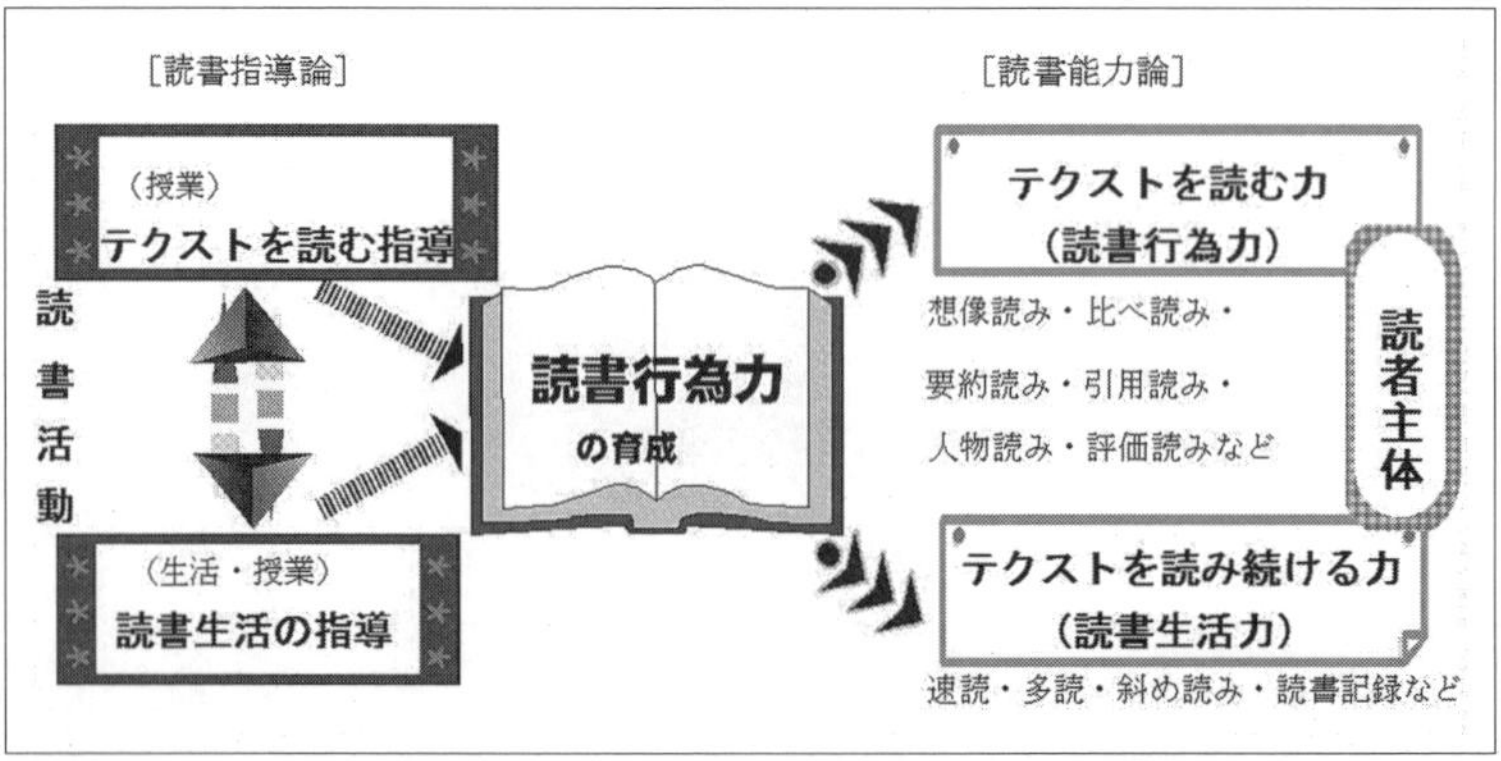

は、日常生活においてテクストを読み続ける力、読書生活力の育成となる。この両者の力を持ってこそ理想の読者主体になることができる。

自分自身の読書活動を通して、他者からの読書指導を受容して、読書行為力、読書生活力という能力を身に付けることができる。読書行為力と読書生活力としてどのような読書活動が行われるのかは、この後で述べる。

四　目指す読みの姿

目指す読みの姿（読みの力）・読みの目的については、二つの面から考えていく。「おもしろい読書」と「役に立つ（ためになる）読書」である。

子どもはおもしろいことが大好きである。学習においても、おもしろいことは自主的に進んで行い、いやなことはやりたがらないか、仕方なくする。読むことの授業においても、それは同様である。ましてや、家庭においての自由な読書においては、さらにそういう傾向は強まる。だからこそ、読書をして、おもしろいと実感することを第一に考えるようにする。

では、おもしろいとは思わなくとも読書をしている人は、どうして読むことをしているのだろうか。それは、読書が何らかの役に立っているからではないだろうか。日常生活の中でも、少しぐらいいやなことでも、役に立つことはしたくなる。しなければならないときもある。ときには、責任がかかってくる場合もある。読書も同じように、生きていく上で、必要だからこそ行われる。子ども読者が本気になって読むかどうかは、その目的の持ち方に大きく左右される。

「おもしろい読書」と「役に立つ（ためになる）読書」をひろげ、どのような読みを育成しなければならないのか、具体化を図らなければならない。その作業にあたっては、これまでの学習指導要領や『読む力の基礎・基本』（井上一郎、明治図書）を基に、現在まで研究してきた著作と重ね、自分自身の経験も絡めて設定する。

五　学年目標から考える

平成十一年版学習指導要領の［読むこと］の目標を見てみる。小学校だけではなく、義務教育段階までを一括りととらえ、中学校までを視野に入れて考える。学年目標は次の通りである。

【小学校】			【中学校】	
第一・二学年	第三・四学年	第五・六学年	第一学年	第二・三学年
書かれている事柄の順序や場面の様子などに気付きながら読むことができるとともに、楽しんで読書しようとする態度を育てる。	目的に応じ、内容の中心をとらえたり段落相互の関係を考えたりしながら読むことができるとともに、幅広く読書しようとする態度を育てる。	目的に応じ、内容や要旨を把握しながら読むことができるようにするとともに、読書を通して考えを広げたり深めたりしようとする態度を育てる。	様々な種類の文章を読み内容を的確に理解する能力を高めるとともに、読書に親しみものの見方や考え方を広げようとする態度を育てる。	目的や意図に応じて文章を読み、広い範囲から情報を集め、効果的に活用する能力を身に付けさせるとともに、読書を生活に役立てて自己を向上させようとする態度を育てる。

第一・二学年に「楽しんで読書しようとする態度を育てる」とあるように、「楽しんで読書をする」ことを第一に考えていきたい。これは、小学校の第一・二学年だけの目標ととらえるのではなく、中学校の第二・三学年で

あっても大切にしなければならない目標である。義務教育段階だけで考えずに、生涯に渡って持ち続けたいことである。「楽しんで読書をする」ことは、「おもしろい読書をする」こととほぼ同義と考えている。

「目的に応じ」て読むことが、小学校三・四学年から位置付けられている。教科書に載っているから、教材があるから、読ませるのではなく、目的を持って読むことが大事になってくる。その目的は、学級全体として立てる場合もあるし、個人個人で立てる場合もある。その目的をどのように持たせるかが、教師の教材研究にかかってくる。読書生活においては、子ども自身がどのように目的を持つようにするのかが重要である。

第五・六学年の「読書を通して考えを広げたり深めたりしようとする」ことは、自己の考えが強調される。読書をして終わるのではなく、「読書を通して」自己の考えを広げたり、深めたりすることが求められる。

中学校になると、文章を読み、「広い範囲から情報を集め」「効果的に活用する能力」を身に付けさせなければならない。効果的に活用することは、まさに目的がなければ成り立たない。目的に応じ、情報操作することも必要になろう。そして、読むことにつながらなければならない。

日常の読書では、読書対象に制限はほとんどない。しかし、授業になると、時間に制限があることから、読書対象も制限されなければならない場合が多い。それは、指導目標が達成されるように対象も選ばなければならない。文章の種類を意識して、多様な様式に触れさせることを大きなねらいとしたい。井上一郎は、授業には、六人の読者「①作品の読み、②作者の読み、③先行の読み、④教師の読み、⑤子ども個人の読み、⑥子ども集団の読み[9]」がいるとしている。個を生かす学習を構成するためには、それぞれに配慮しなければならない。

「読書を生活に役立て自己を向上させようとする態度」とは、まさに読書生活力である。日常生活に役立ててこそ、読書の本来の楽しさを味わうことができる。また、楽しさだけではなく、読書によって自己を向上させようとすることが望まれる。読書することを楽しく感じない苦痛に感じる読書であっても、それが自己を向上させるためのものである場合もある。「楽しさ」と「自己の向上」のどちらの視点も持っておかなければならない。どちらにしても、生活に役立てることは欠かせない。

読書することで、育成できる能力は測りきれない。それは、『クシュラの奇跡』[10]でも明らかなように、大人の想定したこと以上に、子どもは能力を身に付ける。この場合には、保護者の継続した読み聞かせがあり、クシュラは絵本の絵を読み、母親の声を聞くことを通して生きた言葉を読み、母親の愛情を体で読んだことが大きな契機となっている。

これは家庭での試みであるので、場所を学校の教室に替えたときに、読書をして育成される能力の策定が必要になってくる。

ここまでを次頁の【図2】に表し、構造化して考えてみる。

最初に、おもしろい読書をすることの具体を考える。読書することで、①自然に感想が生まれる、感動する、共感する、②心が落ち着く、癒しになる、③発見する、④次を予想する、見通す、ことが考えられる。その中で心の中に描き出した内言を他へ、⑤伝える、行為へとつながる。

役に立つ（ためになる）読書では、①問いを持つ、②考えを整理する、まとめる、③課題を解決する、④活用する、創造する、⑤評価する、批判する、ことが考えられる。つまり、自己の中に生まれたものを自己内で広げていくことと他へ伝え広げていくこととなる。

これら五つずつの基本能力は相互に関連し合い、読書によって育成される。

では、どのような読書行為を授業で取り上げるのか、二〇にまとめ整理した。全学年で経験させたい読書行為であるが、時間的にも無理があることから、各学年の重点読書行為事項を定めた。読書行為の下の番号は、その学年を表す。

【図2】

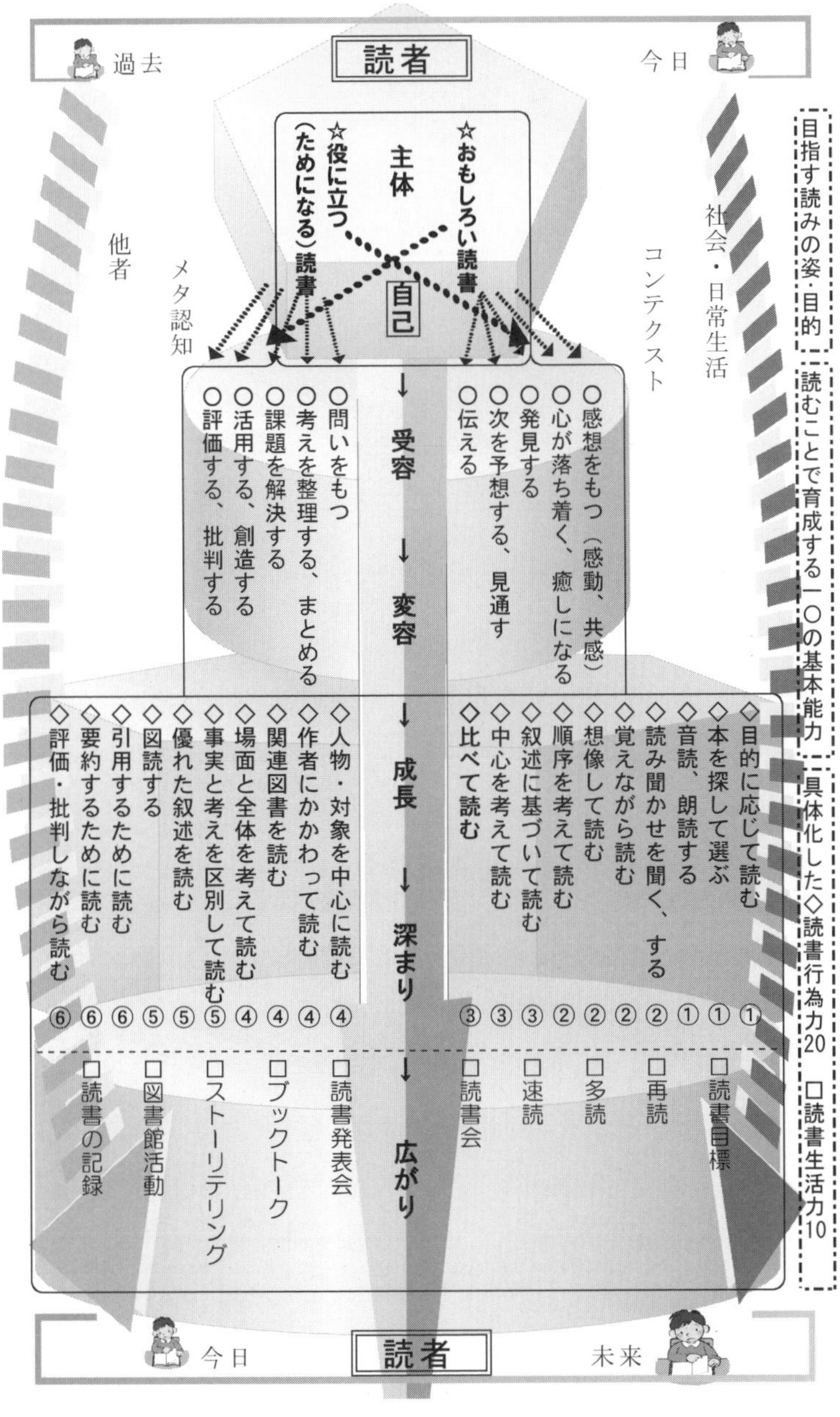
目指す読みの姿・目的
読むことで育成する一〇の基本能力
具体化した◇読書行為力20
□読書生活力10
読者
過去
今日
☆おもしろい読書
☆役に立つ（ためになる）読書
主体
自己
他者
メタ認知
社会・日常生活
コンテクスト
〇感想をもつ（感動、共感）
〇心が落ち着く、癒しになる
〇発見する
〇次を予想する、見通す
〇伝える
〇問いをもつ
〇考えを整理する、まとめる
〇課題を解決する
〇活用する、創造する
〇評価する、批判する
↓受容↓変容↓成長↓深まり↓広がり
◇目的に応じて読む①
◇本を探して選ぶ①
◇音読、朗読する①
◇読み聞かせを聞く、する②
◇覚えながら読む②
◇想像して読む②
◇順序を考えて読む②
◇叙述に基づいて読む③
◇中心を考えて読む③
◇比べて読む③
◇人物・対象を中心に読む④
◇作者にかかわって読む④
◇関連図書を読む④
◇場面と全体を考えて読む④
◇事実と考えを区別して読む⑤
◇優れた叙述を読む⑤
◇図読する⑤
◇引用するために読む⑥
◇要約するために読む⑥
◇評価・批判しながら読む⑥
□読書目標
□再読
□多読
□速読
□読書会
□読書発表会
□ブックトーク
□ストーリテリング
□図書館活動
□読書の記録
読者
今日
未来

また、読書生活力としては、一〇を取り上げ、授業の中で指導することにした。この両者は先程も述べたように厳密に使い分けることは難しいところである。例えば、「関連図書を読む」は、読書行為力に入れているが、読書生活としても必要な力である。

「比べて読む」ことも読書行為力に入れているが、読書生活の中でも必要である。歳を重ねるに従い、比べて読むことは活用する機会が多い。学生がレポートを作成する際には、複数の図書を比べて読み考察することも少なくない。

第二項　読者主体の比べ読みの機能

一　日常生活の〈比べる〉と〈比べ読み〉

私が「比べ読み」を自覚して授業に取り入れ始めたのが、先に述べたとおり教師になって六年目の頃であった。それまでは、発展読書として同じ作者の作品を読ませる程度であった。

平成十一年版学習指導要領では、中学校二・三学年の言語活動例に「様々な文章を比較して読んだり、調べるために読んだりすること」とある。そのことからも分かるように、「比べて読む」ことは、重要な読書行為の一つである。では、中学生や小学校の高学年にならないと、比べて読むことができないのではないかと言うと、決してそうではない。小学校一年生からでも、比べて読むことはできる。

ここで、一年生の「どうぶつの赤ちゃん」を例にとって、比べて読むことを考えてみたい。

一年　比較して言葉を学ぶ説明文の授業 ――「どうぶつの赤ちゃん」などを通して――

子どもたちは、自分でことばを身に付けたことを自覚できたときに、ことば学びを実感する。比較することは、比較解剖学や比較教育学や比較言語学、比較心理学など、あらゆる学問で活用される思考法である。子どもたちの場合、日常生活において無意識のうちに物事を比較している。そこで、授業の中で比較して読むことを通して、物事を比較する見方・考え方を身に付けさせることが有効だと考える。

そこで、「日常生活で比較すること」「比較して読むこと」「物事を比較する見方・考え方」の関係を少し整理してみる。以下のようになるだろう。

日常生活で比較すること

背の高さを比べたり、お菓子の値段を比べたり、走る速さを比べたりしている

▼　△

比較して読むこと

・観点を発見する
・特徴が分かりやすい
・使われていることばに気付きやすい、など

▼　△

物事を比較する見方・考え方

比べることによって、
・自分と他者の位置が分かり、客観的に見ることもできる
・共通点や相違点に気付く

「どうぶつの赤ちゃん」（光村図書）を中核教材とした場合、比較して読む対象（内容・表現方法）を挙げてみると以下のようになる。前頁にはそれを図で表してみた。

・教材文（ライオンの中での比較）　・教材文と同じテーマの絵本
・教材文（しまうまの中での比較）　・写真絵本と写真絵本
・教材文（ライオンとしまうまの比較）　・教材文と自分、など

「比べ読み」を意識することは、子ども以上に、教師にとって有効な方法である。比べ読みを始めてから、変化したこととして、教材研究の視野が広がったこと、本を少しは読むようになったこと、比較することで発見があったこと、読む楽しさが膨らんだことが挙げられる。

特に、二つの作品を比べて読むことで、それぞれの共通点と相似点を把握することができる。そのことは、その作品の特徴をとらえることと直結する。一つの作品を読んでいただけで気付かなかったことを発見したり、二つを結びつけて考えたりすることができる。

一年生においても、ライオンとしまうまの大きさや成長の違い、筆者が同じ構成で書いていることに気付くことができた。その際には、ワークシートを工夫することも欠かせない。

二　比べ読みと他の読書行為とのかかわり

読者が一つの作品を読み、理解するためには、とにかく自分で読むことが当然な行為である。その読みをひろく深くするためには、他とのかかわりが必要になろう。

自分一人で読む際には、比べて読む方法が効果的である。まずは、自分の経験と比べることである。これは意識

しなくとも、多くの読者が体験しているであろう。次に、他の作品と比べることができる。その方法は多様である。

比べて読むことを他の読書行為とつなげて考えてみると、次のように無理なく結合し、一つの熟語のようになる。比べて読むことが単独に行われるのではなく、何かの目的のために比べて読んだり、何かをしながら同時に比べて読んだりしていることの表れである。

◇目的に応じて比べて読む
◇本を探して比べて読み選ぶ
◇比べて音読、朗読する
◇読み聞かせを比べて聞く、する
◇比べて覚えながら読む
◇想像して比べて読む
◇順序を考えて比べて読む
◇叙述に基づいて比べて読む
◇中心を考えて比べて読む
◇人物・対象を中心に比べて読む

◇作者にかかわって比べて読む
◇関連図書を比べて読む
◇場面と全体を考えて比べて読む
◇事実と考えを区別して比べて読む
◇優れた叙述を比べて読む
◇比べて図読する
◇引用するために比べて読む
◇要約するために比べて読む
◇評価・批判しながら比べて読む

三　記号化して比べ読みを考える

全国大学国語教育学会において、比べ読みの研究を発表した際、山元隆春氏から次のような貴重な質問をいただいた。

Q（山元）一つは、六頁の「全体の考察・課題」のところで共通点を見つける数値が高いということでした。確かにおもしろいと思うんですが、共通点を見つける方がおもしろいとか、相違点を見つけるときもそれなりのおもしろさはあるんだろうと思うんですね。共通点を見つけることがテクストの理解にどういう影響が、もう一つは相違点の方は、テクスト理解に及ぼす影響があるとすればどういうものがあるとお考えなのか。間違い探しのように発見していく読みのおもしろさもあるでしょうけれども、共通点を見つける方はそれとは違うだろうと思って、それが高いというのは非常に興味が高かったですけどね、共通点、相違点の物語理解に及ぼす影響は？

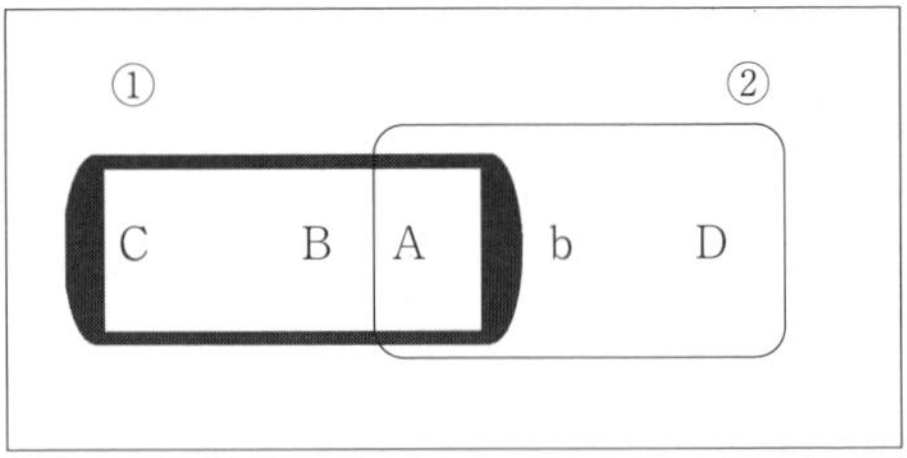

その質問に対して、筆者は、理解の深化と相違発見による特徴の把握という点から応答した。今回、説明文の授業において、比べ読みによる理解の深化と相違発見による特徴の把握ができることを実感した。そこで、今回は説明文を取り上げているという点で違うが、テクストを比べて読み理解するを記号化して考えてみる。

①［ABC］と②［AbD］という二つのテクスト（説明文）がある。ABCというのは説明文の内容とする。二つを比べ読むと、Aが共通していることが分かる。読者は、①のAの内容を理解していたことが、②を読み共通していることに気付き、理解が深まる。また、Aが共通していることと関連付けて、Bとbが似ていることに気付

きやすくなる。似ているけれど違う内容であることが分かる。さらに、CとDが違う内容であることに気付き、CとDが、それぞれのテクストの特徴であることとの予想がつく。

以上のように、比べて読むことにより、理解が深まり、特徴をとらえやすいことが分かる。もちろん、記号のように単純にとらえられるものではないことは言うまでもない。

四　詩における比べ読みの効果

詩における比べ読みには深く言及しないが、甲斐睦朗の教材分析[11]から比べ読みを見ておきたい。

甲斐睦朗は、三好達治の「雪」の分析を通して、他の作品との比べ読みを提案している。

まずは、「作者から読み取れる事柄」として、『三好達治詩集』（岩波文庫）の中から「祖母」との比べ読みの可能性を示す。「雪」と同様に、繰り返しの形式である。一連が三行あり、二連で構成されている六行の短い詩である。この二つの詩を比べて読むことで、「雪」の一行を連としてとらえたり、繰り返しによる効果が増大したり、リズムを感じ取ったりすることなどが期待できる。「太郎」「次郎」「蛍」「月光」という言葉に着目しやすくなり、その言葉から想像を膨らませることができる。言葉への焦点化を図ることもできる。

次は、同一作者の雪をテーマにした詩「こんこんこな雪ふる朝に」（三年生の教科書）との比べ読みができる。同じ「雪」を題材としながらも、読んだ印象が全く違うことや「雪」の詩は、読者に委ねた部分が多いこと、「こんこんこな雪ふる朝に」では、寒い中にも花が咲く喜びが伝わってくることが想像できる。二つの詩を比べて読んだ後に「雪」をテーマにして詩作することも考えられる。分量の違いは一目瞭然である。

最後は、「他の詩との比較などから読み取れる事柄」として、中学生の詩「雪」との比べ読みを提案している。

雪

三好達治

三好達治太郎を眠らせ、太郎の屋根に雪ふりつむ。
次郎を眠らせ、次郎の屋根に雪ふりつむ。

祖母

三好達治

祖母は蛍をかきあつめて
桃の実のやうに合わせた掌の中から
沢山の蛍をくれるのだ
祖母は月光をかきあつめて
桃の実のやうに合わせた掌の中から
沢山の月光をくれるのだ

こんこんこな雪ふる朝に

三好達治

こんこんこな雪ふる朝に
うめが一りんさきました
またすいせんもさきました
海にむかってさきました
……
……

雪

石井敏雄

雪がコンコン降る。
人間は
下で暮しているのです。

この詩は『山びこ学校』に掲載されており、わずか三行ながら、雪国に生まれ育った作者のたくましさが伝わってくる。三好達治の「雪」では、固有名詞が使われており、石井敏雄の「雪」では、「人間」という言葉が使われている。その使い方の相違点や印象の違い、言葉の使い分けについて考えることができる。文末表現の違いにも着目して、読むこともできる。

これらのようにいくつかの組み合わせにより比べ読みも発展していく。詩については文学テクストの一つととらえている。

五　比べ読みにおける読者とテクストの相互作用

一つのテクストの場合、読者とテクストの関係に生じる相互作用は、一通りである。テクストが二つになり、比べて読む場合には、読者とテクストの相互作用は幾通りにも増大する。①読者とテクストAとの相互作用、②読者とテクストBとの相互作用、③読者とテクストAとテクストBの間に生成される新テクストとの相互作用、という具合に読者の読みは多様になる。また、比べて読むことで読者は思考操作を行いやすくなり、そこに新しい発見が生まれる。それだけでなく、テクストAとテクストBを比べて読むことで、テクストAはテクストA'（ダッシュ）に、テクストBはテクストB'に変容することもある（④）。その変容とは、つまり、テクストAの内容や展開構造などの特徴がより明確になったり、より想像豊かになったりすることである。⑤は、テクストAとテクストA'の間に生まれたものとの相互作用である。テクストBも同様に、⑥⑦という相互作用が生まれる。比べ読みをすることで、読書行為は多様になり、豊かさを増す。一見複雑になっているようにも思われるが、読者はその中のいくつかを選択して読んでいるから読みが混乱を起こすことは考えにくい。

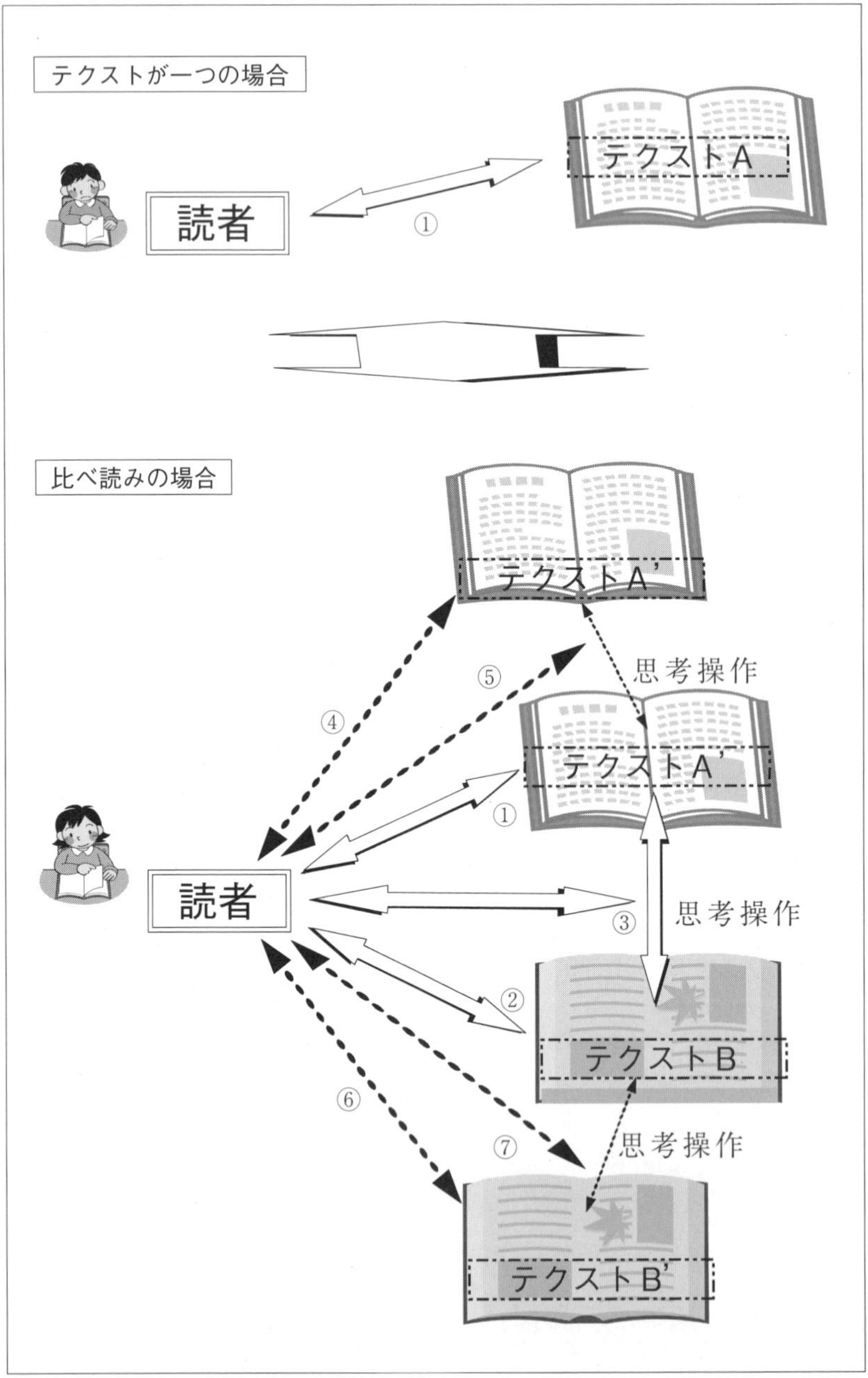
テクストが一つの場合
テクストA
読者
①
比べ読みの場合
テクストA'
⑤
④
思考操作
テクストA'
①
読者
③
思考操作
②
テクストB
⑥
⑦
思考操作
テクストB'

六　比べ読みの機能

様々な読書行為に直接関わる比べ読みは、読む目的や状況に応じて言語能力の育成に多彩に働きかける。そこで、比べ読みの意義と、どうおもしろいのか、どう役立つのか、整理しておく。

【基盤】
1　比べ読みは、複数で多様なテクストを対象とし、読者のコンテクストを広げる。

【読書過程に沿って】
2　目的を持って比べ読みをする場合と、比べ読みによって目的が生ずる場合とがある。
3　比べ読みをすることで、テクスト選択の力に展開する。
4　比べ読みによって、筆者・作者を相対化する。
5　比べ読みのときに、読みの観点を持つことができる。
6　比べ読みによっては、表現様式を意識し、テクストの特徴を掴みやすい。

【思考力】
7　比べ読みによって、無意識に思考操作を行う。
8　比べ読みによって、客観的・多面的・総合的に考える。
9　比べ読みによって、批判力の基礎を養う。

読者は、

10　比べ読みによって、表現者意識に立ち、情報を活用・発信することにつながる。

【読書行為力・読書生活力】

11　比べ読みは、多くの読書行為に結合する。

12　比べ読みは、多くの読書生活に結合する。

【読者主体】

13　比べ読みによって、読者として育ち、主体となる。

14　比べ読みによって、自己の読みをメタ認知できる。

1　比べ読みは、複数で多様なテクストを対象とし、読者のコンテクストを広げる。

比べて読む以上、その対象は複数でなければ成立しない。自分の体験やこれまでの読書経験と比べて読むことはできるが、ここでは実際の文章をテクストとしてとらえておく。比べ読みは、多様な読み方ができるから、テクストも多様であることが望ましい。単一のテクストだけを読んでいるときには思い描けなかった、体験や読書経験などのコンテクストが、比べて読むことにより広がり、それまでは思い起こすことのできなかったものも開けてくる。

2　目的を持って比べ読みをする場合と、比べ読みによって目的が生ずる場合とがある。

何の目的もなく比べて読むことは少ない。何らかの目的があるからこそ複数のテクストを比べて読む。その目的がどのようにテクストを選択するのか、大きく影響する。目的の違いによって読むときの観点も決定づける。読者の読書行為の出発点に目的がある。ただし、比べ読みによって新たに目的が生まれる場合もある。読んだ結果、これまでの目的がさらに具体化されていくことも、自然な読書行為である。

比べ読みを経験している読者は、時と場に応じて読む内容を収束したり拡散したりすることができ、読む範囲や場面までも目的に応じてコントロールすることができる。

3　比べ読みをすることで、テクスト選択の力に展開する。

目的に応じてテクストを探すときに、複数のテクストを比べながら探していく。そのときに一〇冊程度探すことができたら、その後、さらに比べて読み、自分に必要なテクストを三冊程度に絞ることがある。それは、二段階に比べて読むことになり、比べて読むことに厚みを増す。また、テクストを何気なく複数探しているうちに、自分が探求していきたいテーマが見つかることもある。その場合も比べ読みは有効な読み方である。

4　比べ読みによって、筆者・作者を相対化する。

説明的文章で一つのテクストを対象とする場合、読者は、テクストの筆者を絶対視してとらえることがある。それは対象が一つであることから、自然な見方だと言うこともできる。テクストが複数になると、筆者を相対化しやすくなる。

一つの文学テクストであれば、作者と語り手を同一と考え、その違いをとらえきれないことが起こる。同一作者の違うテクストを読むことで、作者が書いたものによって語り手を変えることを理解することができる。

5　比べ読みのときに、読みの観点を持つことができる。

比べ読みの目的で、「目的の違いによって読むときの観点も決定づける」と述べたように、比べて読むことで、読みの観点を持ちやすい。その観点を持つことで、読み方も焦点化が図られ、より理解しやすくなる。

6　比べ読みによっては、表現様式を意識し、テクストの特徴を掴みやすい。

テクストは読者に働きかけてくる作用がある。その作用も読者によっては気付かないまま通り過ごすことがある。比べて読むことで、その作用に気付きやすくなる。

テクストの作用と関連深いことであるが、テクストの特徴も気付きやすいものとそうでないものとがある。それが、比べ読みによって、特徴に気付きやすくなる。二つのテクストであれば、両者に共通した特徴と個々特有の特徴とが比べ読みによって明瞭に分かるようになる。

表現様式と一言で言っても、それぞれの段階がある。説明的文章の「説明」に限っても、解説や感想・意見、紹介、報告、評論などと系統による表現様式は多様である。井上一郎は、「説明方法に基づく説明の表現様式」『誰もがつけたい説明力』として、①具体的説明、②統計的説明、③質疑応答的説明、④順序的説明、⑤思考操作的説明、⑥列挙的説明、の六つの説明方法を挙げ、それを四七の型に具体化している。そういった表現様式の特徴を比べて読むことで気付きやすくなる。比べて読むときの観点の持ち方によって、表現様式の各段階における特徴のとらえ方が変わってくる。

7　比べ読みによって、無意識に思考操作を行う。

思考力育成のためには、論理的に考えることは重要である。筋道を立ててああでもない、こうでもないと考え続ける。その際、複数の対象を比べて読むことで思考の型が一つではなく、複線型になる。そのときに思考操作を行い、あたかもよりよい考えへと導いて行かれるようになる。子どもにとって、具体的な操作活動が大切であると同時に、思考の段階での操作も重要な意味を持つ。

8　比べ読みによって、客観的・多面的・総合的に考える。

人が思考するときに、客観的な視点は大切である。何かを判断するとき、主観的であれば適切な判断とは言えない。客観的な視点と同様に、ものごとを複合的にとらえることで客観的な視点をもつことができる。

登場人物を読むとき、シリーズであれば、比べて読むことで人物を多面的に読むことができる。一つのテクストだけでは浮かび上がらない面が比べて読むことで表れ出ることがある。自分で決めた観点で人物を読むことで人物像が広がり、深まることもある。

9　比べ読みによって、批判力の基礎を養う。

批判的に読むことは、批判力が育つ基になる。一つの説明的文章を読む際にも、筆者の論の進め方に沿いながらも、違う可能性も探りながら読むことで、批判的に思考することができる。それが、複数のテクストになれば、複眼的に思考することが批判力を育成することに結合しやすくなる。苅谷剛彦は、『知的複眼思考法』で「批判的読書のコツ20のポイント[12]」を整理して、「書き手の論理の進め方を、ほかの可能性も含めて検討していく」ことを提案しているので参考になる。

10　比べ読みによって、表現者意識に立ち、情報を活用・発信することにつながる。

後の節で詳しく述べるが、比べ読みの授業実践には、ただ読むだけの単元よりも、その後書いたり、発表したりする活動が計画されていた。自身が表現者になることを念頭に置き、比べて読むことでそのテクストをモデルとして読むことができる。表現者意識を持つことで読書行為はより主体的になり、読むことと書くこと、話すこととの関連性の密が高まる。

情報を活用し、発信するまでには、情報を収集、選択、操作、という一連の過程を経る必要があり、処理、発信していく。その全過程に比べ読みは、活用することができる。新聞を比べて読むときには、まさに今現在の生の情報を扱うことになる。同じ記事内容について数社の新聞を読むことで、表現の仕方や書き手の展開の違いが明確になる。今度は、自身が書き手になったときに、情報活用、処理、発信することが可能になる。

11 比べ読みは、多くの読書行為に結合する。

「読者主体の比べ読み」で整理したように、比べて読むときに何らかの読書行為と結合している。比べて読むこと自体の読書行為力を高めることができるだけではなく、比べて読むことで他の読書行為力を育成することができる。

12 比べ読みは、多くの読書生活に結合する。

読書行為は、読書生活に結びついてこそ意味がある。厳密には、比べ読み自体が読書行為力でもあり、読書生活力でもある。例えば、日常生活で友達に数冊の本を紹介する場合、ブックトークのような形態になる。その際に、テクストを探し、選択することにも、比べて読むことは必要であり、さらに紹介するときにも、それぞれの本の比重をどうかけるか比べて考えることになる。

13　比べ読みによって、読者として育ち、主体となる。

読者主体であるためには、読書行為力と読書生活力との結合が大切であることは先に述べた。多くの読書行為に比べ読みが関連することも確認してきた。一つのテクストを読者が持つ様々なコンテクストで読むことでも読者主体となることはできるが、目的を持つ比べ読みはより読者が主体になることを求める。

14　比べ読みによって、自己の読みをメタ認知できる。

読者とテクストが一対一で向かい合っているとき、読者の読みはテクストに一直線に向かっていく。テクストが複数になることで真っ直ぐに向かうだけではなく、ベクトルの方向は違う角度を向き、一時、読者を冷静にさせ、自己の読みを客観視する。つまり、メタ認知することができる。

注

（1）井上一郎『読者としての子どもを育てる文学の授業――文学の授業研究入門――』明治図書、一九九五年二月、四五―五二頁、本書になるまでに、「読者の権利」『月刊国語教育研究』第二六七号、一九九四年七月論考として発表している。

（2）井上一郎『「読解力」を伸ばす読書活動――カリキュラム作りと授業作り――』明治図書、二〇〇五年一〇月

（3）ヴォルフガング・イーザー『行為としての読書――美的作用の理論――』岩波書店、一九八二年三月

（4）足立幸子「情報化社会における読書指導論：昭和40年代の滑川道夫・倉澤栄吉・大村はまの読書指導論の意義」『人文科教育研究No.22』（筑波大学）一九九五年八月

（5）寺井正憲「説明的文章教材の学習における自己世界の創造」『月刊国語研究No.317』一九九八年九月

（6）上谷順三郎『読者論で国語の授業を見直す』明治図書、一九九七年三月

（7）鶴田清司「読解力低下の問題を考える」『教育科学国語教育№665』明治図書、二〇〇六年一二月
（8）村井万里子『国語・日本語教育基礎論研究』溪水社、二〇〇六年一一月
（9）井上一郎『読者としての子どもと読みの形成――個を生かす多様な読みの授業――』明治図書、一九九三年二月、一二七―一二八頁
（10）ドロシー・バトラー『クシュラの奇跡一四〇冊の絵本との日々』のら書店、一九八四年五月
（11）甲斐睦朗『文学教材の読み方と実際』明治図書、一九九六年一二月、二三―二六頁
（12）苅谷剛彦『知的複眼思考法』講談社、一九九六年九月

第三章　発達段階からみた比べ読みの能力

第二章では、読者主体の比べ読みを、①読者主体、②比べ読みの意義、③テクストと読者の相互作用、について考察してきた。そこでは、読者としての楽しみを整理し、目指す読者像がはっきりしてきた。また、比べ読みが他の読書行為とかかわり合って機能を果たすことが明らかになった。

本章では、実際に現在の子どもたちの実態を調査し考察することとする。第二節では、文学テクストを対象とした比べ読みの発達について調査研究をする。第三節では、説明的文章における比べ読みの発達調査について研究を進めた。この二つの調査はどちらかというと、読者側に焦点を当てている。第四節では、二つの調査から見えてきたものを整理しまとめる。これらの前段階として、第一節では、テクスト側に焦点を当て、テクストがどのような力を持ち、読者に働きかけてくるのか、その作用を分析した。

第一節　比べ読みにおけるテクスト・ストラテジー

テクストがどのような力を持ち、読者に働きかけてくるのか、その作用のことをテクスト・ストラテジーと呼ぶことにする。山元隆春は、テクスト・ストラテジーを次のように定義している。

テクストとは、言語記号の織り合わされた〈モノ〉であっても、そこにはその作者による読者への働きかけの工夫が施されている。そういった工夫のことを、ここではテクスト・ストラテジーと呼ぶ。

これまでのテクストの作用についての分析は、単一のテクストを対象として、分析しているものがほとんどであった。ここでは、単一のテクストを分析するのではあるが、比べ読みを意識し、前段階として他のテクストを読んだ後に読むと仮定した。そうすることで、より比べ読みをしている日常の読書行為に条件を揃えた。

ジャンル	テクスト・ストラテジーの分析	前段階で読んだものと仮定	関係
第一項　文学テクストの作用	『ガンピーさんのドライブ』	『ガンピーさんのふなあそび』	同一作者
第二項　説明的文章におけるテクストの作用	『あめんぼがとんだ』	『みずのうえでくらすむしあめんぼ』	同一対象
	（略）		

この二つのテクストは、第二・三節で調査研究の対象テクストでもあり、その後の関連が図れるようにした。分析の方法としては、筆者が子どもになって読む視点と、大人（教師）として読む視点の両方を持ち、読み進めていく。授業でも生かせるように、ここで問いたいことや、ここでは理解してほしいことなども書き加えて読んでいく。つまり、筆者の読書行為が露わになる。

第一項　文学のテクスト・ストラテジー『ガンピーさんのドライブ』

既に『ガンピーさんのふなあそび』を読んでいると仮定して、『ガンピーさんのドライブ』を読み進めていく。個人で読んでいくことだけではなく、授業という集団読書の場合を考えてどういう授業展開ができるかも考えていく。原文は、英語であることと、作者ジョン・バーニンガムの情報は含めて考えない。なお、この二つのテクストの比べ読みの効果については、井上一郎の『読者としての子どもを育てる文学の授業』（明治図書、六六―八八頁）にヒントを得た。

一　主人公が出てくる題名

題名『ガンピーさんのドライブ』　ジョン・バーニンガム　さく　みつよしなつや　やく

『ガンピーさんのドライブ』（以下、『ドライブ』）この題名を読者である子どもはどう読むであろうか。既に『ガンピーさんのふなあそび』（以下、『ふなあそび』）を読んでいることから、「今度は、ガンピーさんがドライブをするんだな」と予測できる。題名は、読者に働きかける最初のテクストである。続く本文では、多くの動物たちが出てくるが、ガンピーさんが主人公であることが予想できる。

題名の構造を見ると次のようになる。

固有名詞（人名）＋　助詞　＋　変成名詞
ガンピーさん　＋　の　＋　ふなあそび
ガンピーさん　＋　の　＋　ドライブ

右のように同じ構造になっている。構造の面から見ても内容が相似していることが理解できる。題名の構造や働きを一般化するためには、助詞の「の」を変化させて意味を考え、その違いを比較することが考えられる。

ガンピーさん　＋　の　＋　ドライブ　ガンピーさんがドライブをする。
ガンピーさん　＋　と　＋　ドライブ　主人公は別の少年少女で、ガンピーさんは主人公でない場合もあり得る。
ガンピーさん　＋　が　＋　ドライブ　ガンピーさんがより強調される。
ガンピーさん　＋　は　＋　ドライブ　ドライブすることがより強調される。

これまでの既習教材の題名と比較することも可能である。例えば光村図書には、「たぬきの糸車」がある。共通点は、主人公である「たぬき」と「ガンピーさん」であること、次に続く助詞の「の」である。しかし、その後に続く「ドライブ」と「糸車」には相違点が二つある。一つは、ガンピーさんがドライブをするということと、たぬきは糸車を回さないということである。もう一つは、ドライブをする車はガンピーさんの所有物であり、糸車はたぬきのものではなく、おかみさんのものであることだ。

「スイミー」の場合には、主人公の名前だけが強調されている。これを『ガンピーさんのドライブ』と同様にするならば、「スイミーの海遊び」となるのである。

授業では題名読みとして、子どもの「ドライブ」の経験を問うのもよいだろう。だれと、どこへ出かけたか、その目的地で何をして遊んだか、など尋ねてみたいものである。「内容を予想する」こともよく行われる。「ガンピーさんがどのようなドライブをしたのか」考えてみるのもおもしろい。

絵本を見ると、ガンピーさんが人間であることは疑いないが、本文だけで読むと、動物と思う子どももわずかではあるがいそうである。

作者名については、『ふなあそび』と同一作者であることに触れておかなければならないだろう。訳者の詳細を紹介するなど、それ以上の情報を与えることは、慎重にしたい。

二　今日もお出かけ

①きょうは、ガンピーさんは　じどうしゃに　のって、ドライブに　おでかけです。

冒頭の一文を読むと、早速ガンピーさんはドライブに出かけている。物語構造として、主人公がどこかへ出かける場合と主人公がこちらへやってくる場合とがある。今回もまた、出かけていることが冒頭から分かる。しかもここでは、自動車に乗ってドライブに行くことも決定されている。しかし、この自動車はガンピーさんが所持しているものかどうかは定かではない。

この冒頭は、是非とも『ふなあそび』の冒頭四行と比較したい。分析上、アルファベットをつける。

A　これは　ガンピーさんです。

B　ガンピーさんは　ふねを　一そう　もっていました。
C　いえは　川の　そばに　ありました。
D　ある日、ガンピーさんは　ふねに　のって　でかけました。

一目瞭然として気付くことは、冒頭部の分量の違いとABCの三文がないことである。つまり、『ドライブ』にはこの三文が省略されているのである。

Aは、登場人物である「ガンピーさん」がどんな人物かを設定している。属性や人物相関の設定はない。元々の絵本には、四、五〇歳代のおじさんが描かれている。Bは、ガンピーさんが船を所有していることが明確である。その形容や金額、いつ購入し、どういう種類の船かまでは書かれていない。同様に、自動車の詳細は書かれていない。ただし、比較することで自動車がガンピーさんが所持していることは分かる。これで、ガンピーさんは船も車も所持していることがはっきりした。読者は、ガンピーさんを貧乏であるようには思えない。むしろ現代の子どもであれば、車を所有している家庭が多くそれだけでは普通のおじさんのようにとらえるが、船も所有していることから裕福にもとらえられる。Cは、ガンピーさんの家がどこにあるか、立地条件が簡単に書かれている。川の側にあるのだ。

これらの情報が全て省略されている。それはシリーズということで、作者が読者の読書体験を考慮し、意図的に省略しているものである。

比べて読むことで、Dは、『ドライブ』とほぼ同様な一文であることが分かる。しかしよく読むと、相違点に気付く。『ふなあそび』は「ある日」と時間が設定してあり、一見、「昔あるところに……」で始まる民話調である。それに対して、『ドライブ』は「きょうは」と設定し、読者は、今現在にも思える。「きょうは」とあれば、「昨日は」「一昨日は」と時間が過去に戻る場合と「明日は」「明後日は」と未来に向かう場合を想像することもできる。そこで『ふなあそび』は、昨日や一昨日、または近い過去であることと結び付く。では、「明日はどこに出かけるのか」という連想も可能である。「明日は、バスで、電車で、飛行機で……」と発展していく。ただし、この展開は冒頭を対象としている授業のときに行うのではなく、最終段階に想像した方が効果的であろう。

三　物語世界の門でもある門

②もんを　でて、ほそい　小みちを　いくと……

家の門を出ると同時に、いよいよ物語世界へ出かけていく。「細い小道」を通って始まるのである。「ガンピーさんは」という主語は省略されている。同乗者は誰もいないのは、『ふなあそび』でもそうであった。出発するときのガンピーさんは一人で孤独である。家族の状況に関する情報は何も与えられていない。しかしながら、寂しく感じさせないのは、この後の展開で動物たちが登場して賑やかになるからである。「いくと……」とあるように「……」が読者に次の展開を予想させる働きをもっている。『ふなあそび』での読書経験をコンテクストとして、想像するのである。『ふなあそび』と同じような展開になっていくのか、否か。違う展開であれば正反対の展開か、違う角度に進んでいくのか。登場人物に視点を当てれば、同じような人物が出てくるのか、全く違った人物が出てくるのか。その人数は同じか違うか、増えているのか減っているのか。どんな会話をするのかなどを想像することができる。

四　大勢で乗る動物たちと寛容なガンピーさん

③子どもたちが　いいました。「いっしょに　いってもいい?」うさぎと　ねこと　犬と　ぶたと　ひつじと　にわとりと　子うしと　やぎも　いいました。「あたしたちも　いい?」
④「いいとも。」と、ガンピーさんは　いいました。「だけども、ぎゅうぎゅうづめだろうよ。」みんなが　どやどや　のりこみました。

ドライブに出かけるガンピーさんは、早速子どもや動物たちに一度に出会う。主人公が他の登場人物に出会う場面である。物語構造上、主人公が出かけて行き、他の登場人物と出会う場合、二つの出会い方がある。①意図して会いに行く、②偶然に会う場合である。この場合、「いっしょに行ってもいい?」「あたしたちもいい?」という会話から約束していたわけではないことが分かる。しかし、子どもたちは、ガンピーさんを待っていたことは考えられる。『ふなあそび』を読んでいる読者は、前回はふなあそびに連れて行ってもらっているから、今回も行けるかもしれないという期待を登場人物と同様に感じているかもしれない。ガンピーさんとしても、一人でドライブに出かけるより、友達と一緒に出かける方が楽しいのではなかろうか。約束なしに出かけているものの、子どもたちや動物たちが乗りに来ることを期待しているのではなかろうか。それは、『ふなあそび』の最終場面でガンピーさんが言った「またいつか乗りにおいでよ」と連動して考えることができるからである。小学生である読者の一読後の感想として、「ガンピーさんはかわいそう、動物たちが言うことを聞かないから」というものが多い。一方で、「ガンピーさんも子どもたちのことが好きだと思う」という感想も少なからず見られる。両テクストを関連付けて読むことで、両者は、どちらも惹かれ合っているという読みの可能性が高まる。シリーズである続編が、ふなあそびやドライブなどとせず、全く違ったストーリーになっていれば、両者が惹かれ合っている読みは成立しにくい。二つのテクストを読み比べ、つなげて考えることで、読者の読みは広がって投影されていく。

物語の展開構造上、比べ読みをし、ぜひ取り上げておきたい事項がある。それは、両テクストの登場人物の登場の仕方・乗り物への乗り方の違いである。『ふなあそび』では一人ずつ登場し、一人ずつ乗る。『ドライブ』では、一挙に登場し一挙に乗る。これらは、それぞれのテクストのもつ特徴であり、一つのテクストを読むだけでは気付きにくいことでもある。

『ふあなそび』は次のように、「同乗の依頼」「乗車の許可」「乗車の条件」という文の接続になっており、それが、子どもたち・兎・猫・犬・豚・羊・鶏・子牛・山羊、と同じパターンで九度反復する構造をとっている。登場する順序は変わらず、一致している。

【『ふあなそび』で、子どもたちが船に乗りたいと要求する場面】

A　「いっしょに　つれてって。」と、子どもたちが　いいました。　同乗の要求

B　「いいとも。」と、ガンピーさんは　いいました。　乗車の許可

C　「けんかさえ　しなけりゃね。」　乗車の条件

九度反復する場面で、Bのガンピーさんの言葉は常に「いいとも」である。羊のときだけは「乗れるとも」と

言っている。Aの同乗の依頼をするときには、動物たちの言葉はそれぞれ違う。Cのガンピーさんの乗車の条件も対象ごとに違っており、おもしろい。兎、猫、犬までは関連性があるが、それ以降はそのキャラクターに合わせて言っている。それらの表現を一覧しておく。（子どもたち以外）

兎「わたしも　いっしょに　いっていい、ガンピーさん？」「いいとも。とんだり　はねたり　しなけりゃね。」
猫「あたしも　のりたいな」「うさぎを　おいまわしたり　しなけりゃね。」
犬「ぼくも　つれてって　もらいたいなあ。」「ねこを　いじめたり　しなけりゃね。」
豚「わたしも　おねがい、ガンピーさん。」「いいとも。でも、うろちょろするんじゃないよ。」
羊「あたしも　のれるかしら？」「のれるとも。でも、めえ　めえ　なくんじゃないよ。」
鶏「あたしたちも　いって　いい？」「いいとも。でも、はねを　ぱたぱた　やるんじゃないよ。」
子牛「ぼくも　どこかに　のせてって。」「いいとも。でも、どしんどしん　あるきまわるんじゃないよ。」
山羊「わしも　のっていいかな、ガンピーさん？」「いいとも。でも、けったりするんじゃないよ。」

『ドライブ』では、その九度の反復構造を一度にまとめて表している。

【『ドライブ』で、子どもたちが船に乗りたいと要求する場面】

A　子どもたちが　いいました。「いっしょに　いってもいい？」　同乗の要求
うさぎと　ねこと　犬と　ぶたと　ひつじと　にわとりと
子うしと　やぎも　いいました。「あたしたちも　いい？」　同乗の要求

B　「いいとも。」と、ガンピーさんは　いいました。　乗車の許可
C　「だけども、ぎゅうぎゅうづめだろうよ。」　乗車の条件

これらの展開構造上の差異への気付きは、学年によって違い、学年が上がるほど気付くのではないだろうか。一〇名を乗せて、ガンピーさんは走り出す。ぎゅうぎゅう詰めの状況が後のアクシデントを伏線付ける。

五　天候と車とガンピーさんたちと

⑤「いい　てんきだね。」と、ガンピーさんは　いいました。
「むかしの　にばしゃの　みちを　とおって、のはらを　つっきって　いくとしよう。」
⑥はじめのうち　とても　いいちょうしでした。
お日さまが　きらきら　かがやき、エンジンは　ぽっぽっ　おとを　たて、みんなが　うきうき　大よろこびでした。

物語によっては、天候は全く問題にならず、どんな天候でも関係なくストーリーは進んでいく。特に、民話は天候を問題とせず、展開していくことが多い。ただし、何かの事件を起こすために天候の変化が仕掛けられている場合はある。『ドライブ』もそれと同じように後に天候の変化によりアクシデントが起こる。

「いい天気だね」という言葉で、この時点の天候ははっきりする。ガンピーさんは、読者にここでの天候を知らせる役割を担っている。わざわざ天候を示すということは、この後何かが起こることを予想させる。

続けて、「はじめのうちとてもいい調子でした」という地の文がさらに伏線を張る。太陽、車、人物の全てがまさにいい調子である。その三つは、物語を構成する重要な要素である。どの一つが欠けても、物語が成立しなくなる。太陽が雲に隠され、雨が降れば、後の展開の通り。車が止まればドライブにならない、人物は取り残される。人物がうきうきしないで、気分が悪くなればドライブは中止する。継続したとしても大喜びにはならない。

『ふあなそび』で天候はどう描出されているのか。冒頭、展開部の途中までは見当たらない。ふなあそびをするということで、晴れているということは予想される。展開の最終場面にある「あついお日さまにあたって体をかわかしました」という記述から晴れていることが決定する。「天候」という観点で比べて読むことも、物語の要素を考えさせる上で意義深い。

『ふなあそび』	一日晴天
『ドライブ』	晴天　↓　曇り　↓　雨天　↓　晴天

場所に目を向けると、「昔の荷馬車の道」を通ろうとしている。したがって、大通りではない道で、アスファルトの道はなお想像しにくい。

六　曇りから雨天へ

⑦「どうも、あの　くもの　ようすが　きにいらないいね。」と、ガンピーさんは　いいました。「雨に　なりそうだよ。」

⑧まもなく、あたまの上が　くろい　くもで　いっぱいに　なりました。
ガンピーさんは　くるまを　とめて、そとへ　とびだし、いそいで　ほろを　かけました。
とたんに、ざあっと　雨が　ふってきました。

ここでも、ガンピーさんは天候に気を留めている。その理由は、雨が降ると気分的にも楽しくないというだけではなく、車にほろがなく濡れてしまうからである。ガンピーさんの予想通り、雨が降る。が、濡れずにすむ。そこにはガンピーさんのその場に対応した行為があったからである。その流れを天候とも併せて整理してみる。（　）は筆者が想像した文。

天候	ガンピーさんの言動
（雲の形や量、動きを見て）	「どうも、あの雲の様子が気に入らないね。」 「雨になりそうだよ。」
まもなく、黒い雲でいっぱい。	車を止める。 外へ飛び出す。 急いで幌をかける。
とたんに、ざあっと雨が降る。	

時間の経過に関しては、「まもなく」「とたんに」以外の記述はない。ドライブ中の楽しい会話は書かれていない。この場面に入る直前、子どもたちは大喜びであった。しかし、喜んでいる様子は書かれておらず、空白部であ

る。ドライブ中の会話や外の景色を想像する活動をしたり、自分の体験を基に実際に会話させたりすることで、楽しさを実感させることができる。そういう楽しさの実感が次の展開のアクシデントをより感じ取ることに結びつく。

『ふなあそび』と比較してみると、始めのうちは調子がよく楽しそうということは共通している。それも、「みんな」で楽しんでいる。

> 『ふなあそび』　しばらく、みんなは　たのしそうに　川を　くだって　いきました。
> 『ドライブ』　　**みんなが　うきうき　大よろこびでした。**

『ふなあそび』には、「しばらく」と時間の制限があり、『ドライブ』の「はじめのうちは」と使い方が似ている。大きな相違点は、「ところが、そのうち」から後の展開である。動物たちが大暴れになる。しかもそれは、ガンピーさんが禁止していたことをしてしまうのである。誰がどんなことをしたのか、後ろに整理しておく。

【『ふあなそび』での「ところが、そのうち」以降の動物たちの行為】

山羊　……　蹴っ飛ばす
子牛　……　どしんどしん歩き回る
鶏　……　羽をぱたぱたやる
羊　……　めえめえ言う

豚　……　うろちょろする
犬　……　猫をいじめる
猫　……　兎を追いかける
兎　……　ぴょんぴょん飛び回る
子どもたち…　けんかをする

⑨みちが　ぬかって、タイヤが　からまわりを　はじめました。
ガンピーさんは　むこうの　おかを　ながめて、いいました。「だれか　くるまから　おりて、おさなくちゃ　なるまいよ。」

先程のような動物たちの連続した行為があって、船は転覆する。『ドライブ』では、雨の影響で、道がぬかり、タイヤが空回りする。つまり、両テクストともここでアクシデントが起きるのである。そのアクシデントの元を辿れば、両者の違いが明確になる。『ふあなそび』では動物たち全員が、ガンピーさんの禁止事項を破ることが原因である。『ドライブ』では、降雨による道のぬかるみが原因である。したがって、直接、動物たちが何かを起こしたからアクシデントが起きたわけではない。ただ、読者の中には、冒頭でぎゅうぎゅう詰めになるまで動物たちが乗車したことが原因だと考えるものもいるだろう。それは否定できない。むしろ、前後の場面を関連付けた考えとして評価すべきであろう。さらには、『ふなあそび』の読書経験をコンテクストとして、前回、危険行為を起こした動物たちだから、再度何か迷惑なことをしたと想像することも考えられる。ここでは、間テクスト性が特に働きやすく、子ども読者は関連付けて読むことが多いようである。

この場面までで言えば、動物たちは、『ふなあそび』の経験を生かして、成長しているとも言える。しかし、その読みは後に崩壊することとなる。

ともあれ、ガンピーさんは空回りしたタイヤの回復に努めようとする。その方法として、「車を押す」ことを動物たちに提案する。しかも、向こうの丘を眺めながら言っているところに、ガンピーさんの見通しと判断のよさがうかがえる。このような叙述には、子ども読者はあまり反応するようではないが、人物像をとらえたいという目的をもっている読者には着目する箇所であるかもしれない。その他の読者にとっては細部になるのかもしれない。両テクストを比べ読みし、人物像を表している箇所を整理することで、ガンピーさんという人物像がより浮上するであろう。シリーズを通して一貫した考えとそのテクストに限定された考えとを明瞭に理解しやすい。

七　憎めない言い訳

⑩「わしは　だめだ。」と、やぎが　いいました。「もう、としよりなんだもの。」
「ぼくも　だめ。」と、子うしも　いいました。「まだ、子どもなんだもの。」

「あたしたちも　だめ。」と、にわとりも　いいました。「だって、おせないもの。」

「あたしも　だめ。」と、ひつじも　いいました。「ぬれたら、かぜを　ひいちゃうもの。」

「ぼくも　だめ。」と、ぶたが　いいました。「おなかがいたいんだもの。」

「ぼくも　だめ。」と、犬も　いいました。「でも、うんてんなら　してあげるよ。」

「あたしも　だめ。」と、ねこも　いいました。「だいじな　けが　だめに　なっちゃうもの。」

「あたしも　だめ。」と、うさぎも　いいました。「きぶんがわるいんだもの。」
「あたしも　だめ。」と、女の子も　いいました。「おとこの子のほうが　力が　あるんだもの。」
「ぼくも　だめ。」と、おとこの子も　いいました。「ぼくのほうが　小さいんだもの。」

成長した動物たちであれば、ガンピーさんの提案に、即座に反応して車を押し出すであろう。しかし、あまり成長はなく、全員が言い訳をする。読者にとってみれば、こういう動物の会話がおもしろいところになることも多い。子どもである読者は、どこかが未熟であり遠慮がない。動物たちが言い訳をしている言葉と過去に自分が言い訳をしたことと似ている箇所を探し、動物たちの遠慮なく言っていることにおもしろさを感じる。特に、いたずら好きな読者には人気を博す。逆に、正義感の強い読者であれば、動物たちの言い訳が許せない。これらの感情は、学年の発達にも違いが表れ、物語世界の仕組みを把握している如何によって反応が違ってくるであろう。

誰がどういう言い訳をしているか整理してみる。その後に、子ども読者の読みを想像して述べておく。

「小さい白いにわとり」（昭和49年度の教科書『しょうがくしんこくご一ねん上』光村図書）と言い訳の反復構造が非常に似ている。指導計画に余裕があれば、比べ読みをさせたいテクストである。

山羊　……「もう、年寄りなんだもの。」　年寄りでもちょっとぐらいは押せるよ。
子牛　……「まだ、子どもなんだもの。」　子どもでも牛だから力はあるよ。
鶏　……「だって、押せないもの。」　理由がよく分からない。手で押さなくても体を使えばいい。
羊　……「濡れたら、風邪をひいちゃうもの。」　それは誰でもいっしょ。
豚　……「お腹が痛いんだもの。」　本当に痛いの。何でも食べるくせに。

犬……「でも、運転ならしてあげるよ。」運転なんかできるの。その方が怖いわ。

猫……「大事な毛がだめになっちゃうもの。」他の動物も毛があるよ。毛は拭けばいいよ。

兎……「気分が悪いんだもの。」本当に気分が悪いの。仮病じゃない。

女の子……「男の子の方が力があるんだもの。」そんなに力の差はないよ。

男の子……「ぼくの方が小さいんだもの。」小さくても力は出せる。


この状況の中、これだけ一〇度連続して言い訳をされても、怒らないのがガンピーさんである。その言い訳は、登場人物のキャラクターを逆手にとっているところもおもしろい。山羊の髭は年寄りに見え、子牛が子どもであることは当然である。鶏は二本足で押せない、羊は毛が多く濡れたら大変なこと、猫も毛がきれいで大切である。豚は何でもたくさん食べる印象があるがお腹が痛い、兎はぴょんぴょん飛び跳ねる印象だが気分が悪いということが笑いを誘う。女の子と男の子は相互作用の関係にある。犬は、通常散歩に行くときには連れて行ってもらうという印象とのギャップを感じつつ、運転するというのがおもしろいのであろう。

動物たちの言い訳の反復構造は、『ふあなそび』でのガンピーさんによる乗車上の条件を言う反復構造と似ている。『ふなあそび』ではガンピーさんが反復し、『ドライブ』では動物たちが反復する。

八　初めて怒鳴る

⑪タイヤが　どろを　かきまわしました。

⑫くるまは　どんどん　どろの中に　うずまって　いきました。
「これじゃ、ほんとに　たちおうじょうだ！」と、ガンピーさんは　いいました。
みんなが　くるまを　おりて、おしはじめました。
⑬おしたり、ついたり、もちあげたり、ひっぱったり、みんなが　はあはあ　いいながら、すべったり、おしつぶされたりしました。
くるまが　ゆっくり　うごきはじめました。
「やめるな！」と、ガンピーさんは　どなりました。「おしつづけるんだ！　もう　ちょっとだ！」
みんなが　ちからいっぱい　もちあげました。やっと　タイヤが　からまわりしなくなりました。

車の状態はますます悪くなっていく。立往生してようやく動物たちが車を押し始める。その成果もあり、車は動き始める。ここでは、動物たちが悪状況からの脱出に懸命な代償行動が、①押す、②突く、③持ち上げる、④引っ張る、叙述から想像できる。その結果、⑤滑る、⑥押し潰される、災難にも遭う。そのおかげで車はゆっくりと動き出す。もしかすると、押し潰されたことにより、体がタイヤと土の隙間に入り、空回りしなくなったのかもしれない。もちろんこのような読みに誘導することは避けなければならないが、否定されるものではない。
その後、初めてガンピーさんは「止めるな」と怒鳴る。一般には、言い訳を繰り返して言われたところで怒鳴りたくなるが、この場面で怒鳴っている。それは、ここで止めるとこれまでの努力が無駄になり、車が元の状態に戻ってしまうことが分かっているからであろう。

九　天候と車と人物と

⑭くるまは　じりじり、おかの　てっぺんへ　あがっていきました。
そらを　みあげると、おひさまが　きらきら　かがやいて　いました。

車が動き出したとともに、天候も回復する。始めのうち、太陽、車、人物の全てが調子よかった状態に戻ったと考えてよい。ここでも、三者一体である。太陽がきらきら輝くことと人物の気持ちが結びついて読むこともできる。丘の上に上がって、何をしたかは、子ども読者の想像に委ねたい。

⑮「かえりは、はしを　わたって　うちまで　ひとっぱしりだ。」
と、ガンピーさんは　いいました。
「まだ、およぐ　じかんは　たっぷり　あるよ。」

いよいよ帰る。往路と復路が違うことが分かる。それは元々の予定であったたか、道の状態の悪化によるものかは定かではない。ただ、復路に要する時間が短いことは、「ひとっぱしりだ」の表現や下り坂になることで分かる。往路よりも距離が短いとも読めないではない。

最終場面に近づいて、みんなで泳ぐという目的が読者に分かるようになっている。絵本では、泳ぐと言うより、楽しそうに水浴びをしている。車を押すときについた汚れを落とすとも読むことができる。ここでもどのように泳いだのかは全く書かれていない。『ふなあそび』のお茶を飲むシーンでは、何一つ語られず、絵だけで表してある。その絵も楽しそうにお茶を飲んでいることはよく伝わる。

一〇　「また、いつか乗りにおいでよ。」

⑯「さようなら。」と、ガンピーさんは　いいました。
「また、いつか　のりに　おいでよ。」

終結部は、『ふなあそび』で「じゃ、さようなら」とガンピーさんが言っていること以外は同じである。前回もそうであったが、今回もガンピーさんは、きちんとあいさつをし、「また、いつか乗りにおいでよ」と誘っている。この言葉に、読者は、登場人物と同様にほっとし、安心感をもつ。ガンピーさんの器の大きさを感じるところである。前場面でハッピーエンドを感じる読者も多いが、ここでさらに決定づけられる。それだけではなく、「また、いつか乗りにおいでよ」というガンピーさんの最後の台詞は読者も動物たちも次の世界へ誘う。それは、「今度は何に乗って出かけるのかな」と言う子どもの感想が表している。次は、バスで出かけるのか、汽車か、それとも飛行機か。みんなでどこへ行き、何をするのか、ということを授業で取り上げるとすれば、発展学習に位置付けた方が妥当であろう。

ガンピーさんの台詞の後、子ども読者は内言を持つであろう。ガンピーさんの「また、いつか乗りにおいでよ」に対して何か答えるという活動が考えられる。「どの動物かになって、ガンピーさんに一言」という発問を投げかけてみるのもよい。

第二節　文学における比べ読みの発達調査

第一項　文学テクストにおける比べ読みの発達調査

一　比べて読む力

比べて読むことは、複数の異なるテクストを対象とし、多面的、総合的に読む活動である。それぞれのテクストに共通する点に注目でき、内容や書き表し方がどう違うのかということにも目がいく。両者に使われている言葉は違っても照合してとらえたり、置き換えて考えたりすることができる。

本稿では、比べて読む力とは、複数のテクストをある観点をもって比べ、多面的、総合的に読む力であるととらえる。ここでは、自分で観点を決めて共通点や相違点に気付く力、発見する力、照合する言葉、置き換えて使っている言葉に着目して読む力について考察していく。

二　比べ読みの意義

読みの活動には大きく、一つのテクストを対象にする場合と、複数のテクストを対象にして読む場合とがある。比べ読みは、複数の教材を扱い、何のために比べるのかという目的をもった読みの活動である。目的が明確であると、子どもの意欲は高まり、自主的な活動が促される。自己学習力の中核となる「理解力」「思考力」「課題探求力」はこれによって形成される。表現に着目した比べ読みは、理解と表現の関連を図ることにも役立つ。
以上のようなことに関して、井上一郎は比べ読みの意義を「目的的な読書活動」「自己学習力育成の方法的具体化」「思考力の育成、とりわけ課題探求力の育成に大きな効果」「理解することと同時に表現の工夫を見いだし、自己表現に役立てられる」とまとめている。[1]
現学習指導要領では、中学校二・三学年の言語活動例に「様々な文章を比較して読んだり、調べるために読んだりすること」とある。しかし、小学校一年生でも、教師が教材を開発し、工夫することで、比べて読むことはできる。

三　研究の目的と方法

比べて読むことは、人が読みの活動で自然に行っていることである。比べられるものは自分自身の考えであったり、これまでの読書経験であったりする。比べて読んでいる際に小学生である読者の中でどのようなことが起こっているのか科学的にとらえることは比較的新しい研究である。

比べて読むことは、様々な読書行為に関連が深く、重要な技能である。その力がどう発達をしていくのか調査することは意義深い。

考察する方法としては、読者が自分の読書行為を振り返り、内省するものと、科学的に調査するものとがある。今回は、科学的に調査する手法に重点を置くこととする。

四　これまでの読みの調査から比べ読みの調査へ

『国語科教育』（全国大学国語教育学会）など国語科教育誌上には、これまで以下のような読みの発達調査研究があり、子どもの読みの発達が見えてきた。

1　これまでの読みの調査

①山元隆春・住田勝（一九九六）「文学作品に対する子どもの反応の発達[2]」
②荻原伸　（一九九六）「文学テクストに対する小・中学生の読みの反応の発達[3]」
③岩永正史（一九八七）「「はまべのいす」における予測の実態――児童の物語スキーマ特性を探る――[4]」
④守屋慶子（一九九四）『子どもとファンタジー　絵本による子どもの「自己」の発見[5]』

上記の研究①では、文学作品へのスタンスの評定基準として、スタンス未形成、参加者的スタンス、観察者的スタンス①②③を提示している。結論として「登場人物間の関係の把握が可能になり、その意味づけが可能になる節目が、おおよそ第三学年から第四学年の間に見られること、また第六学年に至って、物語内容を一般化・抽象化していく傾向が見られたことなど」と挙げている。さらに、山元は継続して読みの発達について調査研究を行っている。これらの調査は、一つのテクストを対象として行われた。

上記の研究②では、文学テクストに対する読みの方略リストとして、態度レベル、部分レベル、コンテクストレベル、解釈レベル、メタレベル、その他、として子どもの反応の分類・分析を行っている。そこでは、二つのテクストを取り扱っている点がこれまでの調査と大きく違う。「おにたのぼうし」（あまんきみこ作）と「いちばんのねがいごと」（ミヒャエル・エンデ作）という違ったタイプのテクストを使用し、タイプの違いによる読みの違いについて考察している。「おにたのぼうし」が虚構性のはっきりと表れているテクストに対し、「いちばんのねがいごと」は詩の様式で、文量としては少なくはない。読者がテクストと作者をどのように意識するか、調査結果を見ると、「「おにたのぼうし」では全学年を通して「作品」について反応が圧倒的に多い。一方、「いちばんのねがいごと」では小学四年生以降「作品」が徐々に減少し、それに対応して「作者」が徐々に増加している。特に「作者」は、小学六年生で急増する」と報告されている。

上記の研究③では、物語スキーマの特性を第二・四・六学年を対象に探り「六年生の物語スキーマは、基本的な形は四年生と変わらないが、物語スキーマを構成している個々の要素の内容や明示の有無において四年生より多様で柔軟性があり、従ってその適用範囲が広いものである」という考えに至った。

上記の研究④では、四カ国（日本・韓国・イギリス・スウェーデン）の生徒、七―一七歳を対象としている。その調査で「イギリス、スウェーデンの子どもたちは物語の内容を離れたり、超えたりして推量や想像をすることが少ないが、日本の子どもたちは想像を巡らせることはできるが、物語の厳密な理解、認識の正確さという観点からすると、他国の子どもたちに比べてかなりおおざっぱ」であるという、国による違いを明らかにしている。

2　調査の目的

本調査研究は、これらの調査研究を踏まえ、二つの文学テクストを対象として、それを比べて読むことの調査を行う。その目的は三つある。

一つ目は、子どもが文章を読んだときにどのように反応するのか、その読みがどのように発達していくのか、その実態を把握することである。

二つ目は、比べ読みという読書行為に関する子どもの意識を把握することである。

三つ目は、比べて読むことのよさを、子どもがどう自覚しているかをとらえるようにした。

二つのテクストを比べ読みさせて、読者が何にいかに気付くか調べ、発達の姿をとらえる。そこに、学年に応じてどのような発達が見られるかを探った。

3　調査の対象・時期

本調査は、鹿児島県内の小学一年生から六年生までを対象としている。一年生八七名、二年生九〇名、三年生一〇一名、四年生八二名、五年生八九名、六年生八一名、計五三〇名であった。

実施日は、一年生に配慮して、二〇〇七年二月中旬とした。学年の終わりの時期である。

4　調査の方法

調査テクストは、もともとは絵本であり、横書きだが、縦書きに直した。絵本に合わせて、画面が変わるごとに一行空け、読みやすいようにした。第一学年で学習している漢字は、分かりやすいように漢字を使った。それ以外に、本文はできるだけ原作絵本に準じて表記するようにした。

調査項目は、以下の①②について四段階の自己評価をさせ、③④は自由記述とした。その他にも調査項目を設定したが、省略する。

①お話を比べて読むことがありますか。
②お話を比べて読むのが好きですか。
③二つの話を比べてみて、気付いたこと（似ているところや違うところなど）を書けるだけ書きましょう。
④お話「ガンピーさんのふなあそび」を読んで、感想を書きましょう。（二〇〇字程度）

その後、早く終わった子どもには「比べて読んで、よかったことはどんなことですか」について書かせた。時間は子どもの集中力を考え、日頃の授業時間に合わせて四五分程度でお願いした。

五　調査テクスト

二つの調査テクストは、どちらも絵本で、作者はジョン・バーニンガムである（ほるぷ出版）。

○『ガンピーさんのふなあそび』　一九七六年九月
○『ガンピーさんのドライブ』　一九七八年一〇月

ガンピーさんのふなあそび

ジョン・バーニンガム　さく
みつよし　なつや　やく

これはガンピーさんです。

ガンピーさんは　ふねを　一そう　もっていました。

いえは　川の　そばに　ありました。

ある日、ガンピーさんは　ふねに　のって　でかけました。

「いっしょに　つれてって。」と、子どもたちが　いいました。

「いいとも。」と、ガンピーさんは　いいました。

「けんかさえ　しなけりゃね。」

「わたしも　いっしょに　いっていい、ガンピーさん？」

と、うさぎが　いいました。

「いいとも。とんだり　はねたり　しなけりゃね。」

「あたしも　のりたいな」と、ねこが　いいました。

「いいとも。」と、ガンピーさんは　いいました。

「うさぎを　おいまわしたり　しなけりゃね。」

「ぼくも　つれてって　もらいたいなあ。」

と、犬が　いいました。

「いいとも。」と、ガンピーさんは　いいました。

「ねこを　いじめたり　しなけりゃね。」

「わたしも　おねがい、ガンピーさん。」

と、ぶたが　いいました。

「いいとも。でも、うろちょろするんじゃないよ。」

「あたしも　のれるかしら。」と、ひつじが　いいました。

「のれるとも。でも、めえ　めえ　なくんじゃないよ。」

「あたしたちも　いって　いい？」

と、にわとりが　いいました。

「いいとも。でも、はねを　ぱたぱた　やるんじゃないよ。」

と、ガンピーさんは　いいました。
「ぼくも　どこかに　のせてって。」
と、子うしが　いいました。
「いいとも。でも、どしんどしん　あるきまわるんじゃないよ。」
「わしも　のっていいかな、ガンピーさん？」
と、やぎが　いいました。
「いいとも。でも、けったりするんじゃないよ。」
しばらく、みんなは　たのしそうに　川をくだって　いきました。ところが、
そのうち……
やぎが　けっとばし、
子うしが　どしんどしん　あるきまわり、
にわとりたちが　はねを　ぱたぱた　やり、
ひつじが　めえ　めえ　いい、
ぶたが　うろちょろし、
ねこが　うさぎを　おいかけ、
うさぎが　ぴょんぴょん　とびまわり、
子どもたちが　けんかをし、
ふねが　ひっくりかえって……
みんな、川の中に　おちてしまいました。
それから、ガンピーさんと　やぎと　子うしと　にわとりと　ひつじと　ぶたと　犬と　ねこと　うさぎと　子どもたちは、きしまで　およぎついて、どてにあがり、あつい　お日さまに　あたって　からだを　かわかしました。
「かえりは　のはらを　よこぎって　あるいていくとしよう。」
と、ガンピーさんは　いいました。
「そろそろ　おちゃの　じかんだから。」
（みんなで　おちゃを　のんでいる）
「じゃ、さようなら」と、ガンピーさんは　いいました。
「また　いつか　のりにおいでよ。」

ガンピーさんのドライブ

ジョン・バーニンガム　さく
みつよし　なつや　やく

きょうは、ガンピーさんは　じどうしゃに　のって、ドライブに　おでかけです。

もんを　でて、ほそい　小みちを　いくと……

子どもたちが　いいました。「いっしょに　いってもいい？」

うさぎと　ねこと　犬と　ぶたと　ひつじと　にわとりと　子うしと　やぎも　いいました。「あたしたちもいい？」

「いいとも。」と、ガンピーさんは　いいました。

「だけども、ぎゅうぎゅうづめだろうよ。」

みんなが　どやどや　のりこみました。

「いい　てんきだね。」と、ガンピーさんは、いいました。

「むかしの　にばしゃの　みちを　とおって、のはらを　つっきって　いくとしよう。」

はじめのうち　とても　いいちょうしでした。

お日さまが　きらきら　かがやき、エンジンは　ポッポッ　おとを　たて、みんなが　うきうき　大よろこびでした。

「どうも、あの　くもの　ようすが　きにいらないね。」と、ガンピーさんは　いいました。「雨に　なりそうだよ。」

まもなく、あたまの上が　くろいくもで　いっぱいになりました。ガンピーさんは　くるまを　とめて、そとへ　とびだし、いそいで　ほろを　かけました。とたんに、

ざあっと　雨が　ふってきました。

みちが　ぬかって、タイヤが　からまわりを　はじめま

した。

ガンピーさんは　むこうの　おかを　ながめて、いいました。

「だれか　くるまから　おりて、おさなくちゃ　なるまいよ。」


「わしは　だめだ。」と、やぎが　いいました。「もう、としよりなんだもの。」

「ぼくも　だめ。」と、子うしも　いいました。「まだ、子どもなんだもの。」

「あたしたちも　だめ。」と、にわとりも　いいました。「だって、おせないもの。」

「あたしも　だめ。」と、ひつじも　いいました。「ぬれたら、かぜを　ひいちゃうもの。」

「ぼくも　だめ。」と、ぶたが　いいました。「おなかがいたいんだもの。」

「ぼくも　だめ。」と犬も　いいました。「でも、うんてんなら　してあげるよ。」

「あたしも　だめ。」と、ねこも　いいました。「だいじな　けが　だめに　なっちゃうもの。」

「あたしも　だめ。」と、うさぎも　いいました。「きぶんがわるいんだもの。」

「あたしも　だめ。」と、女の子も　いいました。「おとこの子のほうが　力があるんだもの。」

「ぼくも　だめ。」と、おとこの子も　いいました。「ぼくのほうが　ちいさいんだもの。」

タイヤが　どろを　かきまわしました。
くるまは　どんどん　どろの中に　うずまって　いきました。
「これじゃ、ほんとに　たちおうじょうだ！」と、ガンピーさんは　いいました。
みんなが　くるまを　おりて、おしはじめました。
おしたり、ついたり、もちあげたり、ひっぱったり、みんながはあはあ　いいながら、すべったり、おしつぶされたりしました。
くるまが　ゆっくり　うごきはじめました。
「やめるな！」と、ガンピーさんは　どなりました。
「おしつづけるんだ！　もう　ちょっとだ！」
みんなが　ちからいっぱい　もちあげました。
やっと　タイヤが　からまわりしなくなりました。

くるまは　じりじり、おかの　てっぺんに　あがっていきました。

そらを　みあげると、おひさまが　きらきら　かがやいていました。

「かえりは　はしを　わたって　うちまで　ひとっぱしりだ。」

と、ガンピーさんは　いいました。

「まだ、およぐ　じかんは　たっぷり　あるよ。」

「さようなら。」と、ガンピーさんは　いいました。

「また、いつか　のりに　おいでよ。」


『ガンピーさんのふなあそび』は、『ボルカ』（一九六四）に引き続き、ケイト・グリーナウェイ賞を受賞している。これらの教材を活用した比べ読みの有効性について、井上（一九九五）は、①自己学習の方法の具体化、②思考力の育成、③並行読書の経験、④理解力と表現力の育成、⑤系統性の意識化、の五点を提案している。(6)

次は、二つのテクストに含まれる情報の比較表である。

	ガンピーさんのふなあそび	ガンピーさんのドライブ
登場人物	ガンピーさん	
	子どもたち・兎・猫・犬・豚・羊・鶏・子牛・山羊	
舞台場所	川	野原の道
乗り物	船	車
天候	一日晴天	晴天↓曇り↓雨天↓晴天
登場のさせ方 主人公	主人公の紹介 船の所持・家の場所	即出かける
動物たち	徐々に登場する	一度に登場する

物語の構造	出かける→事件に遭う→戻ってくる（往還構造） 動物たちの乗りたいという要求→ガンピーさんの条件付きの許可→動物の約束破り（反復構造）
終わり方	「またいつかのりにおいでよ」ハッピーエンド
事件の原因	動物たちの行動 天候の変化・動物たちの行動
作者の表現の特徴	会話の多用、リズム感、など

今回表題に掲げた「文学テクストにおける」の「文学」は、「シリーズもの」と限定される。右の表をもとに本シリーズの特徴を七点にまとめる。

1　主人公や他の登場人物が同じ

シリーズによっては、主人公は替わらぬが、他の登場人物が次々と替わっていくものも多い。本シリーズは主人公も登場人物も共有していく。主人公以外の登場人物の性格付けは弱い。

2　主人公は成長しない

主人公に目を向けると、巻が進むごとに成長していくものと変わらないものがある。本シリーズは、基本的には成長はない。ガンピーさんが同じ台詞を言っていることから考えてもそれは言える。絵本の絵を見ても、成長は感じられない。しかし、読み方によっては成長していると言える部分もないわけではない。

3　時間の変化はほとんどない

巻が進むごとに、時が経過していくシリーズも多い。それに比例して、主人公が成長していく場合もある。本シリーズは、時間が経過しているとしても数日のことで、時間の変化はほとんどない。両テクストとも、一日の中で話は完結している。

4　場所・乗り物が違う

舞台は、主人公の家の近くであることは共通している。しかし、船と車ということで話は展開していき、両者が通る場所は、川と野原の道という違いがある。

5　人物の登場のさせ方が違う

今回の二つのテクストは、人物が徐々に登場するものと一度に登場するという違いが著しい。

登場していく順序はどちらも、子どもたち・兎・猫・犬・豚・羊・鶏・子牛・山羊であり、船の上で暴れ出す順序と車を押したくない理由を言う順序は、どちらとも山羊から始まり、登場の順序とは逆になっている。

6　大きな展開は似ている

登場人物の登場の仕方は違うが、話の大きな枠組みや展開はほとんど同じである。主人公のガンピーさんが他の登場人物を乗り物に乗せ、出かけることは共通している。

7　シリーズの続編はない

二つのテクスト以外にシリーズはない。この二冊で終わっている（今後出版される可能性は、作者のことを考えるとないように思われる）。ただし、同一作者の『いっしょにきしゃにのせてって！』（ほるぷ出版、一九九五、長田弘訳）は、物語の展開がよく似ている。二つのテクストはどちらも短編で、小学生である読者にとって、難語句はほとんどない。

六　調査分析の観点

子どもが文学テクストを読むときに、どのようなことを考え、どう想像して読んでいるのか。どんな点に着目して読み進めるのか、どのようなイメージを形成するのか。

想像する際に、どんなことが想像しやすく、どんなことが想像しにくいのか。

以上のようなことは、一つのテクストを読んでいるときには教師（他者）にとって把握しにくいのが一般的である。今回、比べて読むことによって、それがとらえやすくなることが明らかとなった。

では、子どもが気付く二つのテクストの共通点と相違点には、どのような観点があるのだろうか。

荻原（一九九六）は、テクストの主題をとらえる型に限定して、A登場人物型、Bストーリー型、C言葉・部分単純型、D一般化型、E象徴化型、F教訓化型、の六つを設け分類した。

井上（一九九五）は主題に限らず、多様なコンテクストに対応して、次のような読みの観点を提示している。

一　登場人物の属性や相関、人物の行動と心理などについての肯定と否定と疑問と解釈

二　環境（情景・背景）についての驚きと感慨と解釈
三　事件についての驚きと感慨と解釈
四　テーマの肯定と感謝と否定
五　題名についての想起と表現法の分析及び賛嘆
六　全体構造や細部の表現への賛嘆・肯定と否定
七　作品状況の類似性と特殊性
八　作者への賛美と注文
九　現実との照合による想像や議論

（『読者としての子どもを育てる文学の授業——文学の授業研究入門——』一二一―一二二頁）

これらを参考にしながら、以下の四つの観点を抽出した。

1　登場人物の言動への関心

①　主人公の属性、言動への反応
②　動物・子どもたちの言動への反応
③　それぞれの人物のやりとりへの関心

登場人物に魅力があるか否かは、文学において重要な位置を占める。特に小学生は、これまでの授業において登場人物、特に主人公に共感、反発しながら読むことが多かった。それだけ、小学生である読者をひきつけるものがある。

2　物語の舞台・状況

①　時間
②　場所

物語がいつ、どのくらいの時間を要して、どこで展開しているのか、登場人物の設定と同じように欠かせないものである。物語によって場所に重きを置いて展開するものと、時間を軸として展開するものとがある。読者の時間認識と空間認識が問われることとなる。

3　物語の展開・構造

①　冒頭（登場人物、時間、場所の設定）
②　展開（事件の発端・事件の最中）
③　終結（事件後）

物語は、登場人物、時間、場所によって成り立っている。それらがうまく咬み合い、物語が展開していく。どのように展開していくのか、読者は気にしながら読む。どこかに出かけ、戻ってくるような往還構造や、事件を三回繰り返す反復構造は、物語構造の代表的なものである。

4　作者・表現の仕方

小学生である読者は、物語の語り手を飛び越え、作者へ反応することが多い。「こんな話を作った作者はえらい」「この場面の書き方がうまい」という感想など。

これらの四つの観点において、子どもは相違点よりも共通点により多く反応している。

七　分析の結果

ここでは、調査分析の観点に沿って考察していく。特徴的なものを中心に紹介する。

1　登場人物の言動への関心

「登場人物が同じ」という共通点に着目している総数は、全ての中でいちばん多く、登場人物への関心の高さがよく表れている（全学年平均六三％）。これは、学年にかかわらず多く、物語を構成する登場人物への注目度が一目で分かる。

ガンピーさんの共通した台詞「またいつかのりにおいでよ」に着目している子どもも多い。主人公であるガンピーさんの穏やかな性格を表すキィワードであり、最後の台詞でもあることがその要因であろう。発達のすじみちとして見ると、第一学年から第二学年の間と第五学年と第六学年との間に大きな数値の違いが表れている。

2　物語の舞台・状況

「船と車が違う」という、乗り物の違いに着目している子どもは、どの学年にも属しており、平均で二一％である。第四学年が四五％というのは

【共通点】［主人公］ガンピーさんが「またいつかのりにおいでよ」と言っている

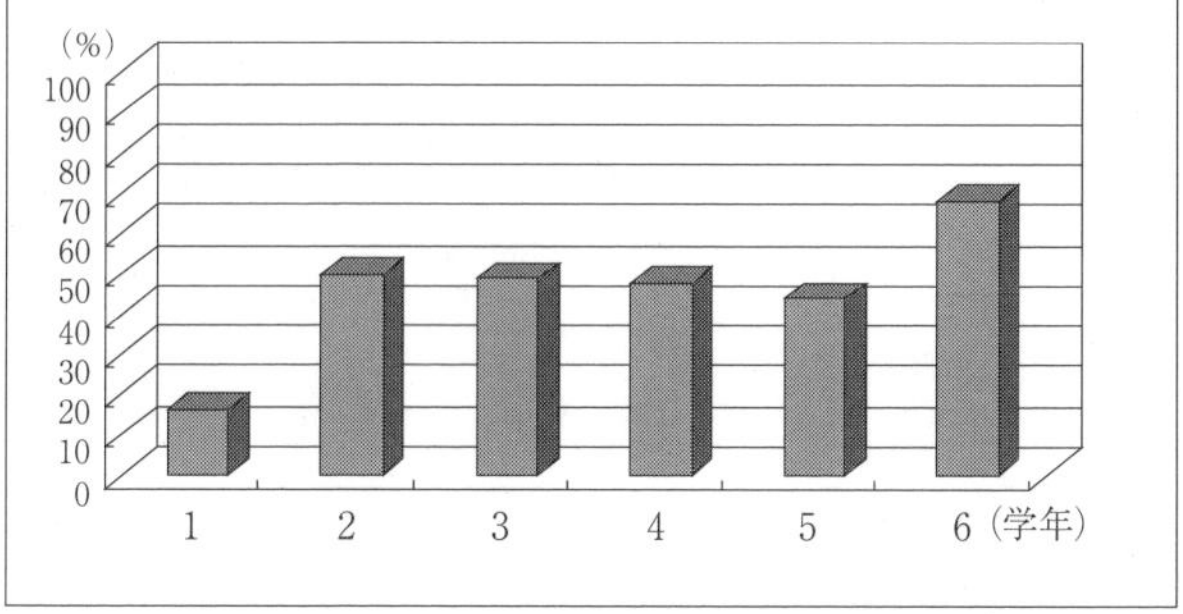

突出しており、テクストの題材について、第四学年になり関心が高くなることが分かる。

題名の違いに着目している子どもは、第五・六学年が六％に対して、第一学年が一六％、第三学年が一〇％いる。これは、学年に関係なく着目できることでもあり、高学年になると、それは当然のこととしてとらえているのかもしれない。

【共通点】［人物］登場人物が同じ

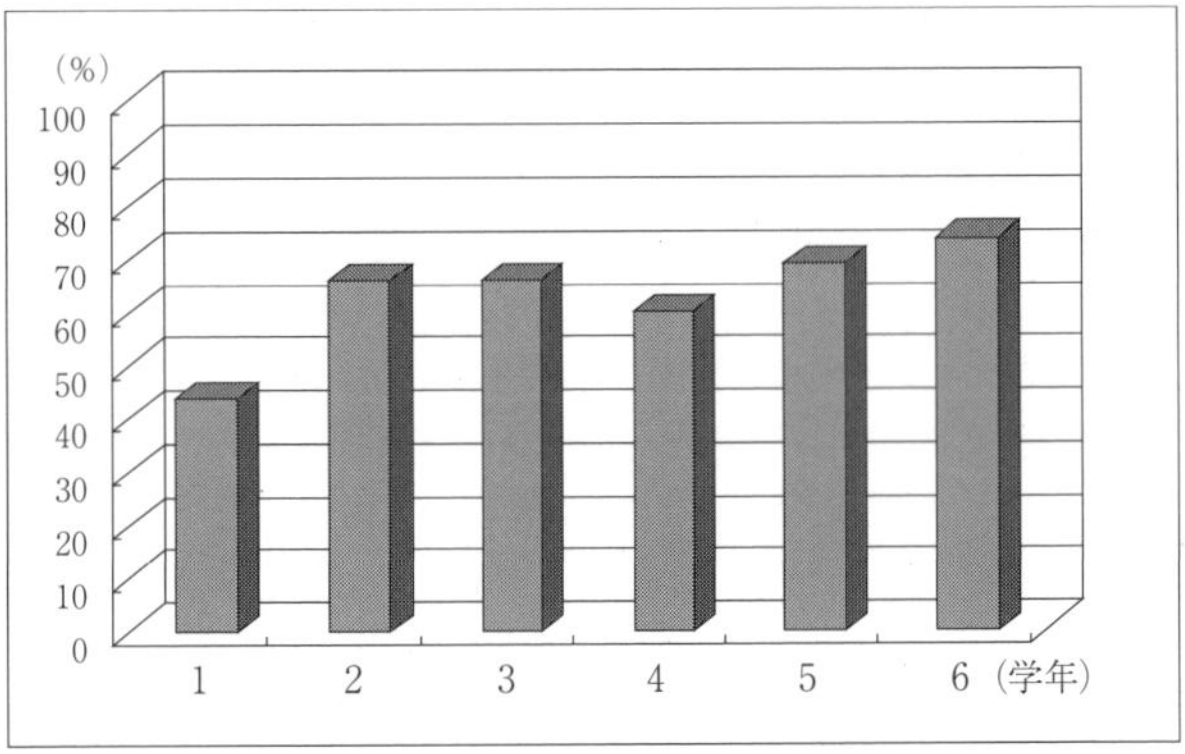

【相違点】［物語の舞台・状況］船と車が違う

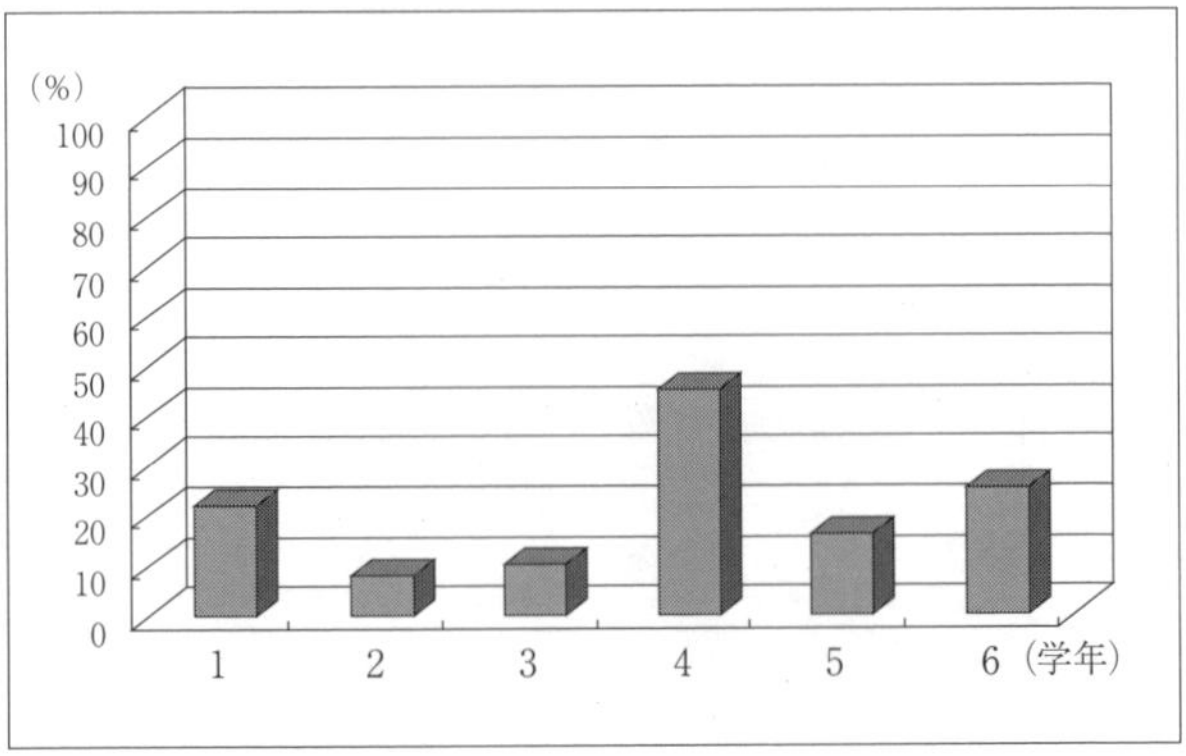

3　物語の展開・構造

物語の展開・構造の共通点として、どちらも事件が起きることが挙げられる。学年が上がるにつれ、子どもたちの気付きは多くなっている（三％、一一％、一四％、一七％、二五％、三五％）。事件のとらえ方は共通しているが、その表現は多様であった（災難、不幸、トラブル、ピンチ、ハプニング、アクシデント、パニック）。低学年は、物語の展開・構造にはあまり気を付けないで読んでいることが分かる。

相違点として、動物たちが『ふなあそび』で徐徐に乗り、『ドライブ』で一度に乗る違いに気付いている子どもは、第三学年二名、第四学年三名、第五学年三名、第六学年五名と少数であり、第二学年にはいない。第一学年の一名という子どもは、他の調査項目から見ても、読書生活が豊かなことが伺える。

共通点でどの場面によく反応しているか、という視点で見た特徴に終結部への着目が挙げられる。第一・二学年の反応は皆無で、第三―五学年までもわずかである。しかし、第六学年になると二三%と大幅に増える。事件が起きた後、どのように物語が終わるのか、ということに関心が高い表れである。

4　作者・表現の仕方

「会話文が多く使われている」ことには、第一・二学年は着目しておらず、高学年でも第五学年は二名、第六学年は一名と、大変少

【共通点】［物語の展開］事件が必ず起こる

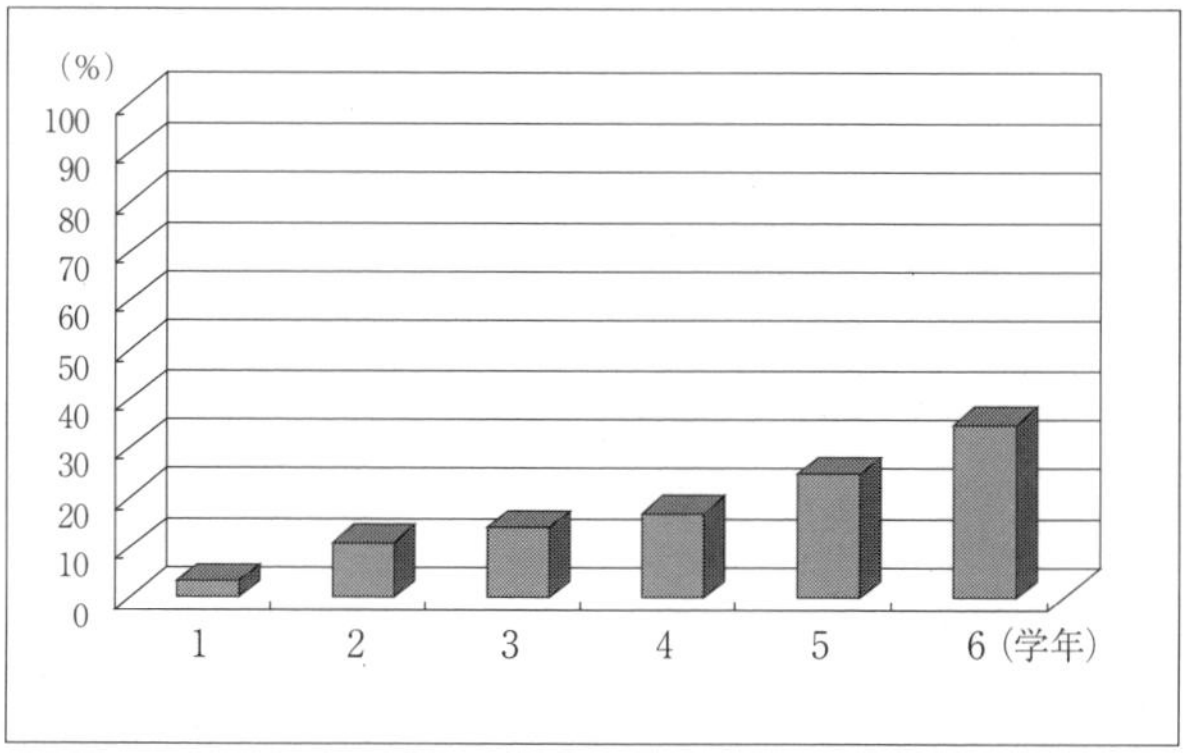

【相違点】［物語の展開］ふなあそびでは一人ずつ乗せるが、ドライブでは一度に乗せた

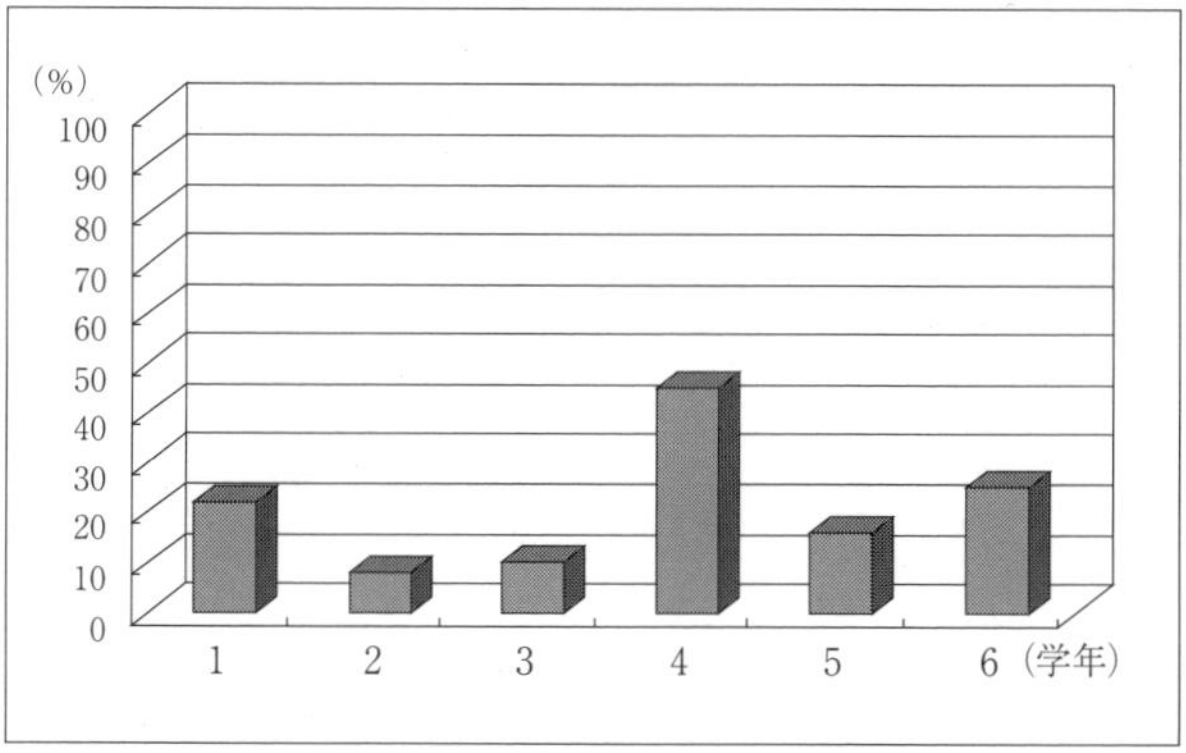

ない。

「どちらも擬音語が使われている」ことについては、第六学年で一人だけである。第五・六学年から作者の表現の巧みさに着目している。

もともと二つのテクストは、絵本であり、文量が少ないこともあり、情景描写などの工夫も多くはない。したがって、小説のように語り手がつくり出す描写の雰囲気に反応することは難しい。

5 感想の自由記述

ガンピーさんの人物像についての感想が多い。中でも「ガンピーさんは、みんなを乗せて行ったからすごく優しい」と記述している子どもが最も多く、ガンピーさんを優しい人だととらえている。学年による反応の差はほとんどなく、全学年平均で二〇％であった。

「お話『ガンピーさんのふなあそび』を読んで、感想を書きましょう」という問いに対して、『ドライブ』と関連付けて感想を書いている子どもは、一八％である。第一学年は皆無で、数値上、二年生（二三％）以降の発達は見られない。他のテクストと関連付けて感想を書くという経験が少ないのかもしれない。

八　全体の考察・課題

1　相違点よりも共通点に目がいきやすい

どの学年でも相違点を見つけるよりも、共通点を見つける数値が高い。もともと異なるテクストを比べるから、共通点に目がいきやすい。これは、子どもの自然な思考の流れなのであろう。

今回、シリーズを取り上げたことで、共通したことに気付きやすかったということも考えられる。また、次の展開を予想しながら読むことで、より意欲的に読んでいたのではなかろうか。

2　具体から抽象へ

題名に着目したとき、「どちらも乗り物」（七％）ととらえている子どもよりも、「車と船が違う」（二一％）ととらえている子どもの方が多い。車や船という具体物を共通化するためには抽象化していく思考がなければならない。小学生である読者にとっては、抽象化することが高度なことであることを示している。

3　場所への着目

決して多くはないが第三学年から、場所に着目している子どもが現れ始める。全体としても、二％と着目度が低く、日頃から場所をあまり気にしないで読んでいることが伺える。授業においても、人物の行動や心情を中心に扱い、場所に焦点を当てて進めることは少ないように思われる。

4　物語の展開構造への着目

第四学年から、物語の展開構造への共通点と相違点の着目の延べ数が六〇％に達し、相当増加している。第六学年になると、さらに加速がかかり、九四％となる。これは、山元（一九九六）の「参加者としての読みから見物人としての読みへ移行する」時期と重なる。

また、「ガンピーさんのシリーズがあればまた読みたい」「図書館で探して続きを読みたい」というように、読書の意欲をもつことも、第四学年から著しく増えている。

読書経験の増加に伴い、これまでの読書と関連付けて、物語構造の共通点や相違点に気付きやすくなっているのであろう。

5　比べて読む力と読書生活との相関関係

調査用紙の裏面に、子どもの日頃の読書生活を測る調査項目を掲載していたことで、十分とは言えないが比べて読む力と読書生活との相関関係を見ることができた。より多く発見して読んでいる子どもの読書生活は、第六学年を除けば豊かな場合が多い。

6　自分だったら

学年が上がるにつれ、「自分だったら」という自分が登場人物の立場に立った意見を出している。低学年では、話の中に入り込んでしまうために難しい。しかし、「自分だったら」という視点をもつことは、育成したい読者像の一つである。低学年なりに「自分だったら」という視点をもたせるようにしたい。そのためには、教師が目指す読者像を明確にもち、全員が同じように読むのではなく、自分とのかかわりの中で読むことを念頭に置かなければならない。

7　比べ読みのよさ

比べて読んでよかったこととして、「おもしろさの実感」「理解の深化」「比べて読んだ経験への満足感」という

【物語の展開】共通点・相違点の延べ数

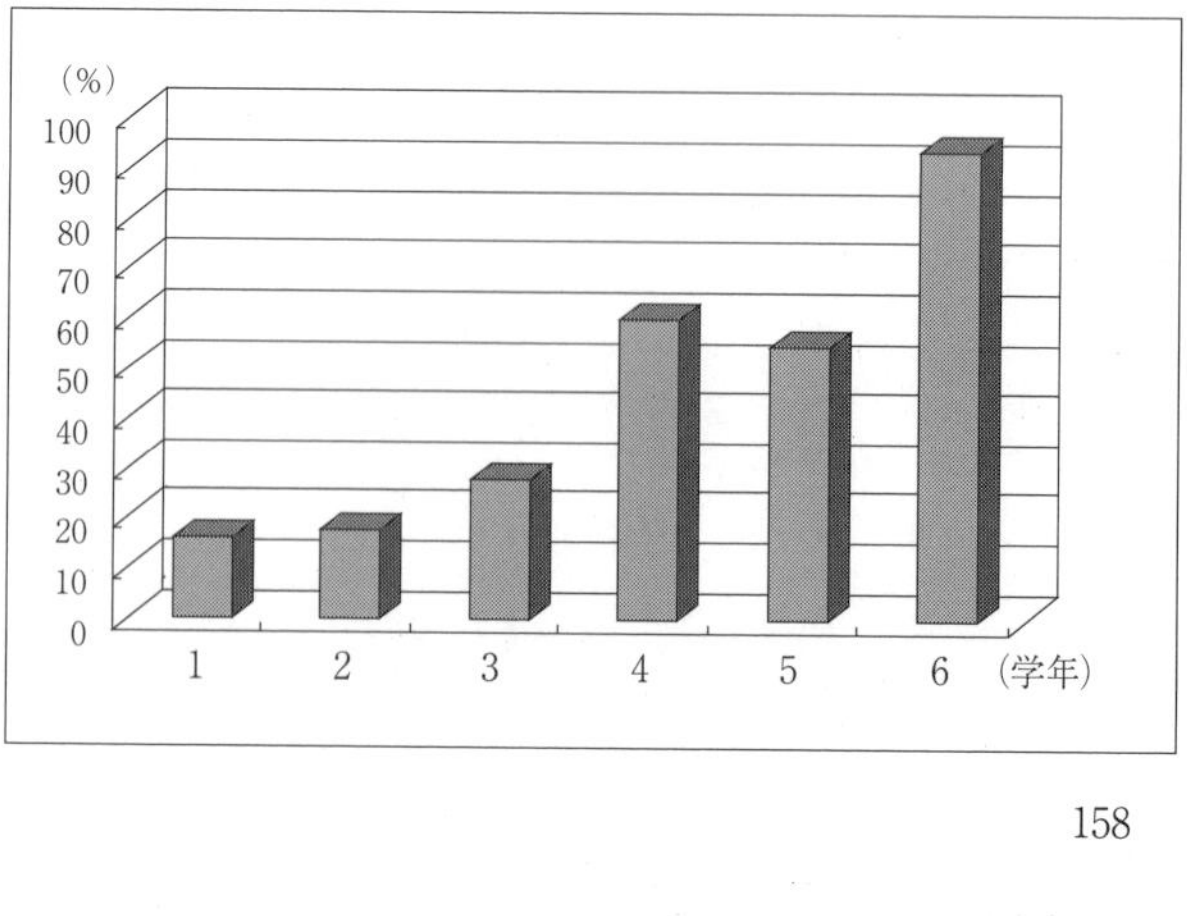

大きく三点に集約できる。いくつか紹介する。

○　違うところや同じところを見つけるのが楽しかった。　○　二倍楽しめた。

○　普通に読むよりおもしろさがよく分かった。　○　ガンピーさんの性格等がよく分かった。

○　注意して読むことができよかった。

その中に「頭がすっきりする」という感想があった。二つのテクストを読むことで長い時間を要し、面倒になることも多少予想していたが、それとは反対の反応であった。これは、比べて読むことの意義と考えてもよいのではないか。

「作者の特徴が分かっておもしろい」「作者の作風がよく分かる」というように、作者の特徴や作風に触れている子どもは第六学年にわずか一名ずつである。

なお、比べ読みのよさを実感している子どもの数は次頁のグラフの通りである。これは、早く回答が終わった子どもが答えているので、参考までに見てほしい。

8　比べ読みは好きか、よく比べて読むか

「比べ読みは好きか」という問いに対して「とても好き」「まあまあ好き」と答えた子どもは全学年で三五％であった。第四学年が六八％と最も高く、第六学年が二二％と最も低い。「比べて読むことがあるか」という問いには、三九％の子どもが「いつも読む」「ときどき読む」と答えている。これも、最も高いのは第四学年の六〇％で、第六学年が一五％と最も低い。今回の調査では副次的な要素として扱ったが、読みの反応との相関関係を調査することは次の課題である。この結果は、第一章の「教育課程実施状況調査」の結果に比べれば高い数値であるが、約半数でとどまっている。

9　国語科授業における比べ読み

今回予備調査として、小学生以外に大学を卒業したばかりの一〇名の大学院生にも調査をお願いした。共通していた感想は「こうやって意識して比べて読むのは初めて」「比べて読んでおもしろかった、よかった」ということだった。これでも分かるように、「比べ読み」という読書行為が国語科授業において定着していないことが分かる。今後、各学年の発達に応じた位置付けが必要になろう。

一方、小学校の前段階の幼稚園児（五歳）を対象としても予備調査を試みた。二冊の絵本を読み聞かせし、共通点と相違点とを尋ねる方法を採用した。

すると、A児は最後の画面を指し、「『またいつかのりにおいでよ』が同じ」と指摘した。また、B児は『ガンピーさんのふなあそび』の船から落ちた画面と『ガンピーさんのドライブ』の泳いでいる画面を開けて「同じだ」と言った。これは、事象は違うものの、両者は水に関する点で同じだと考えることもできる。絵本を活用するなど工夫することで、幼児も比べて読むことができる場合がある。

比べ読みのよさの実感

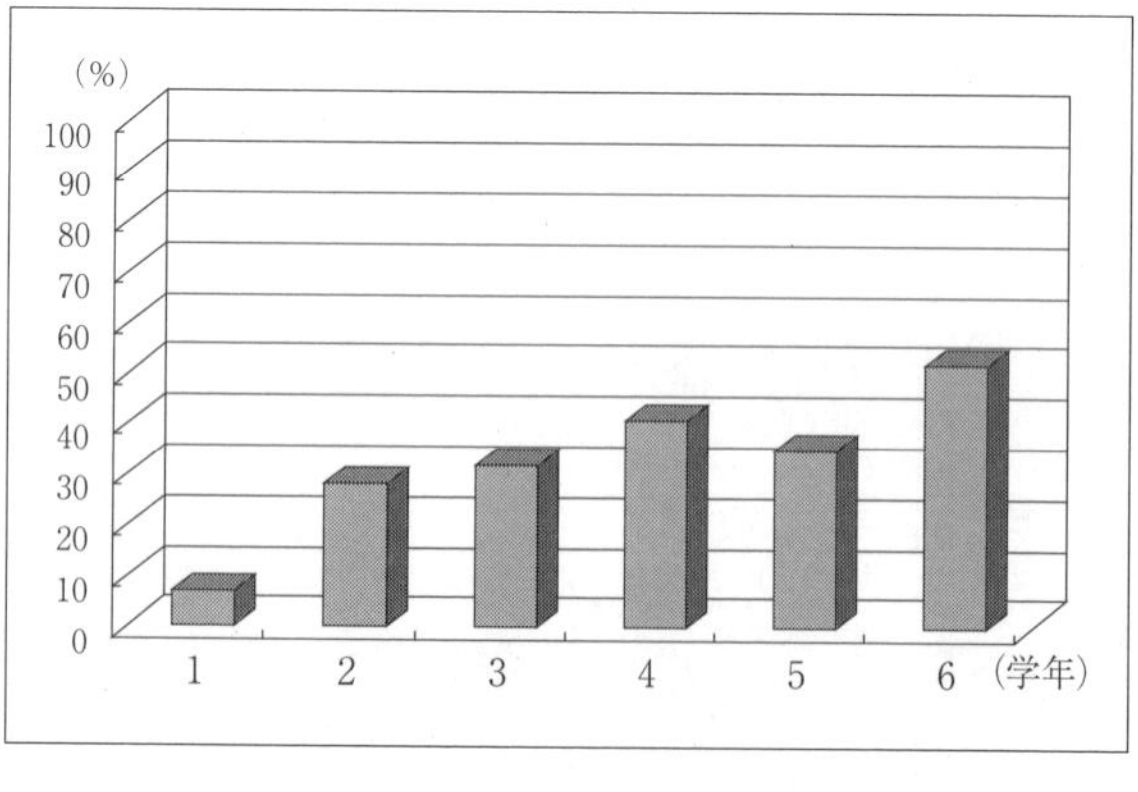

10　今後の課題

本調査実施時点での課題として、①目的を設定した比べ読みの調査、②説明的文章による比べ読みの調査、という二つの調査の必要性が挙げられていた。

文学における比べ読みの発達　子どもの反応（抜粋）

[共通点]	1年		2年		3年		4年		5年		6年	
各学年の人数	87		90		91		82		89		81	
[登場人物の登場]	数	%	数	%	数	%	数	%	数	%	数	%
登場人物、出てくる動物が同じ	43	49%	59	66%	67	74%	49	60%	61	69%	60	74%
いろいろな動物が出てきた。（乗りに来る）	2	2%	6	7%	8	9%	10	12%	11	12%	7	9%
出てくる順番も同じ。		0%		0%	2	2%		0%	1	1%	2	2%
最初にガンピーさんが出てくる。		0%		0%	1	1%		0%		0%	2	2%
最初がガンピーさん一人で、その後増える。		0%		0%		0%		0%		0%	1	1%
[ガンピーさんの言動]												
【台詞】												
「またいつか乗りにおいでよ」と言っている。	14	16%	45	50%	49	54%	39	48%	39	44%	55	68%
「さよなら」と言っている。	2	2%	7	8%	8	9%	8	10%	2	2%	6	7%
ガンピーさんの言葉が一緒。	1	1%		0%		0%	2	2%		0%	4	5%
車や船に乗せるときの言葉が全部「いいとも」。		0%	4	4%	3	3%	5	6%	8	9%	9	11%
みんなに「いいとも」と言ったけど、最後に何か理由を付けた。	2	2%	3	3%	2	2%	1	1%	2	2%	8	10%
【行動】												
ガンピーさんはどちらも乗せてあげた。（快く）	2	2%	2	2%	8	9%	7	9%	6	7%	7	9%
ガンピーさんは優しい人だった。	2	2%	3	3%	4	4%	1	1%	7	8%	3	4%
動物を怒らなかった。		0%	1	1%	1	1%	5	6%		0%	3	4%
必ずお出かけしている。		0%	1	1%	2	2%	2	2%	1	1%	5	6%
【乗り物の所持】												
ガンピーさんは、いろいろな乗り物を持っている。	2	2%		0%		0%	2	2%	2	2%		0%
【住居】 家は川の側。		0%		0%		0%		0%	1	1%		0%
【知識】 細い道を知っている。		0%		0%		0%		0%	1	1%		0%
[動物の言動]												
【台詞】												
動物たちが乗せてと言うところ。「いっしょにいってもいい」	3	3%	8	9%	7	8%	6	7%	5	6%	6	7%
言いたいことを続けて言っていた。		0%		0%		0%		0%	1	1%	2	2%
【行動（良い）】												
動物たちが来るところ。（乗ってくるところ）		0%	2	2%		0%	2	2%		0%	2	2%
同じことを繰り返している。		0%		0%		0%		0%	1	1%	3	4%
動物の特徴が出ている。		0%		0%		0%		0%		0%	1	1%
【行動（悪い）】												
ガンピーさんの言うことを聞かない。		0%	4	4%	3	3%	2	2%	6	7%	3	4%
動物たちが後からそわそわすること。		0%		0%		0%		0%		0%	1	1%
[題名・乗り物]												
「ガンピーさんの」題名が同じ。似ている。	2	2%	1	1%	1	1%		0%		0%	2	2%
どちらも乗り物。	1	1%	2	2%	8	9%	5	6%	7	8%	13	16%
[場所]												
【固定場所】 どちらも野原が出てくる。		0%		0%	1	1%		0%	2	2%	1	1%
【通過場所】 細い道を通るのが似ている。		0%		0%	1	1%		0%		0%	1	1%
橋を渡って帰っている。		0%		0%		0%		0%	1	1%		0%
どちらもどこかを突っ切って最後には家に帰っている。		0%		0%		0%		0%		0%	3	4%
[物語の展開]												
【冒頭】												
理由もなく出かけているところ。		0%		0%		0%		0%		0%	1	1%
どちらも最初は順調。		0%		0%		0%	1	1%	4	4%	5	6%
【展開】												
事件、災難、不幸、トラブル、ピンチ、ハプニング、アクシデント、	3	3%	10	11%	14	15%	14	17%	22	25%	28	35%
【終結】												
最後辺りから苦労することが多い。		0%		0%		0%		0%		0%	2	2%

第三節　説明的文章における比べ読みの発達調査

第一項　目的を設定した説明的文章における比べ読みの発達調査

一　前節の内容と説明的文章を比べて読む力

本項では、前項「文学テクストにおける比べ読みの発達調査」を踏まえている。前項で、比べ読みの発達を文学に焦点を当てて調査し、登場人物、特に主人公に着目する子どもは、学年にかかわらず多く、物語の展開構造については学年が上がるにつれて多くなっていることなどが明らかになった。そこで必要となった次への課題は、以下の二点であった。

○　目的を設定した比べ読みの調査

○　説明的な文章における比べ読みの調査

この課題を受けて、今回は説明的な文章に焦点を当て、調査の設問に目的を設定することにした。

前回に引き続き、比べて読む力とは、複数のテクストをある観点をもって比べ、多面的、総合的に読む力であるととらえる。

二　これまでの読みの調査から比べ読みの調査へ

1　これまでの読みの調査

国語科教育誌上には、これまで以下のような読みの発達調査研究があり、子どもの読みの発達が見えてきた。

①植山俊宏「説明的文章の読みの過程を規定する条件」『国語科教育』第三三集、一九八六年三月

②岩永正史「「モンシロチョウのなぞ」における予測の実態――児童の説明文スキーマの発達――」『読書科学』第三五巻四号、一九九一年一二月

③梅澤実「小学四年生は説明文をどう読むか――説明文読解過程における既有知識と説明文スキーマの働き」『読書科学』第四二巻三号、一九九八年一〇月

④井上一郎「要約能力の発達と指導」全国大学国語教育学会　第八八回発表資料、一九九五年八月

上記の研究①では、説明的文章教材の冒頭部のはたらきによって、①課題解明型、②話題説明型の二つの文章展開に分けている。それぞれの型の展開の仕方によって読者の主体性をもった読みへ影響すると考えている。

上記の研究②では、二・四・六年生を対象としている。二年生の説明文スキーマは「説明文＝読み手にとっての新奇な情報の連なり」ととらえ、四・六年生になると「書き出し」や「答えに至るまでの過程」を含んだ形へとスキーマが変化しているととらえている。調査を通して、「小学校二〜六年での説明文スキーマは、新奇な情報を提出する「結果」を骨格として、次第に、そこへ読み手を導く「設定」や「問題」、新奇な情報に至る「試み」など

の要素を獲得する発達過程をたどる」と結論付けている。

上記の研究③では、四年生を対象とし、まず、説明的文章「たんぽぽのちえ」の読後テストを二度行った上で、ほぼ的確に理解している子どもをA群、そうでない子どもをB群に分けている。次に、同じ子どもたちに「たんぽぽのちえ」を一文ずつ読ませ、その後に予想した内容と対応することで、説明文スキーマの特性との相関関係を探っている。その結果、「A群は、既有知識にない新情報に出会うと、「理解説明」や「疑問提示」の使用に見られたように、新情報を「呼」と「応」の関係としてとらえた読みを遂行した。B群は、新情報に出会っても、それを新情報としてとらえるよりも、「説明文はどういう構造をもつか」という説明文スキーマに固執した読みであった」という考えに至った。

上記の研究④では、教師による説明的文章「カブトガニを守る」の音読を二回聞き、キーワードの書き取り、下書き、要約の清書という流れで調査している。説明的文章を幅広く活用し、小学校二年生から小・中学校教師の成人までを対象とした。次のような学年による違いを明らかにしている。（小学校六年生まで紹介する）

二年生………問いかけと理由の一部を書いて途切れる、箇条書き、感想も混じる。

三年生………主に長生きの理由を書き込もうとする。

四年生………全体を網羅しようとし、長生きの理由が少なくなっていくという傾向がある。

五・六年生…人間としての立場から問い始める。自分の言葉に本文を言い換える。

2　ＰＩＳＡ調査における比べ読み

ＰＩＳＡ調査（二〇〇〇）の問題「落書き」については、第一章で分析したが、簡単に確認しておく。テキストは、二人の落書きに対する考えを手紙形式で書いた意見文である。そのどちらかを支持し、その根拠を記述するという問題である。日本の子どもたちの正答率は七一・一%とそう低くはなかったが、無回答が一五・二%で目立った（OECD平均六・八%）。二つの文章を比べて読み、その文章の特徴や違いを理解し、表現することができなかった。比べて読むことや、自分の意見をもち、自分の言葉で記述することに慣れていないことが、その原因だと思われる。

三　説明的文章における比べ読みの調査

1　調査の目的

本調査研究は、これらの調査研究を踏まえ、二つの説明的文章を対象として、それを比べて読むことの調査を行う。その目的は四つある。

①子どもが文章を読んだときにどのように反応するのか、その読みがどのように発達していくのか、その実態を把握すること。　［読みの発達］

②目的に応じて、子どもがどうテクストを選択するのか、その理由は何か、探ること。　［目的に応じたテクスト選択］

③目的に応じた比べ読みという読書行為に関する子どもの意識を把握すること。　［比べ読みという読書行為］

④比べて読むことのよさを、子どもがどう自覚しているかをとらえること。　［比べ読みのよさの自覚］

二つのテクストを比べ読みさせて、上記のような観点から読者が何にいかに気付くか調べ、発達の姿をとらえる。そこに、学年に応じてどのような発達が見られるかを探った。

今回は同じ対象「あめんぼ」について、異なる筆者が書いた説明文を比べて読む力を調べた。

2　調査の対象・時期

本調査は、鹿児島県内の小学一年生から六年生までを対象としている。一年生二七名、二年生二九名、三年生三一名、四年生六四名、五年生五四名、六年生八八名、計二九三名であった。

実施は、二〇〇七年七月中旬に行った。

3　調査の方法

調査テクストは、①『みずのうえでくらすむしあめんぼ』と②『あめんぼがとんだ』である。本文は、できるだけもとの絵本に準じて作るようにした。絵本は横書きであったが、調査では文章を縦書きにした。調査項目は、以下の通りである。

◇　①と②の文章を読んで、次の問題に答えましょう。

◇　先に読んだのは、（①・②）です。

一　①の文章の題名は、「みずのうえでくらすむしあめんぼ」ですが、②の文章にも、ふさわしい題名をつけてみましょう。（考察は省略）

②「　　　　」

二　あなたが、あめんぼを知らない三年生の友達に、あめんぼがどんな生き物かを説明するとします。どちらを使って説明しますか。

（　）①「みずのうえでくらすむしあめんぼ」

（　）②「　　　　」

（　）①と②の両方

三　それはどうしてですか。
（　　　　　　　　　　）
四　二つの文章を比べてみて、似ているところや違うところを説明することにしました。どんなことがあるか、書けるだけ書きましょう。
にているところ　　　　　　　ちがうところ
○　　　　　　　　　　　　　○
○　　　　　　　　　　　　　○
五　比べて読む読み方は、どういうよいことがありましたか。
（　　　　　　　　　　）
六　あめんぼの説明をするために、どんな表をつくりますか。（表をかける人だけ）

時間は、日頃の授業時間に合わせて四五分程度でお願いした。一年生は、入学して四カ月ということもあり、できる範囲でお願いした。

なお、①から読む子ども、②から読む子どもと、二つのテクストを読む順番を半分にした。三年生以上は、各学年で一クラスずつ、テクスト選択に、読む順序性が関連するのか考察するようにした。

① みずのうえでくらすむし　あめんぼ

よしたに　あきのり　さく（一ぶしょうりゃく）

冒頭

ここは　いえの　ちかくの　こうえん。なつの　あつい　ひざしが、いけを　てらしている。おやっ、水《みず》の上《うえ》で　なにかが　うごいている。

場所　常体

あめんぼだ！　わあ、たくさん　いる　いる。あめんぼは　水の　上を　すべるように　うごいている。

展開

あっ、水の　上に小《ちい》さな　むしが　おちてきた。あめんぼは　おちてきた　むしを　まえあしで　すばやく　つかまえた。

特性・食べる

そして、とがった　口《くち》で　さして　たべはじめた。そうか、小さな　むしは　あめんぼの　えさになっているんだ。

語り口・活動型

あめんぼを　つかまえて、もっと　よく　みてみよう。やや
っ！　あめんぼは　すばしこい。とても　てでは　つかまえられないぞ。

語り口・観察型

そうだ、あみで　すくってみよう。あれれ、ぜんぜん　つかまらない。よし、それなら…

えいっ！　これで　どうだ。やった、やった！　とうとうつかまえたぞ！　いっぺんに　二ひきも　つかまえたぞ。

やっと　てで　つかむことができた。あめんぼの　あしは　おれそうなほど　ほそい。問1　こんな　あしで、どうして　水にういていられるんだろう？

体のつくり　即答していない

②　あめんぼがとんだ

たかいえ　ひろしげ　ぶん（一ぶかいりゃく）

冒頭

川《かわ》のそばに、水《みず》たまりのような　いけが　ありました。水くさに　小《ちい》さな　たまごが　ついています。問1　いったいなんの　たまごでしょう。

場所　敬体

おや、たまごの　からを　とおして、小さな　てんが　二つみえますよ。

展開

たまごの　はしに、きれめが　はいりました。しばらくすると、そこから　えびのような　ものが　かおを　だしました。

さあ、はやく。やごや　げんごろうに　みつからないうちに、でておいで。

からだが　からから　ぬけでると、それは　スーッと　すいめんに　うかびました。目が　あかく、からだが　しろい　あめんぼの　たんじょうです。

誕生　体のつくり

そよかぜが　ふいても、さかなが　はねても、すいめんはゆれます。小さな　あめんぼにとっては、大《おお》なみのようです。

なみに　まけないよう、しっかり　あしを　ふんばって、およいでごらん。

水に　なれた　あめんぼは、およぐのが　たのしくて　しようがありません。

おおくの　むしたちにとって、すいめんは　とても　こわいところです。からだに　水がつくと、おもうように　うごけません。いきも　できなくなります。

あれっ、この　むし　なにか　においがするぞ。ちょっと
あめだまの　においに　にている。問2あめだまみたいな、
あまい　においがするから　あめんぼって　いうのかな？
　こんな　おもしろい　むし、すぐに　にがしてしまうのは
もったいない。そうだ、うちに　もってかえって、かってみ
ることにしよう。
問3　水そうに　いれたら、あれ？あしが　しずんでいる。
だいじょうぶかな？

【場所の移動】

　しずかにしていると、あめんぼが　あしの　そうじを　は
じめた。まえあしで　まんなかの　あしを　こすっている。
　つぎは　まんなかの　あしと　うしろの　あしを　こすり
あわせている。

【特性・掃除】
【特性・手入れ】

　あしのそうじがおわったら、こんどは、しょっかくの　お
ていれだ。なんだか　ねこが　けづくろいをして、からだを
なめているのに　にている。
　そうじがおわったら、ちゃんと　あしのさきだけで　うい
ている。いけで　みたのと　おんなじように、すいすい　は
しっている。よかった、よかった。

終結

　あめんぼは　あしが　六ぽん。二ほんの　しょっかく。そ
れに、せなかには　はねがある。あめんぼは　りっぱな　こ
んちゅうだ。

【体のつくり】

問2では、なぜ　あめんぼは　だいじょうぶなのでしょう。
　そのひみつは、からだが　かるく、ながい　あしが　ぬれ
にくくなっているからです。

【体のつくり】
【即答してる】

　つよい　かぜに　ふかれ、あぶが　すいめんに　おちました。
あぶは、はねを　ばたつかせて　とびあがろうとしますが、
はねが　水に　くっついて、はなれません。
　あぶが　もがくと、小さな　なみが　できます。どこから
ともなく、あめんぼが　やってきて、あぶを　とらえました。
あめんぼは、水めんに　おちた　むしを　たべて　くらして
いるのです。

【特性・食べる】
【特性・脱皮】

　あめんぼは、からだの　かわをぬいで　大きく　なってい
きます。水の　上で　ぬぐのですから、じょうずに　ぬがな
いと　おぼれてしまいます。
　水めんが　しずかなうちに　はやく　はやく。五かいめの
かわを　ぬいだ　あめんぼは、すっかり　おとなになりました。

【特性・脱皮】

終結

　はれの　日《ひ》が　つづき、いけの　水が　どんどん　へってし
まいました。問3水がへると、あめんぼは　どうなるのでし
ょう。
　おや、あめんぼが　そらたかく　とんでいるでは　ありま
せんか。「どうだい。いざというときは、はねを　つかって
とぶんだぞ」と　いっているみたいですね。川が　みえてき
ました。あめんぼは、あたらしい　すみかを　みつけました。

【特性・飛ぶ】
【場所の移動】

四　調査テクスト

二つの調査テクストはどちらも絵本で、幼い子どもでも読めるように平仮名で書かれ、分かち書きされている。

①吉谷昭憲さく・立川周二監修『みずのうえでくらすむしあめんぼ』福音館書店、一九九二年七月
②高家博茂ぶん・横内襄え『あめんぼがとんだ』新日本出版社、一九九一年一〇月

字数を約一〇〇〇字程度にするために、これらの文章を前頁のように約二分の一に縮めた。『みずのうえでくらすむしあめんぼ』は後半部分を全て削除した。『あめんぼがとんだ』は、後半部分を削除し、池の水の減少によってあめんぼが住処を替えるために飛ぶ事実を要約して最後に残した。

二つのテクストを選択した理由は、もともと絵本で、小学生には文章が読みやすいと考えたからである。教科書に掲載される説明的文章は、構成が明確で、冒頭、展開、終結部が分かりやすい。しかし、子どもが日常読むことの多い一般的な説明的文章は決してそうではなく、分かりやすいとは言えない文章も少なくない。教科書教材を使用せず、絵本を基にテクストを選択したのは、小学生である読者が説明的文章を批判的に読みやすいと考えたからである。今回、あめんぼという生き物を対象としたのは、小学生に興味深いと考えたからである。

なお、あめんぼを対象とした説明的文章については、以前の教科書に「水にうく仕組み」（一九八三）「あめんぼのくらし」（一九八六・一九八九、矢島稔作、教育出版四年上）が、現在は「あめんぼはにん者か」（二〇〇五、日高敏隆作、学校図書四年上）が掲載されている。

【二つのテクストのあらまし】

①『みずのうえでくらすむしあめんぼ』

男の子が体験し、観察している語り口で、物語性の強い説明的文章である。池であめんぼを見つけ「やった、とうとうつかまえたぞ」と喜ぶ。家に持って帰り、観察する。あめんぼは沈みそうだったが、脚の掃除をした後、浮いたので男の子は「よかった、よかった」と安心する。

②『あめんぼがとんだ』

あめんぼについて詳しい大人が、成長が分かるように説明する語り口である。「足がぬれにくくなっているからです」「むしをたべてくらしているのです」など。あめんぼは卵から誕生し、脱皮して大きくなる。池の水の減少にともない、あめんぼは飛び、住処を替える。

左の表は、二つのテクストに含まれる情報の比較表である。

【説明的文章の内容構成と展開】

	①みずのうえでくらすむしあめんぼ	②あめんぼがとんだ
内容 様式	あめんぼを捕まえた体験と飼育・観察したことを報告、説明	あめんぼの誕生と成長を観察記録し、語りかけるように説明
時間	◇その日一日の様子	◇卵から成虫まで
場所・住処	○近所の公園の池→家の水槽	○川の側の水たまりのような池→川
分量	四〇文、約一〇八〇文字	三四文、約一一三四文字
文末	◇常体	◇敬体

冒頭 対象の現れ	◇あめんぼがすぐ出てくる 成虫	◇読者に興味をもたせようとして遅く出る 小さな卵
展開 事実 問題提示	●あめんぼが虫を食べる ◇男の子が捕まえる ○脚が折れそうなほど細い ●問一 こんな脚でどうして浮いていられるんだろう 二〇文目	問一 いったい何の卵でしょう ◇誕生（この段階であめんぼと判明） ○虫は、水がつくと動けない ●問二 なぜあめんぼは大丈夫なのでしょうか 一八文目
答え	すぐ答えない	即答している
体・生態 理由	○問二 甘い匂いがするからあめんぼって言うのかな ◇興味をもって飼う	○軽量 ○脚が濡れにくい ●あめんぼがあぶを食べる。
理由	●問三 脚が沈んでいる。大丈夫かな ○脚の掃除 ○触覚の手入れ	○五回目の脱皮 ○上手に脱がないと溺れる ○すっかり大人
終結 形態 生態	○脚が六本 ○触覚が二本 ○背中に羽 ○立派な昆虫だ	○問三 水が減るとどうなるのでしょう ○空高く飛ぶ ○川に住処を替える

〔取り上げている観点〕…○単独●共通　〔筆者の書き表し方〕…◇単独◆共通

上記の表をもとに二つのテクストを対比すると、以下の特徴が浮かび上がってくる。それを五点にまとめる。

1　説明の内容と展開の大きな相違

説明の内容という観点で比較すれば、①は、あめんぼの生態や形態を中心に、②は、あめんぼの成長過程を中心に述べている。時間軸で考えれば、①は、その日一日のあめんぼの様子を、②は数日間、観察したことを整理して書き表している。

2　説明する対象の表し方が違う

説明の対象であるあめんぼの表し方が、大きく異なる。①は、はじめにすぐ現れ、②は謎かけのようにして読者に興味をもたせて、後で現れる。それは同時に、冒頭部の違いとして表れている。

3　終結部の相違

終結部に着目してみると、大きな違いが分かる（実際はそうなるように、調査者が手を加えている）。①は、あめんぼの昆虫としての条件を述べ、立派な昆虫と結んでいる。②は、水面を滑るイメージの強いあめんぼの「飛ぶ」という驚くべく生態を生かして住処を替えることで結んでいる。

4　語り手によって文体が変わる

筆者はあめんぼに詳しい人物だと思われるが、文章を書くとき、目的に合わせて語り手を設定し、説明の仕方や文体を変える。①は子どもが語ったような文体で、②は、子どもに向かって大人が説明して教えているような文体になっている。

5　批判的に読める

原文も批判的に読めるが、今回は特に長さを揃えるように、調査者が編集したため、文章のつながりや精叙、略叙のアンバランスさについて批判的に読むことができる。原文では、両者とも、あめんぼが飛ぶことや脱皮することにもふれている。

五　調査分析の観点

1　テクスト選択とその理由

設問にある対象は「あめんぼを知らない三年生の友達」である。子どもは、どちらを使って説明したいのだろうか。説明する内容は「あめんぼがどんな生き物か」である。設問の条件を考慮し以下の観点をもつことにした。

①分かりやすさ　②あめんぼの特性で興味を惹かれた内容

③自分にとっての説明のしやすさ　④三年生という相手意識

2　共通点と相違点にどう気付いているか

子どもが目的をもって説明的文章を読むときに、どのようなことを考え、どう理解して読んでいるのか。どんな点に着目して読み進めるのか、書かれてある事実をどのように批判的に読むのか。

理解する際に、どんなことが理解しやすく、どんなことが理解しにくいのか、理解したものをどう活用しようとするのかを考える。

以上のようなことは、一つのテクストを読んでいるときには教師（他者）にとって把握しにくいことが一般である。それが前節の「文学における比べ読みの発達調査」で、比べて読むことによって、とらえやすくなることが明らかとなった。このことは、教材研究をする際にも大いに参考になり、活用できる。

では、子どもが気付く二つのテクストの共通点と相違点には、どのような観点があるのだろうか。

森田信義は教材研究の観点として、ア『ことがら・内容選び』の研究、イ『論理展開の工夫』の研究、ウ『表現の工夫』の研究、エ『筆者』の研究、と四点挙げている。[7]

井上一郎は「対象のカテゴリーによる説明の表現様式」を①内容的説明、②成分的説明、③分類的説明など、一五に整理している。[8]

これらを参考にして、以下の五つの観点を抽出した。

① あめんぼという対象

ア　体のつくり　　イ　特性・素早い

ウ　特性・浮かぶ、泳ぐ　　エ　特性・他の虫を餌にする

説明的文章の魅力を左右することは、その対象の何をどう取り上げているかにかかってくる。読者意識をもち、何を採用し、何を捨てるかいかんで分かりやすくもなり、分かりにくくもなる。

② 場面情況（場所）

ア　時間　　イ　場所（空間）

説明されている内容がいつ、どのくらいの時間を要して、どこで展開しているのか、対象の設定と同じように欠かせないものである。その文章によっては、時間的な順序で書かれているものや事柄の内容ごとに書かれたものがある。読者の時間認識と空間認識が問われることとなる。

③ 説明的文章の展開・構造

ア　冒頭（話題提示、対象、時間、場所の設定）

イ　展開（課題追究「実験・観察」話題説明）
ウ　終結（課題解決・今後の研究・展望）
今回の二種類のテクストは、冒頭・展開・終結部のそれぞれで書き表し方が対照的に違っている。特に、冒頭部のはたらきによって、その後の展開の仕方が変わってくる。

④　筆者の表現の仕方

ア　事例の選択　イ　擬人化　ウ　言葉の使い方　エ　文体
説明的文章は、物語のような文学的文章と違い、筆者（作者）が単数で文章の中に直接語り手として出てくる。したがって、筆者の書き表し方が直接、読者へ伝わっていく。話者の語り口によって文体が決まり、筆者の表現の工夫は子どもの読書行為に影響する。

⑤　説明方法による表現様式

ア　体験・観察報告文　イ　観察記録文
読者によって対象に関する既知、未知事項が違う。筆者は相手意識をもって、どの様式で書くかを決めなければならない。体験したことをそのまま報告するか、説明するか、などによって様式が決定される。それに応じて読み方も変わってくる。

井上一郎は「説明の方法」として、①具体的説明、②統計的説明、③質疑応答的説明、④順序的説明、⑤思考操作的説明、⑥列挙的説明、の六種類に大別している。それらをさらに、四七の型として細分化している。(9) 例えば、「④順序的説明」の中に、活動型、観察型が位置付けられている（他に体系型、実験型）。

これらの五つの観点において、子どもは相違点と共通点のどちらにも反応している。

3　文学テクストにおける調査との比較

文学テクストと同じように考え単純に比較することはできないが、可能な範囲で前回の調査と比較することにした。

六　分析の結果

ここでは、調査分析の観点に沿って考察していく。

1　テクスト選択とその理由

第一・二・五学年は、多くの子どもが①を選択している。その理由は、第一学年で「おもしろいから」が多く（四一％）、次に「分かりやすいから」（一九％）であった。第二学年では、「分かりやすいから」（一四％）と「説明しやすいから」などと、自分自身の説明の仕方に関するものが一〇％であった。第五学年では、「②の子

テクストの選択

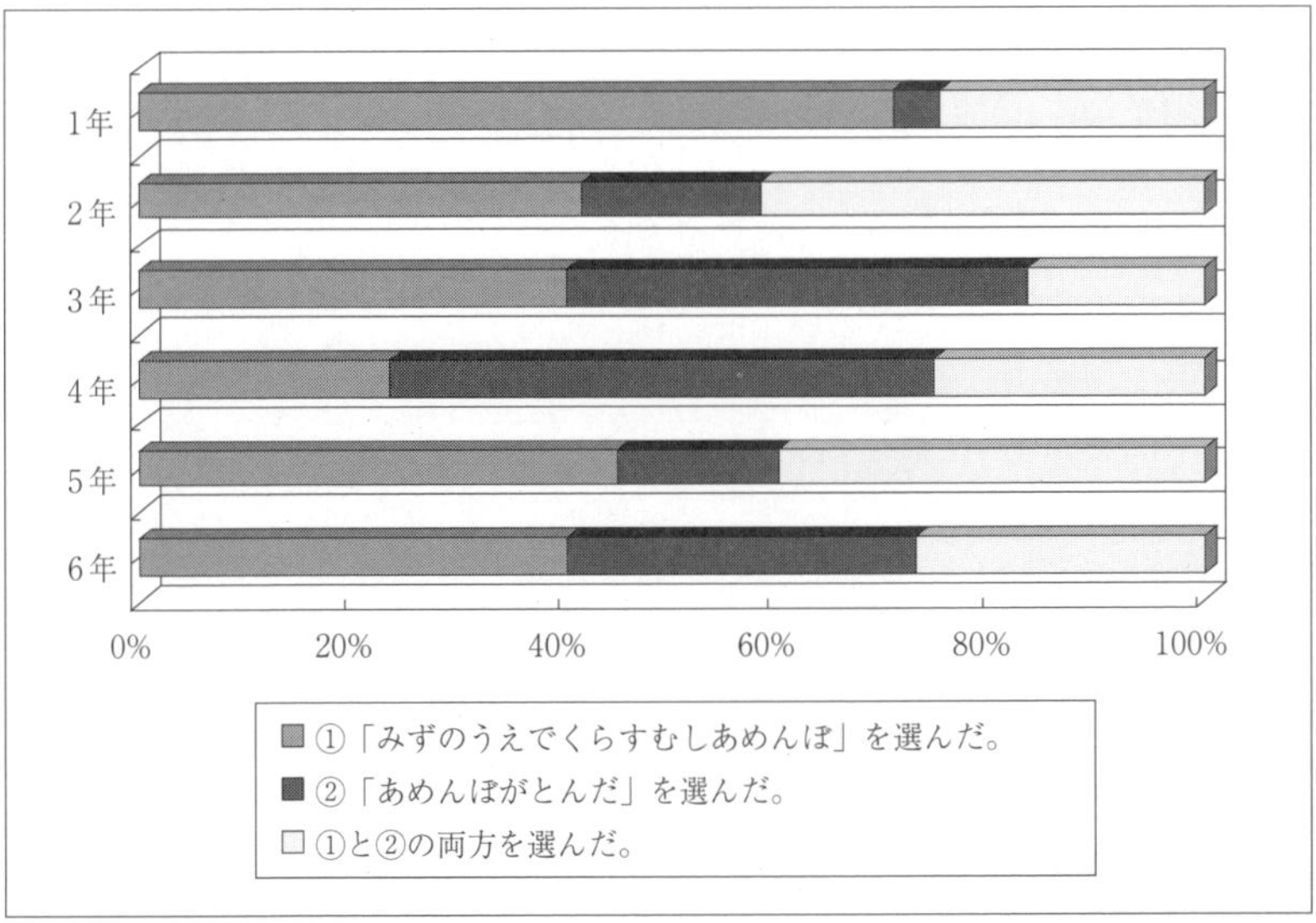

どものときや飛ぶことより、①のあめんぼがどのようになっているかを先に教えた方がいいから」というように、①と②の特徴をとらえた上で選択していることが分かる。第四学年だけは、②を多く選択している。「あめんぼはこうやって生きていくんだよと教えたいから」（二一％）などと自分が説明したいことを考えている。「分かりやすい」「詳しく書いてあるから」「成長の様子が分かるから」という理由も多い。

第三・六学年はさほど変わらなかった。

テクストの文体上の特徴から考えると、「――えさになっているんだ」「――捕まえたぞ」と活動型の説明方法をしていることから、低学年は①を選択すると予想していた。それは予想通りであったが、第五学年も多く選択しているのには驚かされた。文体以上に、あめんぼのくらしに関心をもっているようである。第一学年から第四学年までの発達と、第五学年からの発達と、二つのまとまりと見ることもできよう。

2　共通点と相違点にどう気付いているか

①　あめんぼという対象

「あめんぼが出てくる」という共通点に着目している総数が高く、二つのテクストの説明されている対象をとらえられている。

では、子どもたちは、その対象であるあめんぼの何に着目しているのか。いちばん多く着目している共通点は、「あめんぼが水面に落ちてきた虫を食べる」（平均二八％）という習性であった。相違点では、「②

【共通点】あめんぼが落ちてきた虫を食べる

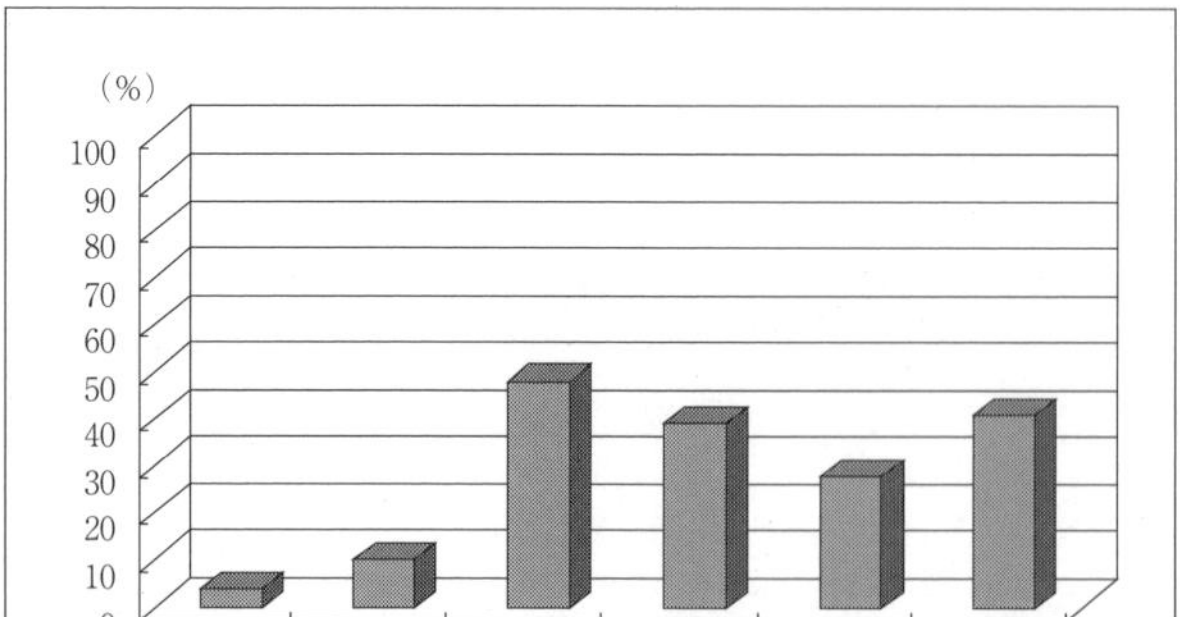

は、あめんぼが卵から誕生することが書いてある」（平均一三%）という項目であった。

第二学年と第三学年の間に、数値上で大きな違いが表れた。第三学年から比べて読み、対象の特性である共通点に気付くようになるようである。

② 場面情況（場所）

対象に次いで子どもたちが着目したのは、住処である場所（池）である。「どちらも池に住んでいる」という共通点や、「家の近くの公園」と「川の側」という明確な場所の違いに気付いている（一五%、二八%、四二%、三三%、四八%、三四%）。

③ 説明的文章の展開・構造

「終わり方が違う」「あめんぼの登場の仕方が違う」などの文章の展開・構造に着目しているのは少なく、ほとんどが第四学年以上である（四年五%、五年一五%、六年二一%）。前回の「文学テクストを対象とした調査」でも、第四学年から文章の展開・構造に着目している子どもが相当増加していた。

「書き出しが読者を引きつけるように書いてある」（共通点）と、冒頭部の働きとしてとらえている子どもは、第四学年に一人、第六学年に三人いる。第二学年に一人だけ、「①はあめんぼが先に出てくる」のように、冒頭部

【共通点・相違点】説明的文章の展開・構造

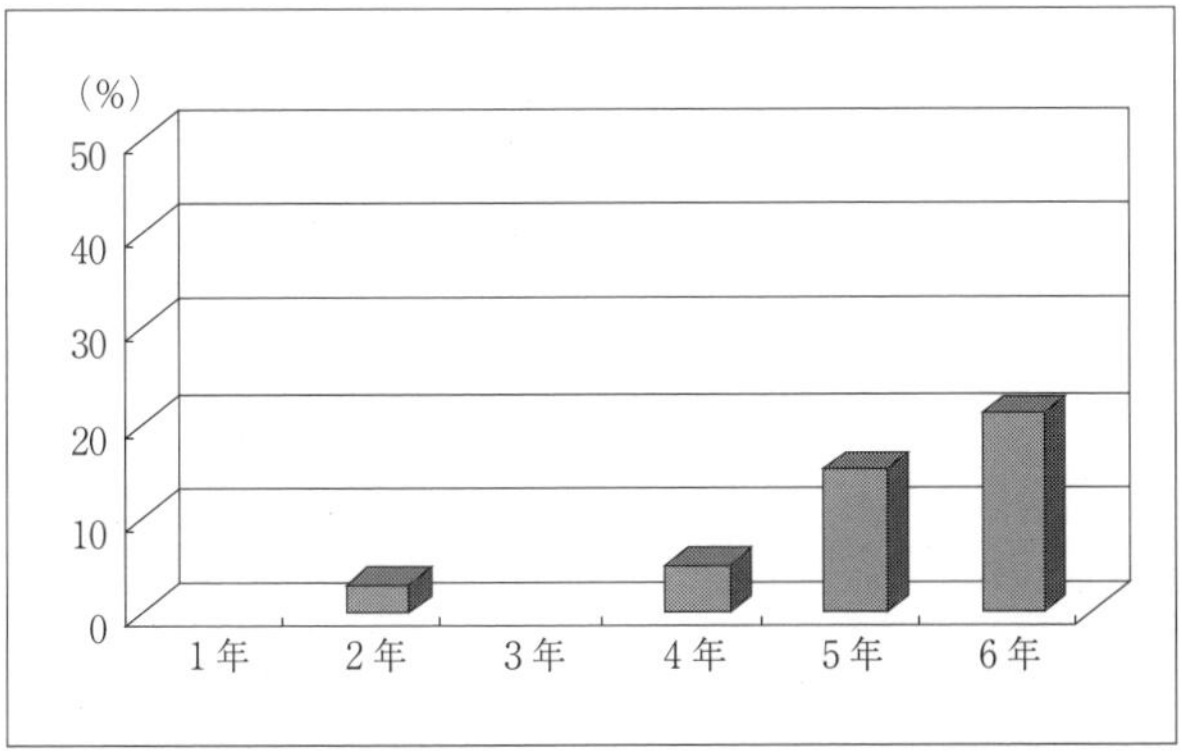

での対象の現れ方の違いに気付いている。その子どもは読書が好きで、週に三日、九〇分間読書をしているようである。

「終わり方が違う」（相違点）と、終結部の違いに着目しているのは、第六学年に一人だけだった。テクストを編集する際、意図的に終結部が違うようにしたのだが、子どもには、あまり影響がなかった。

回答例
「①は、あめんぼを見つけるところから始まり、②は卵から始まる」（四・六年）
「話の流れが違う」（六年）

④　筆者の表現の仕方

「表現の仕方が違う」とストレートに記述している子どもが第六学年に二人いる。常体と敬体の文末の指定表現の違いに気付いている子どもは、第四学年で三％、第五学年で二％、第六学年で一〇％である。

「①は謎は多く、②は詳しく説明している」（四年）「①はあめんぼがしゃべっているように言っている」（五年）と書いている子どもは一名ずつである。

回答例
「①に比べて、②はいろいろな表現をしている」（六年）
「説明しているところが似ている」（四・五・六年）
「①は主人公がいるみたいで、②は説明文のようになっている」（六年）

⑤　説明方法による表現様式

「①はあめんぼを捕まえて観察している、②は外で観察している」と記述している子どもは少数ではあるが、第二学年以上にいる。これは、それぞれのテクストの書き表し方の特徴である。

「①は自分の体験で、②はあめんぼの説明」と書いている子どもは、第六学年に三名いる。「①は主人公がいるみたいで、②は説明文のようになっている」と、語り手の存在に気付いているのも、第六学年に二人である。文体の違いを意識できるのは、第六学年にならないと難しいかもしれない。

回答例
「①は子どもがやっているみたいで、②は大人がやっているみたい」（六年）
「①は日記や作文みたいに説明しているけど、②は敬語で誰かに教えるように書いてある」（五年）

七　全体の考察・課題

1　比べ読みの楽しさとよさ

比べ読みをした直後の自己評価（四段階）では、「とても楽しかった」「まあまあ楽しかった」とした子どもたちが平均八三％であった（七四％、八六％、九〇％、八六％、八一％、八一％）。これは、読む分量は増えても、比べて読む活動が楽しくないわけではないことを表している。

比べ読みを楽しいと感じている子どもの数値がどの学年も高かった。この結果は、これまでの国内の調査には表れなかった結果である。前回の文学テクストを対象とした調査でも、約半数か六〇％程度であった。前回の調査後、各学年一名ずつ直接に比べ読みの子どもの反応を聞いていた。文学テクストを比べて読む子どものほとんどが喜んで取り組んだということであった。少し心配していた一年生でも、担任によると、「全員喜んで読んでいましたよ」ということであった。しかし、はっきりとしたデータとしては調査しておらず、担任だけからの返答では信憑性が十分とは言えず、分析の対象にはしなかった。そこで、今回は、比べ読みをした直後に「比べて読んで楽しかったですか」という質問紙調査を行ったのである。その結果、全学年平均約八三%が「楽しかった」と答えている。実際に何を比べて読むかによって、子ども読者の比べ読みに対する「好き、嫌い」「楽しい、楽しくない」が大きく変わってくる。「比べ読みが楽しい」という状況が「比べ読みが好き」という状況につながり、おもしろい読書となっていくものと考えている。

比べ読みのよさとしては、①おもしろさ、②理解の深化、③読みの発見、④比べ読みへの満足感、⑤筆者の工夫の発見、の五つの集約できる。中でも「理解の深化」を第二学年以上で多く実感している（三一%、五五%、四三%、五三%、五八%）。

各観点ごとに、感想を紹介する。

①おもしろさ　「もっと比べたくなる」（四年）「いつもより楽しく読むことができる」（六年）

②理解の深化　「一冊の本では分からないことも、比べて読むと違うことが分かる」（四年）「二つ読むとあめん

比べ読みの楽しさ

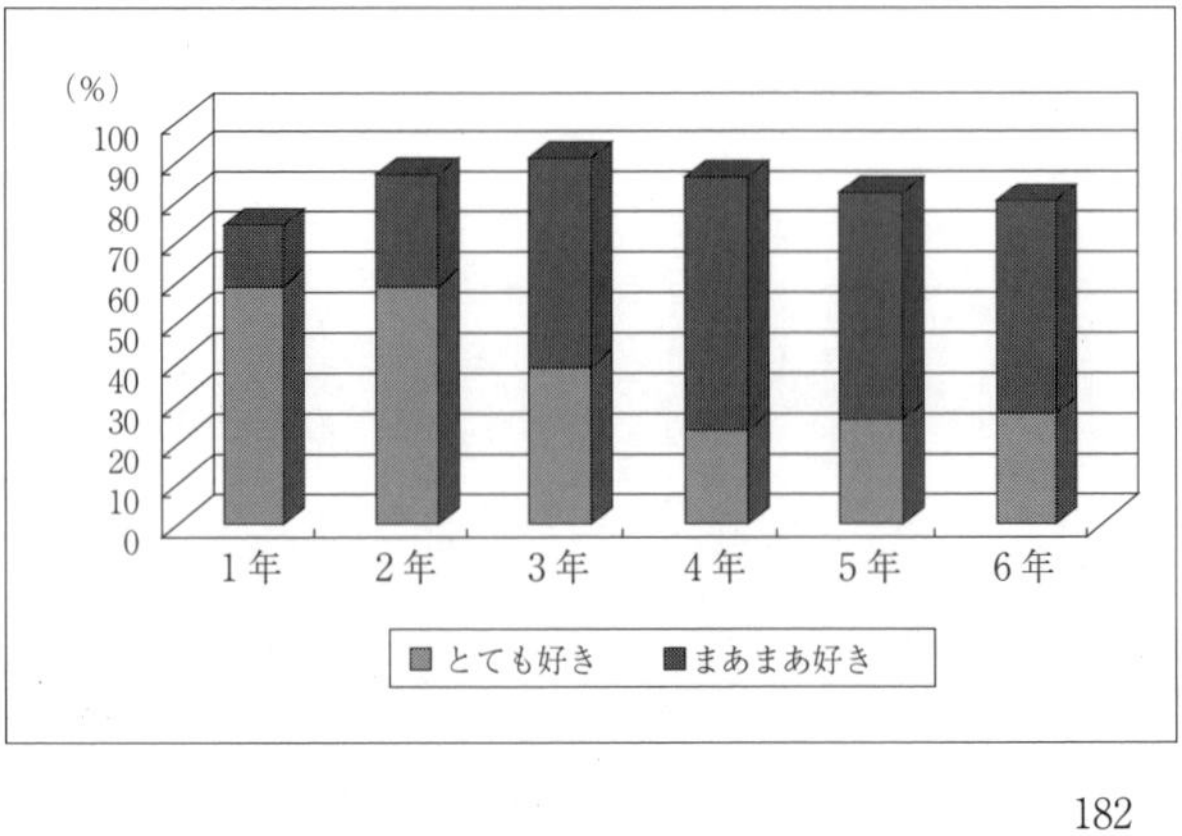

ぼのことがよく分かる」（二・六年）

③読みの発見　「話の流れや話の違いに気付く」（五年）「どちらもよさを見つけることができる」（四・五・六年）

④比べ読みへの満足感　「両方読めてよかった」（三年）

⑤筆者の工夫の発見　「どういうふうに説明しているのかが分かる」（六年）「二人の筆者は、やはりそれぞれ考えが違うんだと思えたこと」（六年）

2　批判的に読むクリティカル・リーディング

説明的文章を批判的に読めるように、テクストを選択し、手を加えたつもりだった。しかし、「文章の無理な展開」や「取り上げる事例の適否」などを直接批判するものはなかった。

ただし、その前段階の批判的に読む基礎と考えられるものは少なくはなかった。「②は説明文だけど、①は説明と同時に感想を入れている」（六年二名）「①はあめんぼの特徴を、②はあめんぼの誕生を詳しく紹介している」（五年一名、六年二名）などは、それぞれのテクストの特徴をとらえており、批判的に読むことにつながっていくものと考えることができるであろう。比べて読むことによって、一つのテクストを絶対視することなく、相対化して理解することができよう。

両テクストの相違点のとらえ方（①は―で、②は―）に着目すると、第三学年から増加し、第五学年で、大幅に

【相違点】批判的な読みの基礎

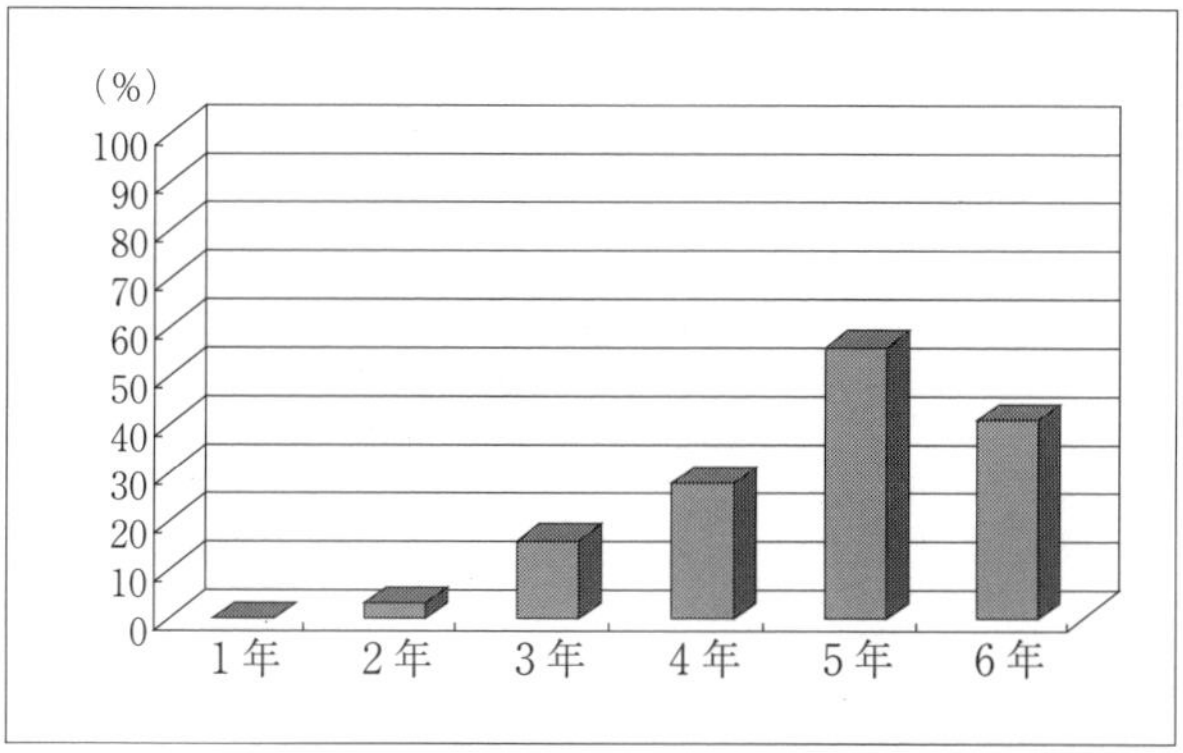

伸びていく（〇%、三%、一六%、二八%、五六%、四一%）。ここに、批判的に読む基礎の発達が見られる。

3　好みの文体の意識化

テクストを選択し、その理由を書くことで、子どもは自分の好みの文体を知ることができた。自分の読みの好みを自覚することができる。つまり、自分の読みをメタ認知することになる。教師も、子どもの読みの特徴をとらえる手がかりにできる。

4　読む順序の影響

今回の調査では、読む順序がテクスト選択に与える影響も探ってみた。各学年一学級ずつについては、その相関関係をみた。その結果は、左の表の通りである。

対象学年	三年		四年		五年		六年	
先に読んだテクスト	①	②	①	②	①	②	①	②
①『みずのうえでくらすむしあめんぼ』を選んだ	**8**	4	6	3	**4**	5	**6**	5
②『あめんぼがとんだ』を選んだ	3	**10**	6	**11**	2	5	1	**7**
①②の両方を選んだ	3	2	4	2	6	5	7	3

第四学年で①を、第五学年で②を先に読んだ子どもたちは、①②のどちらも同じ数だけ選択している。それ以外は、先に読んだ方を選択している子どもが多かった。調査人数が少ないため、明らかにすることは難しいが、小学生である読者は、始めに読んだテクストが印象に残るのかもしれない。特に今回のように、読む対象が同じあめんぼである場合は、後に読む方が新鮮さを失っているということも考えられる。対象が全く違った生き物であれば

違った結果が出ていたかもしれない。

5　授業への位置付け――テクストの加工――

調査テクストを決定するまでに、科学絵本を中心にいくつもの文章を探した。その中から選択した科学絵本をそのまま使うと分量が多すぎる。よって、約一〇〇〇字程度の文章に縮めた。また、二つのテクストの違いが明確になるよう、言葉を補足したり、削除したりした。

調査するときもそうであるが、子どもに読ませるためには、テクストを加工する必要もある。授業ともなれば、時間の制約もあるから、焦点化を図って比べ読みをすることが肝要であろう。

6　学級の取り組みによるよい影響

二次調査中、担任教師から話を聞く中で、学級の取り組みとして大変参考になるものもあった。

第六学年の社会の授業で、歴史上の事件をいくつか調べ、その相違点を発表させることで、事件による共通性や相違性をとらえることができる。各時代の特徴や、同時代であれば同時代の中でのその事件の持つ意味を探ることができよう。

第五学年の算数の授業では、解いたものを文章化させ、それを吟味するように仕組んでいる。

他教科では表現力を重視し、自分の考えを伝えることを目標としている。自分なりの表現方法を一つだけでなく複数考えさせ、その中から適切な方法を選択して表現に工夫するようにしている。

第二・三学年でも、表現することを重視し、授業の最後の感想を短い言葉にまとめて、まとめたいくつかの言葉を比べる活動が展開されている。本稿ではふれないが、学級による影響だけではなく、保護者による影響も大きいことが分かった。

7　予備調査から

今回予備調査として、小学生以外に一五名の大学生・大学院生にも調査をお願いした。大学生においては、前回の調査と同様に、「意識して比べて読むのは初めて」という感想が共通していた。これでも分かるように、「比べ読み」という読書行為が国語科授業において定着していないことが今回の調査でも分かる。今後、各学年の発達に応じた位置付けが必要になろう。

一方、小学校の前段階の幼稚園児（六歳）を対象としても予備調査を試みた。二冊の絵本を読み聞かせし、「友達にあめんぼのことを教える」と仮定して、テクストの選択と共通点と相違点とを尋ねる方法を採用した。なお、二人は、あめんぼを捕まえた経験があるせいか、興味深く反応しながら聞いていた。

すると、テクストの選択については、両者分かれた。理由は、どちらも「分かりやすいから」ということであった。共通点と相違点については、絵本をめくりながら、「こっちは飛んだ」とB児が即座に反応した。A児は「矢印がある」「大きくなった」と、あめんぼが大きくなる絵を指し示した。つまり、それは「あめんぼがとんだ」が、成長を表していることを理解していると考えられる。その他にも、「あぶが出てきた」「皮を脱いでいる」「他の（生き）ものが出る」「捕まえている」「周りに木がある」と、特に二つのテクストの違いに気付いていた。幼児は、絵を手掛かりにすることが多く、この時期の子どもには、文章だけの調査には困難な場合がある。小学一年生にしても状況は似ており、絵本を活用するなど工夫することで、幼児と同様に比べて読むことが可能になるように思われる。

8　今後の研究課題

本調査分析をしているときの課題として、①文学テクストにおける比べ読みの発達との比較、②比べて読むテクストの開発・選択、③本調査分析から授業化への連動、という三点が挙げられ、その場合の検証が必要であった。

第二項　説明的文章を表に書き表す

ここでは、本格的に表に書き表す調査を実施したということではなく、前項の調査の一部として取り組んだものである。したがって、子どもがどのような表を作成したのか、特徴的なものを取り上げ、解説を加える。

一　表に書き表す意義

子どもが読んだものを他に伝えるために表化できるということは、その文章を理解しているととらえてよかろう。それは一度理解したものを自分の中で再構成する力が必要だからである。再構成するためには、理解し表現する行為が必然となってくる。どちらの行為もできることが理想的な姿である。

表にするためには、①文章を読む、②理解する、③表の全体像を決める、④表に表す観点を決める、⑤自身の理解のための表を作成する、⑥相手に説明するための表を作成する、という過程をとる。その中のいくつかの項目を省略する場合もある。

二　表を見る観点

1　理解のための表

2　説明するための表

3　絵・矢印・箇条書きの取り扱い

比べ読みが生かされているかどうか、書かれた表が説明に役立つものになり得ているかどうかも注目点である。

三　表に書き表す調査結果

小学生である子どもたちにとって、表に書き表すことは予想以上に難しかったようである。第四学年は皆無で、第五学年で二四%、第六学年で二〇%であった。第一・二学年には回答を求めていない。第三学年は担任の簡単な補説もあり、五二%と高い数値を残した。

実際に書かれた表には、三つのパターンが確認できた。①『みずのうえ』の内容だけを表にしたもの、②『とんだ』の内容だけを表にしたもの、①②の両方を上下にして表にしたもの、であ

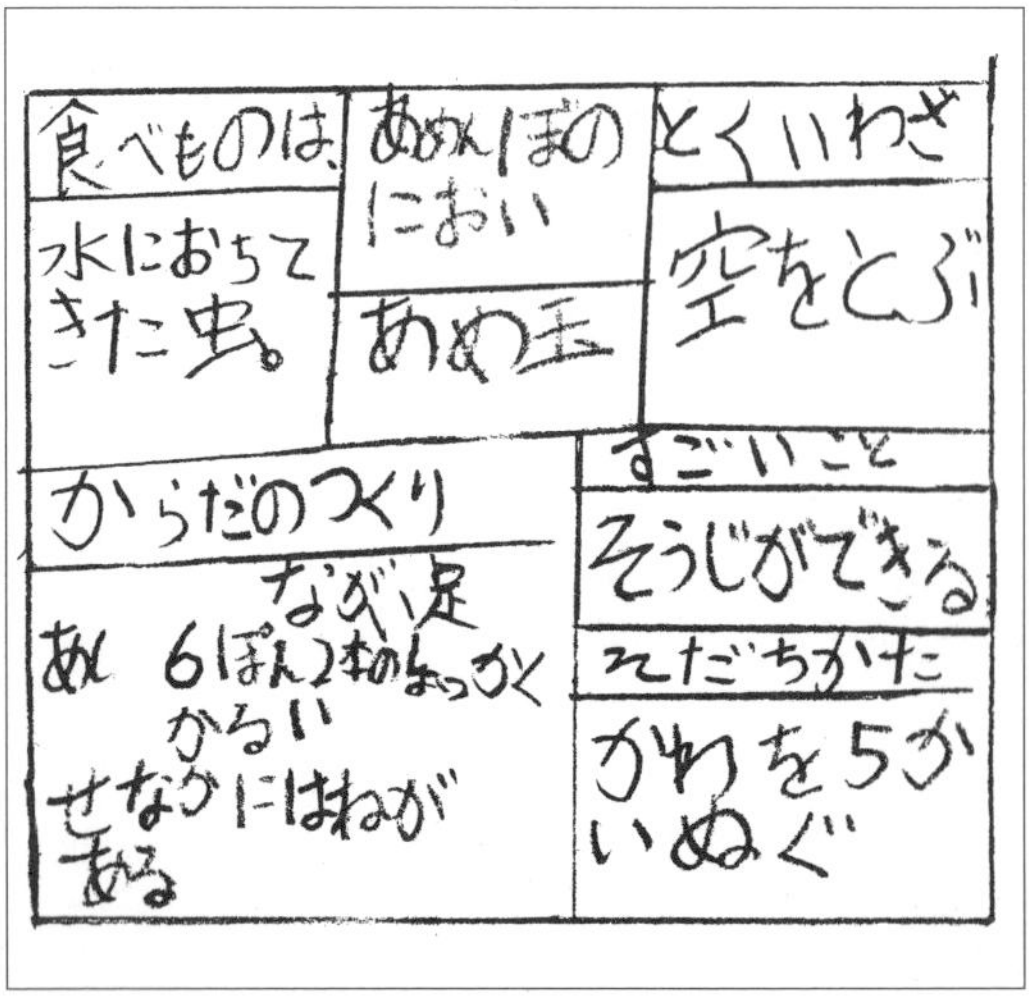

【観点ごとにまとめた表（三年）】

る。観点の取り上げ方としては、読んで理解したまま順序よく表にしたもの、説明のために観点を整理して表にしたもの、と二通りがあった。

1　第三学年の表

①『みずのうえ』と②『とんだ』の情報をまとめて整理している。「食べ物」「臭い」「得意技」「体のつくり」「育ち方」「すごいこと」の観点でまとめている。このようにカテゴリーごとに分けて編集しているのは、第三学年でこの子ども一人であった。

2　第五学年の表

高学年になると、自分が説明しやすいように絵や矢印を使って、あめんぼの成長の順序が分かるように工夫したものも見られた。高学年になると、与えられた情報を図や表に再構成し、理解する力が育ってくる。

3　第六学年の表

第六学年の表には、次頁のように①と②の情報を上下に分けてまとめている子どももいた。そうすることによって、上下を比較しやすくしている。「食べ方」と「住拠」については、両者に記

【絵や矢印を使ってまとめた表（五年）】

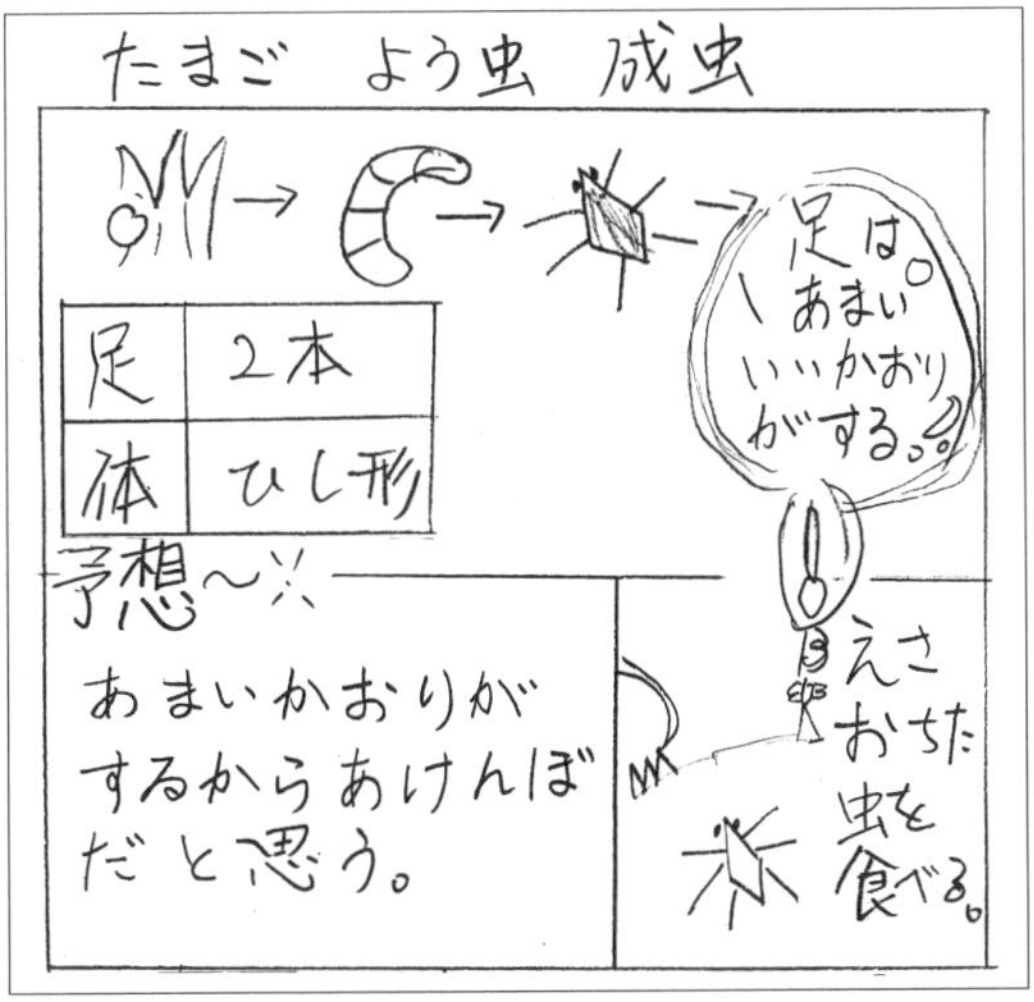

述があるが、「臭い」については、①『みずのうえ』にしかないことが一目で分かる。

4　表を書く前の段階として――箇条書き――

表を書くことが無理だと考えていた第二学年。しかし、表ではなくとも、箇条書きとしてまとめている子どもが半数以上であった（五五％）。しかも、その内容は、次頁のようにナンバリングしているもの、①②を上下に分けて、箇条書きしているものも確認された。これは、表を書く前の段階であり、表と認識してもおかしくはない内容である。確かに算数の教科書には、第一学年から表が掲載されているが、ここまでの反応があるとは考えられなかった。

5　表を書き表し、伝え合う学習を

共通点や相違点への気付きがよく、特に分かりやすく表をまとめたり、個性的な表に仕上げたりした子ども一五人（第三―六学年）を対象に二次調査を行った。調査方法は、その子どもの担任へのインタビューである。すると、その子どもたちの学習状況に共通する点が見えてきた。一四名が「読書をよくしている」ということだった。また、日記や作文などを書くことが好きで、苦にしない子どもが八名、ノートをていねいにまとめる子どもが四名である。さらに、自分の考えをまとめることが得意な子どもが五

【上下に分けてまとめた表（六年）】

	たべかた	すみか	におい	以外	
①	えさをすばやくつかまえとがったのでたべる	いけ（公園の近く）	あめだまっぽいにおい	体のていれをする	
②	どこからともなくやってきてたべる	いけ（川の近く）		そらをとぶ　体のかわをぬぐ	

名、発想豊かで物事を多面的・多角的にとらえられる子どもは四名であった。

箇条書きを分かりやすくまとめていた第二学年にも、同じように二次調査を行った。結果は同じような傾向にあった。第二学年で既に厚い本を読む、シリーズを意識して読書する、という読書の習慣が付いている子どもがいることも分かった。中でも、特徴的なのは、生き物が好きで、よく図鑑を読む子どもが多いということであった。

調査に協力してくれた教師に尋ねたところ、表を読む学習は多く経験していても、表に書き表す学習経験が少ないことが今回の調査で明らかになった。国語科に限らず、他教科でも表に書き表す経験をさせ、活用できるようにしたいものである。表にすることで、子どもは読みを整理し、自己の読みをメタ認知することが可能になる。教師は、子どもの読みのプロセスを看取することができる。

文章を表にする、表をグラフに書き換える、グラフを表にする、自分が説明するために表にする、などの変換作業を学年の系統を考慮し、意図的・計画的に実施できるようにしていきたい。

【箇条書き　左…ナンバリング　右…上下（二年）】

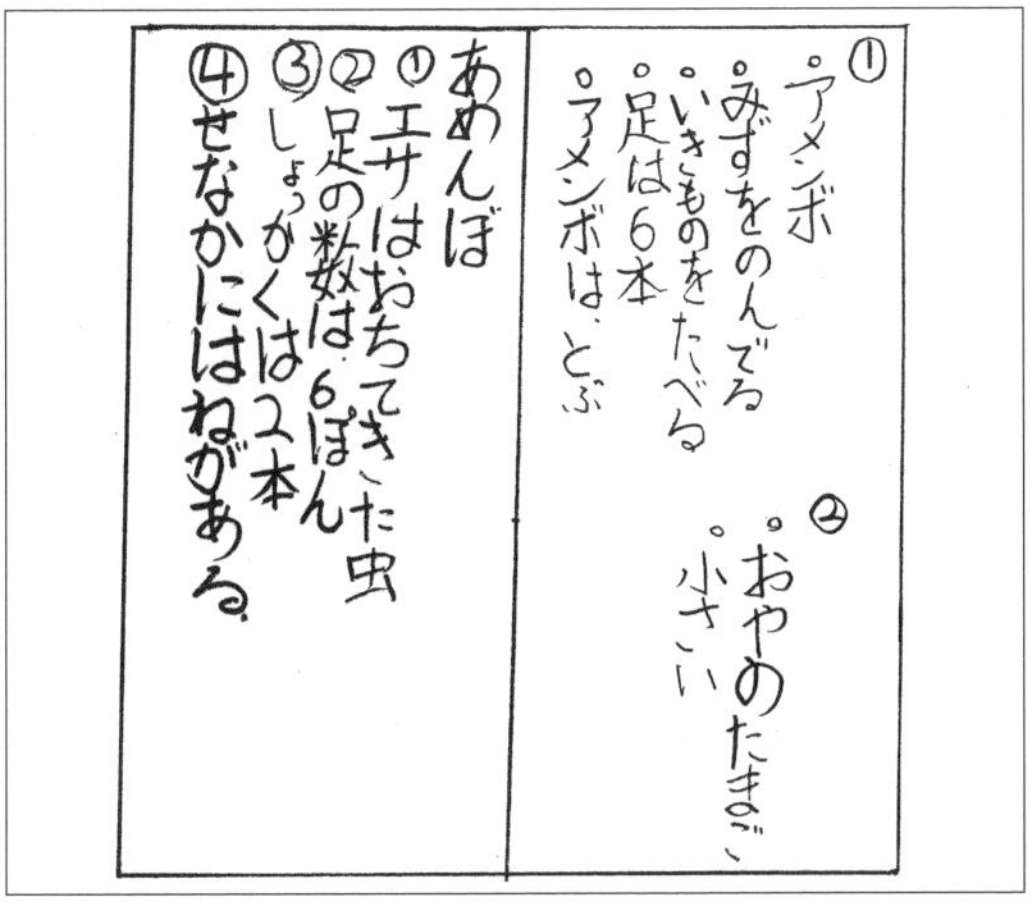
①アメンボ
○みずをのんでる
○いきものをたべる
○足は6本
○アメンボは、とぶ
②○おやのたまご
○小さい
あめんぼ
①エサはおちてきた虫
②足の数は、6ぽん
③しょっかくは2本
④せなかにはねがある。

第四節　二つの調査を通して見えるもの

本節では、二つの調査を振り返り、文学テクストと説明的文章の場合で共通する部分と独特な部分とを明確にする。両調査において、調査の観点を意図的に両者をそろえる部分と違う観点とを設定した。①登場人物と対象、②物語の舞台・状況と場面情況（場所）、③物語の展開構造と説明的文章の展開構造、④作者・表現の仕方と筆者の表現の仕方は、共通する部分であり、⑤の説明方法による表現様式を筆者の表現方法と関連付けて設定した。

共通する結果としては、登場人物と対象に着目して読むことは、学年に関係なく断然多いということである。一方、展開構造や作者・筆者の表現の仕方、表現様式への反応は、第三学年以上で表れ、第五学年で増え、第六学年になり大きく増加する。大体の質問において、低学年においては、「すごいから」「楽しかったから」などと抽象的で、読みの根拠が明確でない場合が多かった。第四学年から高学年にかけて、子ども読者の判断した根拠と理由が明確になっていく傾向がある。

今後の課題として、次のような場合の検証が必要になってくる。最後にそれを六点挙げておく。

【調査分析】

○　一つのテクストを読んだときと二つ以上のテクストを読んだときとの反応の差異

○　シリーズや同一対象以外のタイプの違うテクストの比べ読み（ファンタジー、長編、違う対象など）

○　対象が三つ以上の場合の比べ読み

【分析の観点・実践に学ぶ】○　比べ読みの授業実践を基に、子どもの反応を解釈、分析する観点の検討と発達との結びつき

【授業化に向けて】○　比べて読むテクストの開発と比べ読みを位置付けた年間単元一覧表試案の作成

○　本調査分析から授業化への連動

上記の課題を中心に、比べて読む読書行為を調査研究することと、実践の検討を通して、現在でも課題として残っていることがある。各学年に共通したものとして、または各学年の発達に応じて、何を観点として比べていくのか、指導していくことを明らかにしていく必要がある。

注

（1）井上一郎『読む力の基礎・基本――一七の視点による授業づくり――』明治図書、二〇〇三年四月

（2）全国大学国語教育学会『国語科教育』第四三集、一九九六年三月。山元隆春の一連の調査は『文学教育基礎論の構築――読者反応を核としたリテラシー実践に向けて――』（溪水社、二〇〇五年四月）に収められている。

（3）全国大学国語教育学会『国語科教育』第四三集、一九九六年三月

（4）日本読書学会『読書科学』三一巻二号、一九八七年七月

（5）守屋慶子『子どもとファンタジー――絵本による子どもの「自己」の発見――』新曜社、一九九四年七月

（6）井上一郎『読者としての子どもを育てる文学の授業――文学の授業研究入門――』明治図書、一九九五年二月

（7）森田信義『筆者の工夫を評価する説明的文章の指導』明治図書、一九八九年二月、四三―四六頁

（8）井上一郎『誰もがつけたい説明力』明治図書、二〇〇五年六月「対象のカテゴリーによる説明の表現様式」（九三頁）を次の一五に整理している。①内容的説明、②成分的説明、③分類的説明、④形態的説明、⑤構造的説明、⑥理由

的説明、⑦機能的説明、⑧目的的説明、⑨方法的説明、⑩分布的説明、⑪変容的説明、⑫問題論的説明、⑬歴史的説明、⑭反応的説明、⑮関連的説明

（9） 同上書 一〇九―一一三頁

第四章　比べ読みを生かした実践と単元開発

第一節　比べ読みの先行実践の整理

本節では、比べ読みの先行授業実践がどのように行われてきたか、現在（二〇〇八年）から二〇年間時代を遡って概観していく。

第一項では、文学と説明的文章における比べ読みの授業実践を、雑誌に掲載されている中から探し概観する。両者について、研究書、実践書の中からも取り出し、検討したが、ここでは省略する。第二項では、検討した実践を通して、比べ読みの観点と目的を抽出する。

第一項　雑誌における比べ読みの先行実践の整理

比べ読みを取り上げた実践を雑誌から探し、時代順に並べてみる。対象とした雑誌は、編集の方針等で偏りがないように三つにした。①『実践国語研究』（明治図書）、②『教育科学国語教育』（明治図書）、③『月刊国語研究』（東京法令社）である。

整理するに当たっては、「年代」「対象学年」「文種〈文学・説明〉」「単元・テクスト」「指導計画」「目的・類型」「学習活動」「その後の学習展開」「授業者」「雑誌名№」という項目で表した。次の一〇項目を中心に授業実践を概観していく。

1　年代　　いつから行われていたのか、どのように変遷していったのか。
2　対象学年　学年の発達段階をどう考慮しているのか。
3　文種〈文学・説明〉　比べ読みは、どの文種で行われているのか。
4　単元・教材　どういうねらいをもっているのか。どのようなテクストを対象としているのか。
5　時間　何時間の計画で、比べ読みがどこに位置付けられているのか。
6　目的・類型　何を比べ、何のために比べ読みをしているのか。
7　学習活動　どういう学習展開になっているのか。
8　その後の学習展開　比べ読みをした後、どのように学習が展開していくのか。
9　授業者　同じ授業者の指導上の特徴はあるのか。（略）
10　雑誌名No.　雑誌による偏りはないか。（記録の整理上）

雑誌における比べ読みの実践を整理する前に、これまで授業実践が多く紹介された単行本を中心に実践を検討していった。その作業中、項目の変更が必要になってきた。特に、「6　目的・類型」「8　その後の学習展開」を加えた。それは、その実践が、何を比べ、何のために比べ読みをし、その後どう展開するのかを明らかにしたかったからである。

では、何を比べ、何のために比べているのか、文学と説明的文章に分けて整理する。文学は数字（1、2、3……）で、説明的文章は記号（ア、イ、ウ……）で、詩や短文は丸数字（①②③……）で、伝記文は空欄にして表した。

雑誌名は便宜上、『実践国語研究』は実、②『教育科学国語教育』は科、③『月刊国語研究』は刊とした。

	学年	文学 説明	単元 教材	時間	目的類型	学習活動	その後の学習展開	雑誌名No.
【一九八八年】								
1	一年	文学 昔話	くらべてよもう 「花さかじいさん」「鳥のみじいさん」「ブレーメンの音楽隊」「馬と犬とネコとニワトリの旅」	全5 1・2時	語彙 文末表現 人物像・構造	「花さかじいさん」と「鳥のみじいさん」をくらべて、似ているところを見つける。 「ブレーメンの音楽隊」と「馬と犬とネコとニワトリの旅」をくらべて、似ているところを見つける。	昔話を読む	[刊]一月 188号
ア	六年	説明	雪はかたりかける 「せんこう花火」「冬の花びら」	全9	ものの見方	「せんこう花火」を「冬の花びら」と対比して読む。	作文発表会 紹介文・本	[刊]一一月 198号
2	五年	文学	椋鳩十作品を読もう 「大造じいさんとガン」「栗野岳の主」「金色の川」		人物像・構造 テーマ	「栗野岳の主」の読み聞かせを聞く。 「金色の川」の読み聞かせを聞く。	テーマ 作者の意図・表現	[刊]一二月 199号
【一九八九年】								
イ	二年	説明	ちがいをくらべて 「わたしたちとどうぐ」		事例	手と各道具の違いを比べる。 ○教科書内		[実]一月 85号
【一九九〇年】								
3	五年	文学	楽しく読もう 「おみやげ」「宇宙人の宿題」	全10 4時	物の見方・考え方	宇宙人の宿題、地球人に対する考え方、地球人のしたことなど、「おみやげ」と比べながら抜き書きする。 ○教科書内	同一作者読書・絵本作り・紹介文帯	[実]一月 95号

【一九九一年】								
ウ	三年	説明 観察 報告	つづけ読みによる単元構成で活性化を図る 「ありの行列」小学生新聞「どうやってあまいものをみつけるの」		観察語彙・文末表現 内容	「ありの行列」を読んだ後「どうやってあまいものをみつけるの」を読む。		刊 九月 232号
【一九九二年】								
4	五年	文学	想像力を広げ、読書意欲を高める工夫 「おみやげ」「宇宙人の宿題」	全10 2時	テーマ	二教材を読み比べ、共通点や相違点を見付けながら、テーマをしぼり、話し合う。	○教科書	実 一月 113号
エ	五年	説明 意見	文章の構成を考えて 「学校生活から」 ○本時・ワークあり	全6 3時	構造	主題にふさわしい文章構成を、複数の例文をもとに考える。	作文	実 五月 117号
5	五年	文学	もう一つの教材を重ねて読む 「きつねの写真」「きりの村」	全6	作品世界	1「きりの村」を読む。 2-5「きつねの写真」を読む。	同一作者作品紹介	実 一一月 122号
【一九九三年】								
6	四年	文学	重ね読みで豊かな読み手を育てる「白いぼうし」「やさしい天気雨」「おにたのぼうし」	全22 9・11時	作者の意図・世界 人物像	「やさしい天気雨」を全文を読み、「白いぼうし」と関連づけて考えを深める。	話し合い	実 一月 124号
【一九九四年】								
7	六年	伝記 文学	複数教材で子供の興味・関心を引き出す 「宮沢賢治」「グスコーブドリの伝記」「セロ弾きのゴーシュ」「雨ニモマケズ」「注文の多い料理店」「漫画化された本」	全2	ものの見方・考え方	「注文の多い料理店」を再読し、賢治の夢は何だったのだろうか、予想して話し合う。		科 七月 493号
53	四年	文学	シリーズ作品群を読み、紹介文を書く。「車のいろは空の色」シリーズ		人物像 構造 場面状況	どの作品にも共通する要素や特徴を「共通点一欄表」として整理する。	紹介	科 九月 684号

54	六年	文学	本の魅力を伝える書評を書こう『百万回生きたねこ』	全11 3時	表現様式・書く観点	①感想文と書評を読み比べる。②4／11 三つの観点から書かれた書評を読み比べる。③8／11 同一作者の本と読み比べる。	書評を書く	実一一月285号
55	六年	文学	二冊の本を通して考えた「幸せ」『おおきな木』『おぼえていろよおおきな木』		見方・考え方	二冊を読み比べて、絵本の価値的内容の違いを考える。	幸せについて作文スピーチ	実一一月285号
エ	五年	説明 研究レポート	言葉について調べたことを書く「言葉の研究レポート」		語彙の活用	「言葉の研究レポート」とモデルレポートとを比べて読み、似た表現を探す。	研究レポートを書く	実一一月285号
ヨ	五年	説明 研究レポート	レポート様式を学び、報告する力を「言葉の研究レポート」		構造 表現様式	報告文と生活文ふうにリライトした文章を比べ、レポートの構成をとらえる。	研究レポートを書く	実一一月285号

今回は、比べ読みを取り上げた実践を文学・説明的文章に分けて三種類の雑誌を基に探索していった。管見であるので、他の実践も行われていた可能性もある。

年代としては、一九九六年から実践例（七実践）が多くなっている。平成十一年版の学習指導要領の移行期に当たる年が影響しているのかもしれない。それから二〇〇一年までは平衡状態で、二〇〇二年に一二の実践が掲載されている。その後、二〇〇七年に一七の実践が掲載されている。このように急激に増加している年もあるが、時代が進むにつれ、比べ読み学習指導の実践は確実に増えていると言えよう。

対象学年は、第一学年五実践、第二学年一一、第三学年七、第四学年一五、第五学年一九、第六学年三六、とい

年は三六を数える。教師の実態として、低学年よりも高学年の方が比べ読みの効果があると考えているのであろう数値である。第二学年を除けば、学年が上がるにつれ、実践数も増えていく。第四学年以上は多く、特に第六学年は三六を数える。教師の実態として、低学年よりも高学年の方が比べ読みの効果があると考えているのであろう。

文種は、文学五五、説明的文章四〇、詩・短文六、伝記文一であった。伝記文が一つというのは少ない。

単元としては、宮澤賢治や椋鳩十、最近では、立松和平という作者に注目して比べ読みをする実践は多い。実践［本の世界を広げて］の比べ読み学習指導では、「三つの物語の猟師（小十郎・大造じいさん・紳士）を読み比べ、豆田がどのような猟師になるか考える」という少し飛躍を感じる単元もある。実践［読み聞かせを読解指導に生かす］の比べ読み学習指導では、「石うすの歌」を学習する前に「二十四の瞳」の読み聞かせをしている。しかも、十八回に渡って二四七分間も継続している。その後、比べ読みをするというダイナミックな単元構成である。

表には掲載していないが、河野順子による「セット教材」の視点はおもしろい。第五学年［わたしたちのくらしの中のいろいろなものについて考えよう］という単元で、三輪茂雄「粉と生活」と坂口康「くらしの中のまるい形」をセットとして読ませている。子どもたちは、どちらかの筆者になりきり、相互にテクストの内容や形式などについて質問をする。そのために、無意識にテクストを読むように仕向けられている。第六学年でも、［地球環境について考えよう］という単元で、伊藤和明「オゾンがこわれる」と吉良竜夫「熱帯の森が消えていく」を読ませている。一つの単元の実践ではなく継続して取り組んでいる点が特に注目に当たる。これらの一連の実践は、『対話による説明的文章セット教材の学習指導』（明治図書、一九九六年一一月）に結晶されている。

大村はまの授業実践と同時代に、野地潤家は、『「野口英世」伝の研究――読書指導のための基礎作業』（明治図書、一九七二年九月）に取り組んでいる。その中には、「野口英世」伝研究の意図と方法、「野口英世」伝の成立、「野口英世」伝の分析、「野口英世」伝の反応、「野口英世」伝の評価、と五つの角度から伝記の読書指導の在り方が追究されている。そこでは、一三一もの「野口英世」伝を整理してあり、比べ読みの可能性も示している。最近のものとしては、川上弘宜『「比べ読み・重ね読み」で「一人読み」』（明治図書、二〇〇九年九月）がある。具体的に教材名が示され、実際の授業を通して比べ読みのよさが追究されている。

指導計画の時間では、一〇―一五時間が多く、平均的である。二時間から二五時間まで幅広い。比べ読みの目的やその後の展開を調べてみると、書くために、話すため、説明方法を学ぶためにといった自己表現に生かすために読むことが多かった。また、活用、編集するための比べ読み、調べるための比べ読み、というように表現に結びつく場合が多いようだ。比べ読みをする読者主体が、表現者としての意識をもつことまで含んでいる。

自分の課題に気付くために比べて読む実践は、これまで作文指導で自分が書いた作文と教科書の例文とを比べて、自分の作文の問題点に気づかせることと似ている。

比べて読むことが選書にもつながる実践も見られた。ここに整理できていないが、要約したものや粗筋を活用したもの、引用の仕方に気付かせる実践も少ないものの見られる。

第二項　比べて読む観点・目的の抽出

全一四五の授業実践を見て、何を比べ、何のために比べ読みをしているのか、比べて読む観点・目的を整理すると次のようになる。

文　学

【内容】
○同じテーマ
○主題
○作品世界
○特徴・独自性
【登場人物】　心情・会話・行動
【場面状況】
【構造】
○事件
【表現】
○描写（会話・説明・情景）
○文体
○語彙
【作者】
○同一作者
○違う作者

説明的文章

【内容】
○テーマ
○要旨
○特徴・独自性
【対象】
【場面状況】
【構造】
○論理の展開　時間軸
○事例の取り上げ方
【表現】
○描写（説明・解説・思考・観察）
○文体
○語彙
○略叙・精叙
【筆者】
○同一筆者
○違う筆者

○作者のものの見方・考え方
○構想
○作者の表現の工夫
○相手意識
【視点】
【表現様式】
○同じ様式
○違う様式

○筆者のものの見方・考え方
○構想
○筆者の表現の工夫
○相手意識
【視点】
【表現様式】
○同じ様式
○違う様式

文学と説明的文章に共通する観点がほとんどを占める。これらの観点を持って、比べ読みをするときに、また別の観点が立ち上がることがある。これらの観点は相互に作用し、関連し合う。

第二節　比べ読みを生かした実践

第一項　同一作者に注目する比べ読みの実践

これまでの章では、書物から理論的な面を学び、国内外の学力調査から子どもの読解力、比べ読みに関する力を見ることができた。比べ読みに関する実態調査からは、今現在の子どもの読みの反応や、その結果から考えられる発達をとらえ、先行授業実践からは、実際の授業における比べ読みの効果を理解することができた。

これらの成果を基に、本節では、過去の自分自身の授業実践を取り上げ、考察を加える。

文部科学省「読解力向上プログラム」の「テキストを理解・評価しながら読む力の向上」を意識した実践として位置付けることができるのではなかろうか。

一　単元の指導目標

本単元は、立松和平の世界―読者発表会につながる「読むこと」の学習―「海の命」［第六学年］（全七時間）である。

「テキストを理解・評価しながら読む力」の育成のために、1目的に応じて理解し、解釈する能力の育成、2課題に即応した読む能力の育成、の二点から目標を以下のように設定した。
（1）目的に応じて理解し、解釈する能力の育成
①主人公が他の登場人物との関わりの上で成長していく構造をとらえ、自分の体験や他教科で学習した内容と重ねて読むことができる。
②立松和平の語録集を読み、作者の表現意図を探ることができる。
③成長や命を表す言葉や文を分類し、海の命を表しているものについて話し合い、自分の考えを深めることができる。
（2）課題に即応した読む能力の育成
④自然や命をテーマとした関連図書を読んだり、同一作者の本を読んだりして、自分の考えを深めることができ

る。

⑤グループで決めた立松和平の他の本を中核教材と比べて読み、その本の主人公の成長や命を表す言葉や文に線を引き、言葉のもつ意味を考えることができる。

⑥グループ内で発表する観点を分担して、読書発表会をすることができる。

二　対象とするテクスト――立松和平「海の命」光村図書・絵本『海のいのち』（ポプラ社）

本教材は、平成四年に出版された絵本『海のいのち』（ポプラ社）が出典になっている。内容としては、主人公である太一の生涯を物語っている。舞台は海で、祖父、父親との関わりで村一番の漁師になるまでのことが中心に描かれている。作者や自然に関する本を幅広く読み、紹介していくことに展開しやすい。

構成は六つの場面から成り立っている。太一の少年、青年時代から大人、壮年になるまでの姿が描かれ、最期の場面は昔話のように締めくくられている。数十年の時間が経過しているので、読者の読みに委ねる部分も多い。

その他に『山のいのち』（立松和平作、伊勢英子絵、ポプラ社、平成三年九月）、『街のいのち』『川のいのち』『田んぼのいのち』（立松和平作、横松桃子絵、くもん出版）を対象とする。

三　本単元の指導計画（全七時間）

①海の命とは何かを語り合い、学習課題「立松和平の本を紹介し合おう」を設定する。

②「海の命」を読み、太一の成長を中心にして物語の全体構造をとらえる。

③太一を成長させたものや命を表す言葉や文に線を引き、言葉のもつ意味を考える。
④成長や命を表す言葉や文を分類し、海の命を表しているものについて話し合う。
⑤立松和平の語録集を読み、グループで決めた立松和平の他の本を中核教材「海の命」と比べて読む。
⑥他の本の主人公の成長や命を表す言葉や文に線を引き、言葉のもつ意味を考える。
⑦立松和平の本の読書発表会をする。単元全体の感想を書く。

全七時間の中で、比べ読みをする時間は、主に五―七時間目になる。

第二項　一単位時間における比べ読みの実際――成果と課題――

五―七時間目を取り上げ、考察しながら【成果】と【課題】を挙げていく。

一　各グループごとに立松和平の他の本を読み、「〇〇の命とは何か」について考え、話し合いをする。

五・六時間目は、二次の学習を生かして、六グループ（五、六人）での学習を中心にした。各グループごとに「〇〇の命とは何か」について考え話し合いをした。二つの「川グループ」の話し合いを基に考察する。

【成果1】以前の学習と連続する比べ読み

［Aグループの話し合い］A児は「川の命とは、悟たちが遊んだり釣りをしたりしている川自体だと思う。川で遊びながらも成長してすごく変わっていくように見えた。仲のいい友達になったのも川のおかげだと思った」と発言した。その後、B児が「僕も川そのものだと思う。川はそこに住んでいる生物によって支えられ、命があるから」と類似した意見を続ける。川の命を、「川自体」ととらえているA児と「川そのもの」ととらえているB児には同じ思いが流れている。既習事項として、「海の命を、海そのもので、海という場所があるからこそ生きていける」という話し合いがあったからこそ出された意見である。「海の命」と『川のいのち』をつなげて考えている。

C児は、「自然の恵みを愛した雄二と悟の気持ちだと思う。雄二たちが出会った植物や虫は自然がなければできなかった。二人の出会いも自然があってこそだと思う。自然と人のどちらかが欠けても何も生まれないと雄二たちも思っていると思う」と発言した。「海の命」での与吉じいさの「海の恵みだからな」と関連付けて発想している。D児は、「世界中の地上の命が植物にあるんだと思う」という意見を続けた。これは直前に、「立松和平命の語録集」を読んでいたことと関連付けている。立松和平の言葉には、地球規模な巨視的な視点で、自身の自然観が直接に表している。その考えに刺激を受けていることが分かる。

「魚の気持ちにならなければとても魚は釣れない。悟たちはどんどんその気持ちになっていった」と発言したE児は、釣りをする自分の体験と関係付けて考えていた。

A児たちの発言は、「海の命」で学習したことを生かしたものだった。直接「海の命と比べて―」と言う発言はなかったが、比べて読んでいる一つの形と言える。以前学習したテクストの作用は次の時間にも継続していく。

【成果2】「海の命」と『川のいのち』を類比的にとらえ、自分の考え（命観）を広げることができる

［Bグループの話し合い］F児は、「川の命とは『海の命』と同じで川そのものだと思う。川がないと、川で遊ぶこともできないし、。悟と雄二も友達じゃなかったかもしれない」と発言した。「川」を「海の命」の「海」と同じようにとらえ、川と登場人物の関係を重視していることが分かる。「好きな釣りもできないから」という発言は、「海の命」での潜り漁と重ねている。

G児は、「みんなの命だと思う。それは、みんなが泳いだり遊んだりするから」と、川と子どもの遊びの重要性を考えている。H児の「悟・真人・雄二を育ててくれたもの。川というのは、子どもたちが一番喜ぶもの。悟たちを成長させた一つの家族だと思う」という意見は、「子どもたちが一番喜ぶもの」と大事な遊び場として考えていることがH児と共通している点である。「悟たちを成長させた一つの家族」というとらえ方は、前時の「太一を成長させたもの」という学習課題で学習した経験が生かされている。

「三人の思いだと思う。川はいつまでもみんなから愛されていると思う。川もみんなを待っていると思う」と言ったI児は、逆方向からの思考である。これまでの意見は、登場人物に視点を置き、発言することが多かった。「川もみんなを待っている」と川に視点を転換して発言しているのは、複眼的な思考で比べ読みの影響であるのかもしれない。

J児は、これまでの友達の意見を受けて、「水と魚とツバメの関係。二人の心は川のように育っている」と展開した。これは、Aグループの D児と同じように、「立松和平命の語録集」を読んで、食物連鎖の語録と関連付けていると考えられる。二人の心と川に例えているのは、川という自然と人間を一体に考えているところから生まれたのであろう。

「海の命」を単独で扱った授業では、海という自然を中心に考え発言することもあったが、『川のいのち』と比べて読んだことで、より人と自然との結び付きや共生関係をとらえることができた。「海の命」では、祖父―父―子と受け継がれる命を論点として考えることも大きな位置を占めた。例えば、その論点で読んでいた子どもは、「海の命」だけしか読んでいないと仮定する。再読することで受け継がれる命について、自分の考えを深めることはできても、広がりにくい面がある。その読者が『川のいのち』を読むことによって、読みのパラダイムが大きく広がっていく。受け継がれる命だけではなく、川や海そのものが命であること、自然界全てが命であることなど、考えが広がるのである。そのような効果が比べ読みにはある。共通点を見つけることで、作者がどちらとも取り上げている内容であることや言葉の使い方などを発見することができる。また、相違点を見つけることで、「海の命」では、三世代のつながりや死が描かれていることや、主人公の少年時代から壮年に至るまでの時間の経過があることが明確になる。『川のいのち』では、友達関係の深まりや、以前は子どもに身近であった虫とりのことが描かれている。登場人物の一夏の出来事だけが書かれており、時間の経過は緩やかである。

複数のテクストを類比的に、対比的に、対照的にとらえることで、読みは広がっていく。

二　各グループで分担して読書発表会をする。七時間目

七時間目の読書発表会では、登場人物、性格・人柄、粗筋、気に入った部分の朗読、主人公を成長させた大事な言葉、「〇〇の命」とは何か、「海の命」と比較して、を発表内容とし、その中から選択して発表するようにした。その内容は、どのグループも「海の命」の学習を効果的に生かしたものであった。

［Aグループの読書発表の内容］

　川であまり遊んだことのないぼく。この本を読んで川で遊びたくなりました。ぼくたち「川グループ」は、『川のいのち』の「登場人物の性格・人柄」「気に入った部分」「成長させた言葉」「川の命とは」「『海の命』と比べて」の五つの観点から発表します。

【登場人物】は、雄二と悟と真人です。雄二ははっきりしていてがんばりやです。悟は中途半端な所があります。真人はずかしがりや。理由は、雄二は「川の淵に入りこいを手づかみする」ときっぱりと言っているし、川で遊ぶときは必ず潜る練習をするからです。（中略）

【粗筋】は、夏休みに雄二と悟はとんぼの観察、雄二は釣りもします。ある日、二人は釣りをしているとき、真人に釣りの仕方を教えてあげます。でも下手で釣れません。（中略）

【気に入ったところ】は「気持ちを集中させます。水の流れる音が響いていました。オニヤンマが線になって空中をすばやく走ったと思った一瞬、悟は網をふりました。柄を握る手の中に、重くて確かな衝撃がありました。なんと、網の中にはいっていたのは、小柄な黒っぽいツバメだったのです。おどろいたためなのか、ツバメは網に翼をからませて失神していました。目をつぶっている小さな命を、悟は両手でやわらかくつつみました。ツバメは温かくて、全身をひくひくふるわせています。悟の指にツバメのわずかな鼓動が伝わってきます」と言うところです。理由はツバメの小さな命のことがよく伝わってきたからです。（中略）

【成長させた言葉】は「雄二の狙っている大きなコイのいる淵」です。理由はコイがいないと雄二は潜る練習をしないからです。川の命とは、川にすんでいる小さな魚や虫たちだと思います。理由は雄二、悟、真人は生き物に教わったことがたくさんあるからです。

【「海の命」と比べて】似ているところは生き物が出てくるというところです。海の命ではクエなどで、『川のいのち』ではオニヤンマ、ツバメなどです。他にも目標を達成することが似ています。（中略）クエを詳しく書いてあるところやオニヤンマを詳しく書いてあるところもあります。「海の命」では「宝石の青い目」「一五〇キロはゆうに超えている」で、『川のいのち』では「金属でできたような黒い姿」などです。（中略）「海の命」と同じように好きな本です。海と川がつながっているように、二冊の本もつながっている気がしました。

【成果３】重要語句の表現の仕方に注目しやすい

どのグループも、読書発表の内容に、重要語句を適切に取り上げることができた点は同一作者に注目して比べて読んでいった成果と言えよう。特に、紹介したAグループの読書発表には、最後の「海の命」と比べてのところで、比べて読んだ成果が表れている。生きものが出てくるという共通点と「クエ」と「オニヤンマ」「ツバメ」が対照的であることをよくとらえられている。また、重要語句である「クエ」と「オニヤンマ」の多様な表現で工夫して表している。作者は重要語句を繰り返し使うときに多彩な表現を駆使することなどの共通性は、比べて読むことでより理解が深まる。

以前の学習で、クエを、「瀬の主」「青い宝石の目」「まぼろしの魚」など多様な表現をしていることに気付かせることで、作者の表現意図に迫ることができた。作者の表現の巧みさに気付かせることができたことがよい結果に表れた。また、優れた表現を視写することもよい。

【成果４】比べ読みの学習後の展開によい影響

比べ読みの後に読書発表会を設定したことで、比べて読んだ成果を生かし保証することができた。比べ読みが単独で行われるのではなく、その後の展開と連続して行われていることが理解できる。後の展開だけではなく、その前の展開とのつながりも大切にしないといけない。一―四時間目は、「海の命」を中心に学習した。その学習が充実することで、比べ読みの学習指導もより充実してくる。

【課題1】充実した並行読書のさせ方

比べ読み学習の前後の展開と同じように重視して位置付けたのは、並行読書である。並行読書とは、授業時間だけではなく、日常生活の中でも読書することである。並行読書の推進が、比べ読みをする子どもの意識の中に入り込まなければ、並行読書は子どもにとっていやいやながらする宿題と同じに停滞する。

【成果5】推薦図書の設定の効果

立松和平の本や図鑑を一〇冊は学級文庫に揃え、本単元の学習中に朝の会や授業の開始五分を使って、立松和平の作品を多く紹介する。そのことにより、同一作者に注目した読書活動を広げていくとともに、作者の思想にふれていくことも意図することができた。また、推薦図書を設定し掲示したことで、多くのジャンルにふれる機会が増え、自分なりの読みの幅も広くなってきた。単元を通して、子どもたちは平均九冊の本を読んでいた。

【課題2】関連図書などの環境整備と他教科との関連

作者や関連図書の準備など、さらに充実した読書環境が整えられていたら、違った質の読書生活を送っていたのかもしれない。また、他教科の学習と有機的に関連させることで、学習内容を充実させることができたであろう。

【成果6】単元後への発展――読書感想文への影響――

シリーズに発展させて読むなど、作者に注目して読む姿が多くなった。また、教科書に出てきた作者の作品を、好んで読んでいた。同一作者の注目したことで、その後、弱肉強食、食物連鎖などの観点で比べて読めるようになった。また、『ハードル』『ハッピーバスデイ』の読書感想文を自分の生活と比べながら書くことへも発展していった。

【課題3】子どもの意欲と並行読書に頼る指導計画

単元中、子どもの意欲に助けられた形となった。全七時間では、少し無理のある計画になり、子どもが並行読書を進めていなかったらこのような成果は望めないであろう。

三　学習資料

【成果7】全体構造をとらえやすくするように

全体構造がとらえやすいワークシート（前頁）や学習の手引きを工夫したことで、思考の仕方を学ぶことができた。「海の命」のときも『川のいのち』のときも、共通したワークシートを使用した。良い点は前の学習が生かしやすいことである。

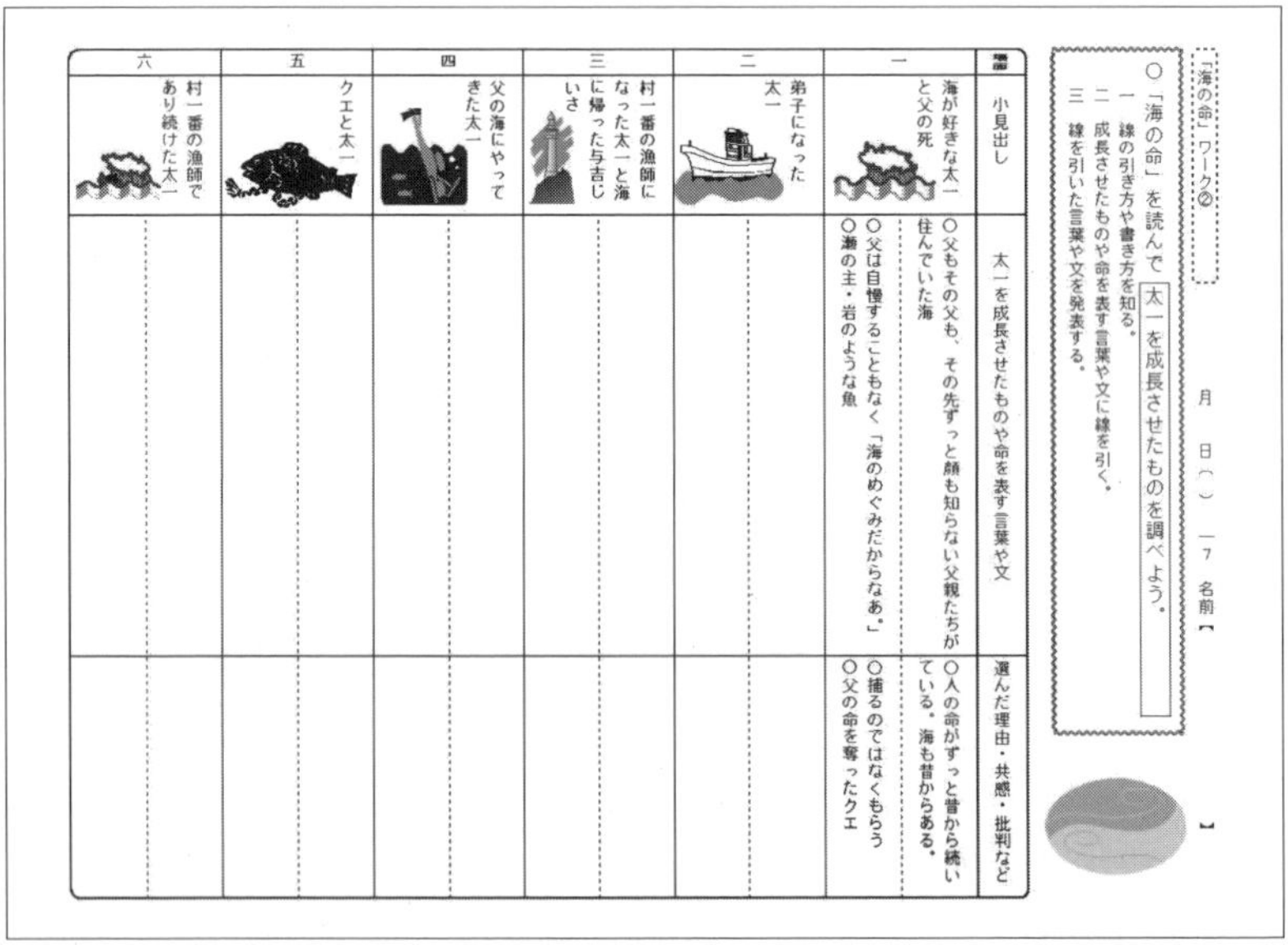
「海の命」ワーク②　　月　日（　）　一７　名前【　　】

○「海の命」を読んで 太一を成長させたものを調べよう。
一　線の引き方や書き方を知る。
二　成長させたものや命を表す言葉や文に線を引く。
三　線を引いた言葉や文を発表する。

場面	小見出し	太一を成長させたものや命を表す言葉や文	選んだ理由・共感・批判など
一	海が好きな太一と父の死	○父もその父も、その先ずっと顔も知らない父親たちが住んでいた海 ○父は自慢することもなく「海のめぐみだからなあ。」 ○瀬の主・岩のような魚	○人の命がずっと昔から続いている。海も昔からある。 ○捕るのではなくもらう ○父の命を奪ったクエ
二	弟子になった太一		
三	村一番の漁師になった太一と海に帰った与吉じいさ		
四	父の海にやってきた太一		
五	クエと太一		
六	村一番の漁師であり続けた太一		

【課題４】 発見のある学習資料

しかし、もっと工夫して、子どもが書きたくなるような発見のある学習資料の作成が必要である。そのことが悪い点である。子どもが発見できるような、授業がおもしろくなるような、役立つワークシートなどの学習資料の工夫を図りたい。

第三節　比べ読みの単元開発

本節では、小学校で実際に授業をするときに活用できるように、比べ読みの単元開発に取り組む。比べ読み学習指導は、理論だけにとどまらず、実践に結びつかなければこの研究の意義は薄れる。これまでの考察から、①比べ読みのためのテクストづくりが必要であること、②読むときの観点の自発的な発見を比べ読みは支援すること、が明らかになった。

第一項　比べ読みのテクスト開発

単元の種の中から、比べ読みに関するものを前項で挙げた。ここでは、文学テクストと説明的文章に分けてテクストをどう組み合わせて、どんな観点で読んでいくのか、開発をする。全部で二五開発をし、低・中・高学年に分けて整理する。当初は、文学や説明的文章以外にも、新聞や雑誌など、幅広く開発していく予定であったが、新聞や雑誌は、その時や場に大いに影響することや新しさが大事な視点でもあることから、ここでは対象としなかった。

	低学年	年
文学テクスト	1【同一作者のシリーズ】○反復構造をとらえる。 なかのひろたか『ぞうくんのさんぽ』『ぞうくんのあめふりさんぽ』福音館書店 2【同一作者のシリーズ】○主人公と副主人公のかかわりの違いをとらえる。 加古里子『だるまちゃんとてんじんちゃん』福音館書店、二〇〇三年三月『だるまちゃんとてんぐちゃん』 3【登場人物が同じ】○登場人物が同じ歌であっても、詩の内容が全く違うおもしろさを味わう。○オノマトペのイメージの違いを楽しむ。 童謡「はと」と「はとぽっぽ」を比べて読み、歌う。 4【言語事項】○比べ読みの基礎を養う。 短文の比べ読み	8【同じ訳者】○訳の仕方で作品が変わることを実感する。訳者の違う本を読んで比べる。 9【登場人物が同じ】○自分の登場人物のとらえ方を見つめる。 ユージーン・トリビザス『3びきのかわいいオオカミ』冨山房一九九四年五月一八日、と『3びきのぶた』と比べ読みをする。
説明的文章	5【同一筆者のシリーズ】○一冊の科学絵本の中で、常にありと何かの部分を比べる。足・触覚・目・口・腹・羽・昆虫の体など。 得田之久『みてみよう――こんちゅうのからだ――』福音館書店、一九七七年四月 6【同一か似ている対象】○自分に視点を転換している「わたしね、―」という一人称視点の書き方を学ぶ。 アンジェラ・ロイストン『―ほーら、大きくなったでしょ―あひる』評論社、一九九二年一一月、『―ほーら、大きくなったでしょ―うさぎ』評論社、一九九二年一二月 7【同一か似ている対象】○似ている対象の取り上げられている内容の違いに気付く。 「犬」と「ねこ」を比べる。	13【同じ対象】○　違う筆者が同じ対象であるあめんぼについて書いた説明文を比べて読む。 高家博茂ぶん　横内襄え『あめんぼがとんだ』新日本出版社、一九九一年一〇月、吉谷昭憲さく　立川周二監修『みずのうえでくらすむしあめんぼ』福音館書店、一九九二年七月

中学

10【同じテクストの感想文】○同じテクストを読んでも一人一人とらえ方が違うことに気付く。

感想文（『ガンピーさんのふなあそび』『ガンピーさんのドライブ』）を比べて読もう。

11【同じテクストの粗筋】○時数によって粗筋が変わってくることに気付く。
あらすじコンテスト「二つの粗筋」

12【同一作者】○テクストのつながりをとらえる。

『花さき山』『三コ』『八郎』（斉藤隆介作、滝平二郎絵）のつながりを考えて比べて読もう。


17【原作とダイジェスト】○テクストの成立過程の違いに気付き、要約の仕方を学ぶ。

原作とダイジェスト版を比べてよむ。


18【同一テクスト】○語り方によって、内容が全然違ってイメージできることを実感する。

語りの比べ聞きをする。


19【比べ読みのテクスト選択】○自分で比べて読むテクストを選択する

14【似ている対象で取り上げている観点が同じ】○目次構成と内容の対応を比べる。

なかのひろみ『イヌのいいぶん　ネコのいいわけ』福音館書店、一九九八年二月

15【似ている対象の広がり】○犬科・猫科まで広がる共通性に気付く。　ガリマール・ジュネス／パスカル・ブールゴワン『猫（ねこ）』リブリオ出版、一九九二年四月、『犬（いぬ）』リブリオ出版、一九九二年四月

16【似ている対象】○違う世代の七人が一〇歳の時の思い出を語り、それを聞き手が書き、まとめている。自分が一〇歳のときと親が一〇歳のときを比べて書く。聞き書き。

聞き手高橋幸子、絵西村繁男、写真大木茂『10才のとき』福音館書店、一九九一年四月

21【似ている対象の取り上げている観点の違い】○筆者の認識が明確に出ていることや、動物の形容の仕方、対決させること、点数をつけて勝敗をはっきり出していることをとらえる。

イザベル・トーマス『動物ガチンコ対決　百獣の王ライオン対密林の王トラ』すずき出版、二〇〇七年月、イザベル・トーマス『動物ガチンコ対決　大海原の暴れ者サメ対知能ハンターシャチ』すずき出版、二〇〇七年月、など。

高学年	これまで一年間、読んできた本の中から比べて読む本を選ぼう 20【メディアの違い】○小説・映画・テレビ二時間ドラマ・舞台・（テレビ連続ドラマ）の違いを楽しむ。 『眉山』の小説・映画・舞台・ダイジェスト版（徳島の中学生向き）○同一題材の映画の違いを楽しむ。 『阿波の踊り子』と比べて見る。	22 他の観点を考えさせる。「動物対決、どっちが勝つか、自分で組み合わせて読もう」他の動物を比較して説明する。動物を調べて書く。 23【似ている対象の説明の違い】○仕事の説明の違いをとらえる。 羽豆成二監修『21世紀こども百科しごと館』小学館、二〇〇六年一月 大工と建築家の仕事、どうちがうの？一一の仕事を比べて読む。 24【原作と要約文】○テクストの成立過程の違いに気付き、要約の仕方を学ぶ。 要約文と本文を比べて読む。 25【比べ読みのテクスト選択】○自分で比べて読むテクストを選択する。○これまで一年間、読んできた説明的文章の中から比べて読む本を選ぶ。○これまで読んだ説明文を比較して読む。その中から二つ選んで比較して読む。

第二項　比べ読みに生かす学習資料開発

比べ読みのテクスト開発をしたものの中から一点ずつ、各学年に応じて比べ読みテクストを含めた学習資料を作成した。

第一学年　童謡「はと」と「はとぽっぽ」を比べて読み、歌う。

一年生の子どもたちが比べて読むことができるように、身近な鳥「はと」を題材とした。音楽と合科にして学習することもできる。題名の意外性やオノマトペのおもしろさに気付かせるようにする。

第二学年　簡単な説明的文章「犬」と「ねこ」を比べて読む。

二年生では、身近な動物「犬」「猫」を取り上げた。日記風に書き、親しみやすいようにした。

第三学年　『ガンピーさんのふなあそび』と『ガンピーさんのドライブ』を比べて読む。（省略）

同一作者のシリーズものである。第三章で取り上げているテクストなので参照されたい。

第四学年　『あめんぼがとんだ』と『みずのうえでくらすむしあめんぼ』を比べて読む。

同じ対象を取り上げ、違う筆者の説明文をテクストとした。

第五学年　感想文（『ガンピーさんのふなあそび』『ガンピーさんのドライブ』）を比べて読む。

感想文を取り上げ、評価しながら読めるようにした。自分が感想文を書くときにも参考にできる。

第六学年　大工と建築家の仕事がどうちがうか分かるように比べて読む。

二つの仕事を分かりやすく説明している。将来の夢を語り、説明するときに使える。

あれ、どっちが「はとぽっぽ」

「はとぽっぽ」のうたを　うたったことは　ありますか。
では、「はとぽっぽ」を　うたってみよう。
上と下のしは、どちらが　「はとぽっぽ」なのかな。

1年　くみ　なまえ
学《がく》しゅうした日　月　日　よう日

二つのしに　だいめいを　つけてみよう。
どっちが　すきになったかな。
くらべて　よんで、きづいたことを　かいておこう。

はと（空欄にしておく）
さくし：わからない

ぽっぽっぽ
はと　ぽっぽ
まめが　ほしいか
そら　やるぞ
みんなで　なかよく
たべに　こい

ぽっぽっぽ
はと　ぽっぽ
まめは　うまいか
たべたなら
いちどに　そろって
とんで　ゆけ

きづいたこと

（れい）だいめいが　にている

はとぽっぽ（空欄）
さくし：ひがし　くめ

はと　ぽっぽ
はと　ぽっぽ
ぽっぽ　ぽっぽと
とんでこい
おてらの　やねから
おりてこい
まめを　やるから
みなたべよ
たべても　すぐに
かえらずに
ぽっぽ　ぽっぽと
ないてあそべ

【第二学年】

2年　組《くみ》　名前《まえ》【　　　　】
学《がく》しゅうした日　　月　　日　曜《よう》日【　　】

くらべっこして読《よ》もう

本をくらべて読んだことはありますか。くらべて読むと、どんないいことがあるのだろう。まず、上の「犬」と下の「ねこ」を読みくらべてみよう。おや、とり上《あ》げていることがにているぞ。その文しょうが何をせつ明しているのか、はっきりわかるね。

では、二つの文しょうは、何について書かれているのか［　］に書いてみよう。①は同じで、③はちがうね。自分が何かをせつ明するときに、何をとりあげるか考《かんが》えてみるといいね。

犬

①わたしの家《いえ》に、犬が生まれたよ。生まれたときは、目が見えないよ。耳も聞《き》こえないんだよ。

②犬は、三しゅう間《かん》たったら歩《ある》けるよ。たんけんだってできる。

③犬のはなは、少《すこ》しぬれているよ。犬は、そのはなでにおいをよくかいでいる。

④ときどき、犬をさんぽにつれていくよ。すると、犬は、こうえんで思《おも》いっきり走《はし》ってあそんでいるよ。

⑤犬が大きくなると、子どもをたくさん生むよ。

書《か》いてあること・くらべること

（れい）生まれたこと　目　耳		（れい）はな・つめ		

やってみよう…

ねこ

①ぼくは、生まれたばかりのねこをもらったんだ。かわいいよ。でも、まだ目も見えないんだ。耳も聞《き》こえない。

②ねこは、四しゅう間《かん》たったら歩けるんだ。たんけんだってできるんだ。犬がいてもこわくない。

③ねこのつめはぶきになるんだ。つめをひっこめると足のうらのクッションがかつやくする。ねこは、高《たか》いところにも、のぼれるんだ。それはつめのおかげさ。

④もう一ぴきのねこがやってきて、いっしょにじゃれあってあそんでいる。

⑤ねこが大人《おとな》になったら、一どに六ぴきぐらい子どもをうむんだ。とてもたのしみ。

ほかの本もくらべて読んで、はっけんしよう

説明するために比べて読もう

月　日　曜日　4年　組　名前【　　　　】

あなたが、あめんぼをしらない三年生のともだちに、あめんぼがどんな生き物かを説明するとします。
では、あめんぼについて書かれた二つの文章を読んでみよう。

比べて読んでいると、何かに気づきませんか？
そうですね、二つの文章の特ちょうが見えてきませんか。
何について書かれているのか、書かれていないのか。
筆者は、どういう組み立てで説明しようとしているのか。

1　どちらを使って説明したいかな。

（　）①「みずのうえでくらすむしあめんぼ」
（　）②「あめんぼがとんだ」
（　）①と②のりょうほう

それはどうして？

（　　　　　　　　　　）

自分の目的や関心に合わせて、読んでみよう

①　みずのうえでくらすむし　あめんぼ

（一部省略）
吉谷昭憲《よしたにあきのり》

ここは家の近くの公園。夏の暑い日ざしが、池をてらしている。おやっ、水の上で何かが動いている。

あめんぼだ！わあ、たくさんいるいる。あめんぼは水の上をすべるように動いている。

あっ、水の上に小さな虫が落ちてきた。あめんぼは落ちてきた虫を前あしです早くつかまえた。

そして、とがった口でさして食べ始めた。そうか、小さな虫はあめんぼのえさになっているんだ。

あめんぼをつかまえて、もっとよく見てみよう。ややっ！あめんぼは　すばしこい。とても手ではつかまえられないぞ。

そうだ、あみですくってみよう。あれれ、ぜんぜんつかまらない。よし、それなら・・・

②　あめんぼがとんだ

（一部改略）
高家博茂《たかいえひろしげ》

川のそばに、水たまりのような池がありました。水草に小さな卵がついています。いったい何の卵でしょう。

おや、卵のからを通して、小さな点が二つ見えますよ。卵のはしに、切れ目が入りました。しばらくすると、そこからえびのようなものが、顔を出しました。

さあ、早く。やごやげんごろうに見つからないうちに、出ておいで。

体がからからぬけ出ると、それはスーッと水面にうかびました。目《め》が赤く、体が白いあめんぼのたん生です。

そよ風がふいても、魚がはねても、水面はゆれます。小さなあめんぼにとっては、大波のようです。波に負けないよう、しっかりあしをふんばって、泳いでごらん。

※左頁省略

【第五学年】

友達の感想文のよいところ、見つけた

学習した日　　月　　日　　曜日

今日は、月に一度の四年生との勉強会です。今回は、二人の四年生が『ガンピーさんのふなあそび』の感想文（350字程度《ていど》）を書いてきました。この勉強会では、友達の書いたもののよいところを見つけて、ほめるのがルールです。

五年生のあなたは、二人の四年生の感想文を読んで、どんなよいところを見つけられるでしょうか。
二人に共通するところに赤線を、それぞれのいいところには、青線を引きましょう。

さあ二人の感想文を読んでみましょう。
どちらから読んでもいいですよ。

どちらもすき

四年　山田　のりひろ

この本を読む前は、ガンピーさんという名前が変だからおもしろくないのかなあと思っていました。しかし、読んでみると、なんか本にすいこまれそうな感覚《かんかく》になりました。それは、動物たちがたくさん船に乗ってきて、川に落ちるハプニングがおきたからです。その後に読んだ『ガンピーさんのドライブ』でも動物たちがどんどん乗ってきてハプニングがおきました。

二さつを比べて読んでみて、どちらもどきどき、はらはらしました。それでも、ハプニングがかいけつしてほっとしました。ガンピーさんは、帰るときには、いつも「またいつか乗りにおいでよ。」と言ってすごくやさしいなあと思いました。

どちらの本も読んだから、よく分かりました。ぼくは、どちらの本もすきです。

◇ここが…◇自分のことを書いているかな。
ポイント…◇会話文をどう使っているかな。
◇ほかの本と結びつけているかな。

二回読むと、
よく気づくかもしれませんね。

たすかってよかった

四年　川井　みく

ガンピーさんたちが船から落ちたとき、わたしはどうしようと思いました。それは、昨年、わたしもカヌーから落ちてしまったからです。そのときは、すぐたすけてもらったからよかったけれど、カヌーと川がこわくなりました。たすけてくれたおじちゃんは、ガンピーさんのようです。

事件《じけん》がおきたとき、わたしは「がんばれ、たすかって、おねがい。」と心の中で、ガンピーさんと動物たちをおうえんしていました。だから、自分たちで泳いで岸まで上がってよかったです。

『ガンピーさんのドライブ』とにているのは最後の終わり方です。ガンピーさんが、動物たちにおこらないで「またいつか乗りにおいでよ。」と言うところです。ガンピーさんがいてくれて動物たちは心強いと思います。

やってみよう

○友達の作文や感想文のよいところを見つけながら読んでみましょう。

○気づいたことをメモしながら、比べて読んでみましょう。

説明するために比べて読もう

五年生の友達が、「大工と建築家って同じだよね」と言っています。本当にそうなのかな。ちがうような気もするけれど、どうちがうかはっきり分かりません。

二つがどうちがうか、説明するとします。どう説明しますか。

6年　組　名前【　　　　　】
学習した日　　月　　日　　曜日

では、二つの文章を読んでみよう。

比べて読んでいると、何かに気づきませんか？

そうですね、二つの文章の特ちょうが見えてきますね。

何について書かれているのか、書かれていないのか。

筆者は、どういう組み立てで説明しようとしているのか。


自分の目的や関心に合わせて、読んでみよう

① 大工《だいく》　（一部改略《いちぶかいりゃく》）

木を切って、けずって、組み立てて家をつくる仕事です。日本では縄《じょうもん》文時代から木の家がつくられ、奈良時代にはすでに大工というよび名がありました。日本の伝統的《でんとうてき》な仕事です。

大工用の設計図《せっけいず》をかく
大工は「板図《いたず》」とよばれる設計図を作り、木材の使い方や位置を決めていく。どこにどんな木材を使うか、完成を想像《そうぞう》しながら作る。

大工の仕事は木との対話《たいわ》
木材を手に入れたら、組み立てに向けて準備《じゅんび》を進める。家を支える木材に穴《あな》や出っ張《ぱ》りを作っておく。
木と木を組み合わせて骨組《ほねぐ》みを作る。

② 建築家《けんちくか》　（一部改略《いちぶかいりゃく》）

家やビルなどの建物《たてもの》をどういう形にするか、どんなつくりにするかを考える仕事です。

住む人や働く人の気持ちになって、い心地《ここち》がよく、働きやすい建物を頭の中でえがき、図面《ずめん》で表現します。

住む人と話し合いを重ねる
最初に、設計をたのみにきた人から、どんな家にしたいかを聞く。そのほかに、家族の年齢《ねんれい》や人数、ふだんの生活なども聞く。この先何十年もすむので、将来《しょうらい》どうなるかも考えに入れる。

頭と手を足を使って計画
たのみにきた人と計画を立てている間、建設予定地に行ってみる。日当たりや風通し、周りの環境《かんきょう》などを調べ、それに合ったデザインや家の中のつくりなどを具体的《ぐたいてき》に決めていく。

仕上げにはいろいろな職人が協力する

骨組《ほねぐみ》みができたら、かべ、ゆか、天井《てんじょう》となる部分に板の木材をはりつけていく。家の形がだいたいできたら、さまざまな職人に手伝ってもらい、細かなところを仕上げていく。

○　屋根《やね》職　…かわら工事を専門にしている。
○　内そう職…かべ、天井などの仕上げをする。
○　板金《ばんきん》職　…金属《きんぞく》の部分の取りつけをする。
○　たたみ職…たたみ作りから、しきつめるまで任される。

住む人に引きわたす

住み始めた人たちの笑顔を見れば、いい家を作ったと実感《じっかん》できる。

1　どちらの説明が分かりやすいかな。

（　）①「大工」
（　）②「建築家」
（　）①と②のりょうほう

それはどうして？

（　　　　）

やってみよう

比べて読んで、楽しかったかな。
これから本を読むときも、観点を決めて比べて読むといいかもね。

『21世紀こども百科　しごと館』小学館、二〇〇六年一月一日　より

設計図を用意する

計画が整理《せいり》できたら、設計図をかく。役所《やくしょ》に建築の許可《きょか》をもらうための資料や、工事の手配を進めるためのものになる。

工務店《こうむてん》や大工に引きつぐ

設計図が完成したら工務店や大工にわたし、建築工事が始まる。建設中も、建築家は計画どおりに進んでいるか、確認《かくにん》しに行く。

完成した家

完成した家を見届《みとど》けるまでが建築家の仕事だ。

2　二つの文章を比べてみて、説明しやすいように、にているところやちがうところを整理することにしました。どんなことがあるかな。まとめて書いてみよう。

にているところ

○
○
○

ちがうところ

○
○
○

ヒント…ここがポイント

◇　どんな仕事か一言で言っているところがあるよ。
◇　書き出しと終わりに気をつけて読もう
◇　筆者《ひっしゃ》の書き方にも目を向けよう

第四節　比べ読みの単元構想とアイデア

第一項　比べ読みテクストの単元構想

「小中学校教育課程実施状況調査」の考察で比べ読みの学習指導がうまくいっていないことが明確になった。その原因として、「教師のテクスト開発の困難さ」を挙げげた。比べ読みをするためには、比べて読むためのテクストが必要である。しかし、教科書に掲載されているものはほとんどが一つのテクストである。そこで、教師は読書し、テクストを探さなければならない。ただ似ているから、同一作者のものだから、というだけでは十分ではない。したがって、テクスト開発の重要性が益々高まってくる。

ここでは、実際にテクストを開発し、単元を構成してみる。単元を構想し、構成するまでには以下の手順が必要になる。

1　日常生活の読書
↓
2　単元の構想
↓
3　仮のテクスト選択

4　テクスト開発を意識した読書
↓
5　テクストの決定
↓
6　テクストの配置決定
↓
7　単元の構成
↓
8　指導計画の立案

第二項　映画批評から書評へ転換を図る単元構想

一　文字、印刷メディアと映像メディア

比べて読む対象として、これまで、文学、説明的文章、伝記文を中心に述べてきた。今後は、メディアミックステクストを対象としてのテクスト開発や授業実践を視野に入れて、時代の要請に対応していくことが必要である。多くの授業実践を振り返ってみても、国語学習の中では、文字、印刷メディアが多く取り上げられてきた。が、多

様なメディアの中でも映像メディアが子どもに与える影響の大きさを考えると、正面から映像メディアを取り上げ、適切な学習指導が行われなければならない。

これらのことを考慮してテクスト開発を試みることにした。映像メディアと文字、印刷メディアを比べ、それぞれの特徴がとらえられるような単元の構想まで考えていく。

では、これまでそういう取り組みが行われなかったというと、そうではない。我が国では、メディア・リテラシーへの関心が、一九九三、四年頃から高まってきたようである。それに伴いメディアミックステクストを対象とした実践も行われているようである。

それ以前の取り組みとしても、滑川道夫が「映像文化と読書」「映像と読書的思考」[1]で述べているように、映像メディアを取り入れた学習の構想や実践が行われている。

> 文章と映像とが、それぞれ独自の機能を、主題の創出造型の目的のため相補的に生かし合っている。最近のすぐれたマンガ・劇画や絵本はすべてこの論理によっている。したがって、絵本であるから、マンガであるからということは、価値意識とちがったメカニズムの問題である。（中略）利用のしかたにふかくかかわっている。
>
> （『現代の読書指導』一八四頁）

二　活字メディアと電波メディアを読むこと

国語教育以外に目を向けてみると、メディアと読書について清水幾太郎は、一九七二年「マスコミ時代の読書」『本をどう読むか』において、代表的なマス・メディアの種類を次のように挙げている。

マスメディアといっても、いろいろな種類がある。差当り、次の六つを挙げてみよう。書籍、雑誌、新聞、映画、ラジオ、テレビ。どれも、私たちの精神生活に意識的に働きかけるものであり、使い方によっては、私たちの内面的成長に役立つものである。

（『本はどう読むか』一六〇頁）

「マス・メディアの種類と性質」の中で、この順序には、三つの意味があるように言っている。①メディアが出現した時間的順序、②各メディアに要する技術の高さおよび資金の大きさの順序、③メディアの難易度の順序、である。「活字メディアと電波メディア」の中で、清水はまず、自分の読書法とメディアとしての書物の特色を紹介している。

以前から、私はこういう癖を持っている。自分というものが書物に吸収されてしまうのが恐ろしいのである。本当に引き込まれて行ってよいのであろうか、面白がっていてよいのであろうか。疑問とか批判とか言うと大袈裟になるが、しばらくの間、私は立ち止まって考える。考えた上で、腹を決めて、再び読み続ける。私の癖を読者に勧めるつもりは毛頭ない。ただ、こういう癖が通用するところに、書物というメディアの、また、読書という行為の特色が現れているとは言える。

（同上書、一七四頁）

読んでいる途中、立ち止まって考えることを読書行為の一つの特色と考えている。
その後、読書と電波メディアとを比較しながら、次の四点からそれぞれの特徴を示している。

第一に、前に触れた通り、文字は頼りない抽象的なもので、一字一字を辿りながら、私たちには想像力を発揮して、それが指示するものを思い浮べねばならないものだが、つまり、リアリティの不足を私たちの努力で補わねばならないのだが、その反面、書物が圧倒的なリアリティをもって迫って来ると、しばらく読書を中止して、自分を確かめようとする。（中略）書物は、私が再び読み始めるのを静かに待っていてくれる。ラジオの音声やテレビの映像は、待っていてはくれない。
（同上書、一七五頁）

リアリティの不足を想像力を働かせて補う。努力をしないと読書はできない。想像力の働きかけこそ、両者の大きな違いである。また、自分を確かめるときに、読書を中止することができる。そして、静かに待っていてくれることが読書の特徴であると述べている。

第二に、人間をノック・アウトしたラジオやテレビは、そのまま、姿や影を消してしまう。（中略）私たちの手許に証拠を残さない。私たちは、それを吟味し批判する材料を持つことが出来ない。残るのは印象であり、印象は、吟味や批判の確実な材料にはならない。これに対して、書物は、植物のように、そこに立っている。何度でも読み直すことが出来るし、吟味や批判の確実な材料になる。要するに、書物の場合は、読書に多くの苦労が要るけれども、結局、私たちがメディアの主人であり、主人である私たちは自由を持っている。
（同上書、一七六頁）

何度でも読み直すことができること、吟味し批判する材料を持つことを読書の特徴としている。しかし、現在では、録音、録画機能が発達しており、テレビやラジオでも再生することができる。ただ、手軽に読み直すことができることは、やはり読書ならではのことであろう。苦労して働きかけるからこそ、メディアの主人にもなり、読書に関する自由を持つこともできる。

第三に、テレビにも泣きどころがある。映像として私たちに示されるものは、現に存在する物体的なものだけである。（中略）映像化されるのは、眼に見えるものだけである。眼に見えるものを生々と━というのは、受け手が想像力を働かせる必要もなく、余地もなく━示す点において、書物はテレビと競争することは出来ない。しかし、現に存在する物体でないもの、眼に見えないもの、過去のこと、未来のこと、これらのものについては、テレビは映像を与えることは出来ない。
（同上書、一七七頁）

眼に見えるものをありのままに表すことができるのが、テレビの特徴である。眼に見えないものを表すことができるのは書物の特徴である。両者の大きな違いの一つである。

文字の世界には、確率1から確率0までの沢山の可能性があるのに反して、テレビの世界には、確率1か確率0かのどちらかしか存在しない。
「……である」を1とし、「……でない」を0とすれば、文章の場合は、「……であろう」、「……であるかも知れない」、「……であるらしい」、「であるように思われる」……というような言葉で、1と0との間に横たわる多くの可能性を示すことが出来る。（中略）言い換えると、私たちの人間生活の隅々まで行き亘っている微妙なニュアンスを表現することが出来る。（中略）テレビは、1と0との間に横たわる広大な灰色の世界を示すことが出来ない。（同上書、一七九頁）

第四の特徴として、文章の多様な表現を挙げている。その表現によって読者は、イメージをふくらませ、多様な読みを経験することができる。テレビでは、微妙な世界を描くことは困難である。

マス・コミュニケーション時代に生きる私たちは、活字メディアと言わず、電波メディアと言わず、すべてのメディアの立体的な協力を通して、私たちの精神生活を高め豊かにするという条件を恵まれているのである。（中略）今までのように活字で説明するのがもともと無理であるような、物体的なものの再現まで引き受ける仕事からは手を引いて、これをテレビに任せることが出来る。

（同上書、一七八頁）

清水は、それぞれのメディアの特徴をとらえた上で、生活に生かし、高めていくことが私たちにはできることを述べている。目的に応じて、その場に応じて、自分でメディアを操ることが必要になってくる。

三　カナダ、オンタリオ州のメディア・リテラシーに学ぶ

海外に目を向け、カナダ、オンタリオ州の取り組みを調べてみると、「メディア・リテラシー」が学習指導要領「言語」の一領域であることに驚かされる。州で出している『メディア・リテラシー　マスメディアを読み解く』(2)の本にも詳細に説明してあり、取り組む上での大きなヒントになっている。

『メディア・リテラシー　マスメディアを読み解く』では、メディアの種類として、テレビ、映画、ラジオ、ポップミュージックとビデオクリップ、写真、プリント・メディア、クロス・メディア研究、をあげている。

その中から、映画を中心に取り上げ、実践構想を立ててみる。

ここでは「映画批評の書き方から読むことへ」と「テレビ絵本と物語の単元構想」について考えていく。

最初に『メディア・リテラシー　マスメディアを読み解く』の「映画」の項目を確認しておく。①概観、②映画について話し合ってみよう、③映画と社会、④映画批評、⑤映画の歴史とジャンル、⑥映画と文学、⑦いっしょにやってみよう、⑧実験映画／ビデオ、の八項目である。この中の④映画批評を参考にする。

四　映画批評の書き方から書評の書き方へ

『メディア・リテラシー　マスメディアを読み解く』には、映画の批評の仕方について、四つの項目で大変ていねいに書かれている。①映画批評の書き方入門、②最近の新聞・雑誌の映画批評をさがす、③見たい映画の選択、条件、④映画評論家によって書かれた文献、映画雑誌を照らし合わせて読む、である。

次の一の文章は、映画批評を書く意義として読むことができる。

一　映画批評を書いたり研究することは、きめ細かい読み込みやクリティカルな発想の重要性を理解するのに最も効果的な方法である。また、映画の楽しみを広げるためにもなくてはならない活動である。よい映画批評は映画の魅力を発見するためのプロセスである、と言えよう。

中でも、映画批評の書き方が分かりやすい。それは、本を批評する、書評を書くためにも応用できそうである。上の欄には、映画批評の書き方の観点をそのまま引用し、下の欄には、映画を本に変換したらどうなるかを筆者（船津）の考えとして示した。対象は、幼児から高校生までであり、その場に応じて取り上げるように工夫する必要がある。

[映画批評の書き方入門]

映画批評の書き方の観点	映画を本に変換した筆者（船津）の考え
文章の中身は…… ――タイトル。 ――映画の種類（ウエスタン、ミュージカル、コメディ、ホラー、ドラマなど）。	[書名] [本の分類（歴史・社会科学・自然科学・産業・芸術・文学）など]
――映画の内容またはストーリーの簡単な説明。 （例）○矛盾点の指摘 ○状況設定にふれる ○映画の長所・短所によっての全体評価 ○見る人の興味や信頼性にポイントを置く ○映画のテーマにふれる、要約は短く、分析やコメントを中心に	[本の内容、物語の簡単な説明] ◇矛盾点の指摘 ◇状況、場面設定 ◇本の好き、嫌いによっての全体評価 ◇読者の興味や関心にポイントを置く ◇本の主題にふれる、粗筋は短く、分析や解釈を中心に
――主演・共演男優、女優の名前と演じる名前は批評にまとめあげる。	[主人公の名前は必ず使い、批評をまとめ上げる]
――監督の名前。思慮深いコメントにまとめる。 ○流れはいいか?、 ○つなぎはスムーズか? ○一貫性に欠けているところはないか?	[作者の名前] ◇物語の展開はいいか ◇場面ごとのつながりはいいか ◇物語の筋は通っているか

○登場人物の行為はよくわかるか？ ○視覚的に楽しめるか？ ○ペースはちょうどいいか？ ○音楽は合っているか？ ○特殊効果は適当か？ ○映像のインパクトはストーリーの必要条件にマッチしているか？ ○監督は思いどおりの反応を観客から引き出しているか？	◇登場人物の言動は理解できるか ◇場面や様子が想像できるか ◇時間的な順序に無理はないか ◇効果音をつけるとすれば、何がいいか ◇非日常的な場面があるか ◇描写の仕方は物語の必要条件に合っているか ◇作者は、読者の想像力を豊かにしているか
——主演・共演俳優の演技に対するコメント。 ○信頼できる俳優かどうか？ ○演技はうまいかへたか？ ○演じている役柄はむずかしいか？ ○むずかしい役柄をそれぞれどうこなしているか？ ○他の映画と同じような演技をしている俳優はいるか？	［主人公や他の登場人物の言動に対する発言］ ◇魅力的な登場人物か ◇言動は自然か ◇登場人物の設定に無理はないか ◇登場人物は個性的か ◇他の物語に登場する人物に似ている人物はいないか
——映画の全体評価。 ○タイトルや書き出しの部分でもふれる。映画の良いところ、悪いところ両方を指摘。	［物語の全体評価］ ◇批評文の題名や冒頭でもふれる。物語の良いところ、悪いところ両方を指摘。

その他の内容として、

――プロデューサーの役割 ○制作費は高いか安いか？	［編集者の役割］ ◇物語完成までの時間と労力は大きいか、小さいか
――脚本と脚本家について ○その映画の脚本はいいか？ ○俳優たちの台詞は効果的か？ ○演技はうまくても、その台詞はインチキくさく、ぎこちなく大袈裟に聞こえないか？ ○ストーリーはいいか、一貫性があるか？ ○メロドラマっぽくないか？ ○観客の興味・関心をとらえているか？ ○ありふれたストーリーか？ ○まったく新しいパターンか？ ○小説や舞台の映画化か？	［台詞について］ ◇台詞はいいか ◇登場人物の台詞は効果的か ◇台詞に無理はないか、心理描写にリアリティーがあるか ◇互いの台詞が交響しているか ◇話が複雑で、情緒が勝ちすぎていないか ◇読者の興味・関心をとらえているか ◇よくある話か ◇新しい展開か ◇映画やテレビの小説化か
――同じ監督による他の有名作品との比較。	［同一作者による作品との比較］
――特殊効果、カメラワーク、サウンドトラック、編集、色彩になどに対するコメント。 映像の特徴	［場面設定や語り手の視点、心情描写、情景描写、行動描写に対するコメント。 描写の特徴
――映画の重要性についてのコメント。	［物語の重要性についてのコメント］

この後に続く、二から四についても一部を略してはいるが、引用しておく。

二　最近の新聞・雑誌の映画批評をさがしてみよう。（後略）
――批評欄を切り抜き、コピーをとる。
――その記事をひとつのコラムに仕立てあげ、記事の片側に文章が書き込めるようノートに貼る
――記事にざっと目を通し、主なトピックをどこで扱っているか探す。記事のなかに出てくるトピックひとつひとつに印をつける。記事のとなりの余白部分に矢印を引き、その箇所の要点を書く。
批評記事のトピックとして、チェックするものとしては…（後略、映画批評の書き方の観点がまとめて書かれている）

三　見たい映画を選ぶとき、新聞や映画広告、テレビＣＭなどのパブリシティが自分の選択にどう影響しているか考えてみよう。また映画を選ぶときの条件としてどんな要素が考えられるか、次のような点を考慮しながらみんなで話し合ってみよう。

映画批評、口コミ情報、スターの人物評、映画のタイプ、パブリシティーなど。

四　映画評論家、ポーリーン・カエルは『映画でなくしたもの』[3]でこう書いている。
「映画批評の役割は、作品中にあるべきものがない映画、あるべきではないものがある映画、あるはずのものがない映画、これらの違いがわかるように人々に手を貸すことである。作品について、目で見る以上のことを読み手に伝えることができるなら良い批評家と言えよう。さらに、作品に対する理解やフィーリング、情熱によって、読み手の心をとらえ夢中にさせることができたら、偉大な批評家と言えよう。」

映画評論家（ポーリン・カエル、アンドリュー・サリス、スタンレー・カウフマンなど）によって書かれた文献、映画雑誌のなかから、クリティカルな批評例を探し、上記のカエルの言葉と照らし合わせてみよう。

映画を本に変換する際に、変換しにくいものがあった。例えば、「プロデューサーの役割」である。「映画監督」を「作者」と変換したので、プロデューサーは、「編集者」とした。少し無理を感じる部分である。また、「脚本と

「脚本家について」もそうであった。本で言えば、倉本聰の『北の国から』シリーズなどがある。脚本を本として読む以外の場合、変換しにくい。そこで、脚本は台詞が中心になるので「台詞について」とした。細かい観点では、「特殊効果」の場合は、「非日常的な場面があるか」に、「メロドラマっぽくないか」は「話が複雑で、情緒が勝ちすぎていないか」に変換した。特に苦しまぎれだったものが「制作費は高いか安いか」を「物語完成までの時間と労力は大きいか、小さいか」にしたことである。「監督は思いどおりの反応を観客から引き出しているか」という観点は、とらえ方を変えて、「作者は、読者の想像力を豊かにしているか」と、読者優先に考えた。

では、映画を本に変換してみると、次のような観点で整理することができる。

これらを全て書評の中に入れる必要はない。そこで、必ず入れるものと、選択して入れるものとに分けてみる。

【必ず入れるもの】

［書名］　［本の分類］　［本の内容、物語の簡単な説明］　［主人公の名前］
［作者の名前］［物語の全体評価］　［物語の重要性］

【選択して入れるもの】

［主人公や他の登場人物の言動に対する発言］　［語り手の役割］　［台詞について］
［同一作者による作品との比較］［場面設定や視点、描写の特徴］

小学生に書評を書かせる場合、発達段階を考えて五年生以上を対象としたい。学年が上がるにつれて、観点も増やしていくようにする。

低学年においても、［書名］［本の内容、物語の簡単な説明］ぐらいにすれば、書くことができる。その際、時数で調節を図るなど、工夫する必要がある。

映画批評を書評に変換することで、両者の共通点と相違点がはっきりした。映画などの映像を使ったメディア・リテラシーの授業では、それぞれの特徴を教師がよく理解した上で指導にあたることが重要であろう。実際に記述する際には、モデル学習を充分に行わないと、書くことは容易ではない。それも複数取り上げるのが望ましい。一つであれば、その書き方にとらわれすぎることが考えられるからである。プロの評論家が書いたもの、子どもが書いたもの、どちらも紹介したいところである。

では、これまでのことを踏まえて、第六学年と第三学年を対象として、二つ単元を構想する。

五　単元　推薦図書の書評を書こう［第六学年］　構想例1

映画批評の書き方を、書評の書き方に生かすことができることが分かった。映画を本に変換することは、つまり、評価しながら読むことと言えるだろう。これは、「読解力向上プログラム」の「各学校で求められる改善の具体的な方向」の一つである「テキストを理解・評価しながら読む力を高めること」ととらえて考えることができる。それをさらに、三つの指導のねらいに分類している。

1　目的に応じて理解し、解釈する能力の育成
2　評価しながら読む能力の育成
3　課題に即応した読む能力の育成

（「読解力向上に関する指導資料」一六頁）

この中でも特に、二の「評価しながら読む能力の育成」を意識する。そのためには、様々な幅広い観点を教師がもっておかなければならない。前項で考察した書評を書く観点は、その参考になる。また、文章に書かれていることを鵜呑みにするのではなく、批判的に読むことに、「書評を書くこと」は直結する。では、どのような流れで学習ができるか考えてみる。対象は第六学年とする。

1 教師による二つの書評の読み聞かせを比べて聞き、それが何の本かを当てる。
↓
2 書評によって本のイメージが変わることを実感し、学習課題「書評を書いて、お薦めの本を紹介しよう」を設定する。
↓
3 中核教材を読み、書評を書く。
↓
4 中核教材に関連する本を選択し、その本の書評を書く。
↓
5 学級で全員分を書評集にまとめ、読み合う。
↓
6 書評集を使って相互評価し、学習全体を振り返る。

これは、大まかな流れとして考える。画一化することのないようにし、指導過程は豊かに構想したい。ここでは、メディア・リテラシーについての発表で、映画批評から書評へとつながっていることが確認できたので、詳しい単元構想は控えておく。次の二の「構想例2」で詳しく考えていく。

第三項　テレビメディアを生かして音読する単元構想

一　テレビ絵本の活用

物語が続々と映像化されている。それは、実写版であったり、アニメ版であったりする。できる限り絵本に近い形のものもある。それは、以前、「テレビ絵本」としてNHKで放映されていた。一九九一年から「母と子のテレビ絵本」（平日の七：三〇から七：四〇）としてスタートした。現在は、放送されていない。

元々の絵本のイメージを崩さないように工夫している。絵本と大きく違うところの一つは、画面や背景がアップになったりルーズになったりして動くところである（動かないものもある）。二つは、声を俳優などの著名人が担当していることである。三つは、効果音が数種類使われていることである。

では、これまでの代表作品と朗読者を挙げてみよう。

○　ルドルフシリーズ（朗読：毒蝮三太夫）
○　ペンギンたんけんたいシリーズ（中村梅雀）
○　あらしのよるに（中村獅童）
○　さるのせんせいとへびのかんごふさん（小堺一機）

○ごきげんなすてご（小林聡美）
○ちいさいモモちゃんシリーズ（奥菜恵）
○ふうたのまつりシリーズ（吉行和子）
○フンガくんシリーズ（熊谷真実）
○きょうはだれかな？シリーズ（藤井ゆりあ、海鋒拓也、桜井誉礼）
○ともだちシリーズ（余貴美子）
○□□にのってシリーズ（松本明子）
○ぞくぞく村シリーズ（長山藍子）
○つんつくせんせいシリーズ（石田ひかり）
○わにくんシリーズ（山口良一）
○ソクラテスシリーズ（三原じゅん子）
○えほん寄席（古典的な御伽噺を若手・中堅の落語家が演じる）

まず気付くのは、シリーズが多いことである。その理由として、子どもに人気があるもの（私は知らないものも多かった）、続きを楽しみにできること、などが考えられる。テレビで放映することもあって、話が続いているものが都合がよいということもあるのかもしれない。

この中からペンギンたんけんたいシリーズを取り上げ、テレビ絵本の特徴を生かして、音読する力を育成する単元を構想していく。音読する力とともに、映像メディアと印刷メディアとを比較して共通点や相違点に気付く力も育てるようにする。

ペンギンたんけんたいシリーズを取り上げる理由は、リズム感のある言葉が使われている、会話がおもしろい、最後に落ちがある、などである。シリーズの中でも、最初に出版された『ペンギンたんけんたい』を中核教材とし、紹介する。

『ペンギンたんけんたい』は、一九九一年に出版された。粗筋は以下の通り。——五〇頭のペンギンたんけんたいが南の島に来て、浜辺、草原、ジャングルへ行く。途中、ライオンやニシキヘビ、ワニに出会うが、目もくれずエンヤラドッコイと進んでいく。最後に会った恐竜を島の「見所」と大きな地図に表して看板として残して去る。残された動物たちは少しがっかりする。——

場所に目を向けてみると、南の島に来て、帰るということから、南の島を中心に物語が展開している。歩きながら「エンヤラドッコイ」と声を出している表現に目を向けると、歩きながら音読することもおもしろい活動として考えられる。子どもたちは、登場人物の動物になりきって、声を出すことができるであろう。

二　単元　絵本とテレビ絵本を読み比べて、テレビ絵本に合わせて音読しよう［第三学年］構想例2

1　テクスト

○斉藤洋『ペンギンたんけんたい』講談社、一九九一年
○斉藤洋『ペンギンしょうぼうたい』『ペンギンおうえんだん』『ペンギンサーカスだん』『ペンギンパトロールたい』『ペンギンおんがくたい』『ペンギンたんていだん』
○ＮＨＫエデュケーショナル、テレビ絵本『ペンギンたんけんたい』ＮＨＫソフトウェア

2　単元の指導目標

○　テレビ絵本の画面に合わせて読むには、どういう読み方をすればよいかを考えることができる。
○　映像と本を比べて読み、共通点や相違点に気付き、両者のよさを感じ取ることができる。
○　グループで協力して映像を生かした音読発表会をすることができる。

3　単元の指導計画（全七時間）

1　『ペンギンたんけんたい』のビデオを視聴する。『ペンギンたんけんたい』を通読し、ビデオとの違いを発表する。
2　『ペンギンたんけんたい』のテレビ絵本に合わせて音読し、音読の課題を見つけて、学習課題「絵に合わせて音読して発表しよう」を設定する。音読発表会のビデオを視聴して、学習計画を協議する。
3　『ペンギンたんけんたい』の絵に合わせて音読し、全体構造を把握する。
4　テレビ絵本を見ながら、音読の練習をする。
5　テレビ絵本を見ながら、音読の練習をし、相互評価をする。
6　音読発表会のシミュレーションをする。
7　音読発表会「テレビ絵本に合わせて音読をしよう」を行う。

4　発問の構想

発問を構想することによって、授業をイメージしやすいようにする。ここでは比べ読みを前面に出すのではなく、音読発表会をすることの中でできることを考えていく。『ペンギンたんけんたい』を中心に発問を四〇作った。

【読む前の先行知識・経験】

1　探検をしたことがありますか。

2　探検ってどんなことですか。

3　ペンギンたんけんたいシリーズを読んだことがありますか。

4　テレビ絵本を知っていますか。

5　ペンギンたんけんたいシリーズのテレビ絵本を見たことがありますか。

6　これまでどんな音読発表会をしてきましたか。

【表紙】

7　表紙を描き直すとしたらどんな絵にしたいですか。

【物語の内容把握】

8　副隊長はどんな仕事をしていますか。

9　双眼鏡を持っているのは誰ですか。

10　五〇人で一列になってリズムを取りながら音読しましょう。

【物語の内容把握（場所に着目して）】

11　ペンギンたちは、どこで活躍しますか。

12　ペンギンたちが通ってきた道を地図に書き入れましょう。

13　南の島はどれくらいの大きさでしょうか。

14 その道のどこで誰に会いましたか。

【自分の考え・評価】

15 あなたは、隊長、副隊長、副々隊長、隊員のどれになりたいですか。

16 あなたが隊長になったつもりで、つまずいたペンギンに一言。

17 あなたがつまずいたペンギンになって、隊長や他の隊員に一言。

18 あなたが他の動物になって、ペンギンたちに一言。

19 隊長、副隊長、副々隊長が、ときどき相談をしているとしたら、どんな話し合いになるでしょうか。

【物語世界の想像】

20 ペンギンたちは、普段はどんなことをしていると思いますか。

【テレビ絵本との比べ読み】

21 本とテレビ絵本を比べて、何がどう違っていますか。

22 本に載っているそれぞれの絵が、テレビ絵本のどこに使われているでしょうか。

23 テレビ絵本のどの場面が気に入っていますか。

【モデル学習を通して】

24 読んでいる人はどこを強く読み、どこで間をとっていますか。

25 読んでいる人の読み方でいいところを発表しましょう。

【シリーズ】

26 シリーズの中で比べて読みたいのはどれですか。

27 あなたがペンギン以外の動物に換えられるとしたら、どんな動物にしますか。

【音読発表会】
28　暗唱したい部分はどこですか。
29　目の前に何を思い浮かべながら読みますか。
30　登場人物を一人取り上げて一分で紹介してみましょう。
31　音読発表会で読みたい場面はどこですか。
32　音読発表会の役割分担をしましょう。
33　誰になりきって発表したいですか。
34　音読発表する場所をどう工夫（レイアウト）しますか。
35　ＢＧＭには何を使いたいですか。
36　友達の読み方でよかったところはどんなところですか。
【読書生活力】
37　どんな人に、この本を勧めたいですか。
38　家に帰って、一人四役になって音読発表会をしてみせましょう。
【表現】［発展学習］
39　夏休みに、テレビ絵本を作ってみましょう。
40　『ペンギン○○たい』というお話を書いてみましょう。

5　考察

比べ読みに関する発問を五つ作った。

「21　本とテレビ絵本を比べて、何がどう違っていますか」では、メディアの違いをとらえさせることが主眼である。「22　本に載っているそれぞれの絵が、テレビ絵本のどこに使われているでしょうか」では、両者を比べることによって絵の使われ方がどうなっているのか、考えさせる。映像メディアでは絵が大きな役割を持つので、絵を読むという視点でとらえさせたい。「23　テレビ絵本のどの場面が気に入っていますか」という発問は、一つのテクスト中での比べ読みになる。場面と場面を比べて見て選択しなければならない。「26　シリーズの中で比べて読みたいのはどれですか」は他のシリーズを読むということを勧めることになる。既に読んでいる子どもには、好きな箇所を音読させることもよいだろう。「40『ペンギン○○たい』というお話を書いてみましょう」は、発展課題である。比べ読みによって、シリーズの特徴をつかんだ後、類似したお話を創作させることをねらっている。

全体を通し単元を構想することで気付いたことは、メディア・リテラシーに関する授業は、それを前面に出して指導する場合と、各教科の中の一部として取り扱う場合とがある、ということである。「読むこと」におけるメディア・リテラシーと考えているのは、その一部として扱うという意図からである。

今後、どのようなリテラシーを身に付けていくべきかを、各校での協議の上、決めることが大切である。次に、それらのバランスを考え、年間指導計画に位置づけ、さらに、各単元、一単位時間と下ろして考えていく。

注

（1）滑川道夫『現代の読書指導』明治図書、一九七六年二月

（2）カナダ・オンタリオ州教育省編『メディア・リテラシー　マスメディアを読み解く』リベルタ出版、一九九二年一一月七日

（3）『映画でなくしたもの』（Pauline Kael, I Lost It at the Movie. New York: Bantam, 1965）

結章　比べ読みの研究の成果と今後の課題

第一節　比べ読みの研究の成果

本研究は、小学校における比べ読みの学習指導が、子どもの読みの力を高めるためにどうあるのか、子どもがどのように文章を比べて読んでいくのかを明らかにすることであった。本節では、五点の成果を挙げる。

第一項　三つの調査からの課題意識

第一章では、最近の国内外の調査を分析し、考察した。その結果、現在、比べ読みという読書行為が、子どもや教師にどう受け入れられているのか、明らかになった。また、教師は読解力をどうとらえ、子どもにどの程度、読解力が身に付いているのか、その一部を明らかにした。

国内の二つの調査から、比べ読みという読書行為を、子ども読者だけではなく、教師もが距離をおいていることが克明になった。その理由として、教師の比べ読みへの理解不足、複数テクストの開発の困難さなど、大きくは教師に原因があると言える。それに伴い、子ども読者は、比べ読み学習の成就感を味わえなかったり、比べて読む目的が不明確であったりする状況に陥る。比べ読みは、読みの力をつけるための有効な方法であるが、成就感や満足感を感じることなく比べ読みをすることは、かえってマイナスな状況を生むことがはっきりした。

比べ読み学習指導を効果的にするために、目的を明確にすることや、テクスト開発を工夫しなければならないことが分かった。

読解力についても同様なことが言える。まず、教師は、比べて読む力を含めた読解力を狭義にとらえることなく、読んだ後に書くことまで含めた読解力としてとらえる必要がある。調査であるから「書くことまで含めた」としたが、日常の学習指導では、「話すことまで含めた」という前提も必要である。

書くことまで含めた読解力と日常の読書生活との相関関係が密であることも調査からはっきりしたことである。読解力の分析を、生徒の背景にある読書生活との相関関係の上で行ったことで、生徒の実態に応じて、総合読解力の点数が変化することを見ることができた。学校においての学校図書館、学級においての学級文庫、家庭においての本棚、などの読書環境が与える影響ははかりしれないものがあり、子どもの読解力を左右するものである。成果と言うより、比べ読みや読解力について課題意識をもつことができたことが次の研究につながっていった。

第二項　読者主体の比べ読み学習指導

第二章では、読者と比べ読みの意義に焦点を当て、考察した。その結果、子どもが読書をすることで多様な楽しみを保持する読者になることを読書過程に沿って整理し、類型化することができた。その読者が比べ読みにおいて、どのように読み、反応をするのか、理論と実践を通して考察していった。

第一節では、読者主体について考えを巡らせた。「読者の権利」をダニエル・ペナックの考えを基に整理し直した。ペナックの「読者の権利」は、全てが必ず授業で使えるかと言えば、それには少し無理がある。そこで、全10ヶ条の深層の意味を探り、授業でも使える読者の権利を以下の通り二四ヶ条に整理した。「読書の権利二四ヶ条」と変換することも可能である。

【精神衛生】1安心して読む、2読まない日・時をつくり休んでよい、3途中で止めてよい、4読んだ後黙っている、【目的設定】5目的に応じて読む、6本の必要性を感じて読む、【選書】7本を選ぶ判断力、【時間に応じて読む】8時間を考えて読む、9飛ばして読む、10拾い読む、11最後まで読む、【読み方】12声に出して読む、13同化して読む、14再読する、15別の角度から読む、16確認のために読み返す、17再会の喜びを味わうため繰り返し読む、18親密さを試すために読む、【場所への拘り】19場所を選んで読む、【他者と読む】20読み聞かせする、21推薦者とともに読む、22慕っている人と読む、【本に親しむ】23好きな本を心に持つ、24苦手な本に挑戦する

読者の楽しみについては、井上一郎が調査して生み出した約二〇〇のものを、読書過程に沿って整理し直した。それを以下の一二の観点で文学と説明的文章に分けて再構成してまとめることができた。

【1　興味・関心】【2　音読・朗読】【3　読む】【知識・情報の増加】【5　思考】【6　話す】【7　聞く】【8　表現】【9　問題解決】【10　現実と非現実】【11　思い出】【12　学び方】

大村を入り口にして、読書論を読んでみて、自分の読書行為が狭いことを自覚し、読みのパラダイムが広がった。読書論は「論」としてだけではなく、考え方を子どもの指導にも役立てることができるという見直しが生まれた。

第二節では、比べ読み学習指導の意義について考察した。井上一郎と大村はまの比べ読みの意義、指導、比べ読みの対象、観点を比較し、分析した。

比べ読みの意義の共通点として、子ども、または読者の自己学習力の育成が図られることと、比べて読み、気付いたことを表現へ生かすという連続した流れを意識していることがある。それは、自己表現力と結合し、自分の表現を磨くことでもある。それぞれの特徴として、井上は課題探求力や思考力の育成になるとし、大村は、作品をつ

なぐ考えを持っている。

比べ読みの対象として、両者は、文学、説明的文章にかかわらず射程に入れている。例えば井上は、同じ題材で同じ筆者が目的によって書き換えたものや同じ題材で相違する筆者が書いたもの、目的や再話者が違う二つの民話、新聞紙上での同じテーマで反対の人の考え、物語の語り方、事件展開などを幅広く読む対象としている。随筆や粗筋を比べ、表現・創造・編集の行為モデルの開発もしている。大村は、福沢諭吉やシートンなどの伝記教材を読む際に、比べて読む方法をよく採っている。その目的は、批判的に読む態度を育てることが多いようだ。また、難しい話を読ませるときに、似た内容の易しいものを読ませていることも特徴だと言える。とりわけ、単元「表現くらべ」で隅田川の花火大会について、四社の新聞を比べて読ませていることも注目される。内容が生徒の身近であることや、教材の文字数、教師の着眼点など大変参考になる。

井上が先に挙げた、「6　同じ作者（筆者）の同じテーマの作品を比べる」例として、教科書に掲載されていた旧版「カブトガニ」と新版「カブトガニを守る」を比べて読む観点を見る。題名、筆者による焦点化、事実と表現（分類、生息分布、形・作り・大きさ、産卵・成長、進化の過程、現状と今後）、説明文の構造などを観点としていた。これらを比べることで、筆者の手によってどう書き換えられたか、どう精叙し、略叙しているのか、事実の何を取り上げているか、それをどう表現しているか、全体構造の共通点、などに気付くことができる。

大村は、「表現くらべ」において、①花火大会、②空模様、③人出、などの一八もの着眼点に気付き、これを授業の準備として持っていた。生徒に全て示していないということは、生徒の気付きを重視し、発見する喜びを味わわせたかったためであろう。自己学習力の育成、個に応じた指導がなされている。井上の二四の比べ読みの可能性にしても、大村の着眼点にしても、教師の準備が、比べ読みの授業を左右する。

比べ読みの実践を通した成果として、井上の場合、比べて読むことを指導過程に明確に位置付けている。比べ読みの対象や観点が詳細でそれらを生かして、比べ読みの教材開発をすることができる。また、ワークシートを工夫して文章を二段や三段に見やすくし、共通点や相違点などを発見できるようにしている。そうすることで、低学年でも十分に比べて読むことができるようにしている。ただし、細かな観点の何を重点的に、どの学年で育成していくかを考えていく必要がある。

大村は、学習の手引きを開発して、比べて読むことの学習を効果的に進めた。生徒は、その手引きをもとに、比べて読んでいく方法を身に付けていくことができたのである。それは比べて読む技術だけでなく、批判的に読む態度を身に付けたり、発見したりする力の育成にもつながった。

第三節では、比べ読みの機能や多様な読書行為とかかわりを考察した。一つのテクストの場合、読者とテクストの関係は、一通りの相互作用が起きる。それが、テクストが二つになり、比べて読む場合には、読者とテクストの相互作用は幾通りにも増大する。比べ読みをすることで、読書行為は多様になり、豊かさを増す。

様々な読書行為に直接関わる比べ読みは、読む目的や状況に応じて言語能力の育成に多彩に働きかける。また、比べ読みをすることによって、新たな目的が生まれたり、新しい発見があったりする。比べ読みの意義と、どうおもしろいのか、どう役立つのかについて、次の一四項目に整理した。【基盤】①複数で多様なテクストを対象とし、読者のコンテクストを広げる、【読書過程に沿って】②目的を持って比べ読みをする場合と、比べ読みによって目的が生ずる場合とがある、③テクスト選択の力に展開する、④筆者・作者を相対化する、⑤読みの観点を持つことができる、⑥表現様式を意識し、テクストの特徴を掴みやすい、【思考力】⑦自然に思考操作を行う、⑧客観的・多面的・総合的に考える、⑨批判力の基礎を養う、⑩表現者意識に立ち、情報を活用・発信することにつながる、【読書行為力・読書生活力】⑪多くの読書行為に結合する、⑫多くの読書生活に結合する、【読者主体】⑬読者として育ち、主体となる、⑭自己の読みをメタ認知できる、である。

第三項　比べ読みの反応の実態調査が与えるもの

第三章では、文学と説明的文章の両面から、子どもの比べ読みの実態を調査し、考察した。分析していくうちに、比べ読みの効果が分かり、子どもの発達のすじみちが見えてきた。また、文学テクストと説明的文章の場合で共通する部分と独特な部分とが明らかになった。

第一節では、調査テクストでもある『ガンピーさんのドライブ』を対象にし、テクストそのものがどのような作用を持っているのか、分析していった。筆者が一読者となって読み、主観的にかつ客観的に読みの可能性を開いていくことができた。

第二節では、二つの文学テクスト『ガンピーさんのふなあそび』『ガンピーさんのドライブ』を小学一―六年生を対象として、調査し、考察した。その結果、学年に関係なく気付くことと学年の発達段階に影響されることとが明確になった。その中で、六年生であってもほとんど気付くことができないことがあることが分かった。また、予備調査によっても、それは、大人の読みと子どもの読みの違いとしてとらえることができた。

調査の観点を、①登場人物の言動への関心、②物語の舞台・状況、③物語の展開構造、④作者・表現の仕方、と四点設定して分析した。「登場人物が同じ」という共通点に着目している総数は、全ての中でいちばん多く、登場人物への関心の高さがよく表れていた（全学年平均六三％）。これは、学年に関係なく多く、登場人物の持つ作用の大きさを実感した。感想の自由記述でも、主人公の人物像についての感想が多い。中でも「ガンピーさんは、みんなを乗せて行ったからすごく優しい」と記述している子どもが最も多く、ガンピーさんを優しい人だととらえている。学年による反応の差はほとんどなく、全学年平均で二〇％であった。

主人公の共通した台詞「またいつかのりにおいでよ」に着目している子どもも多い。主人公であるガンピーさんの穏やかな性格を表すキィワードであり、最後の台詞でもあることがその要因だと考えられた。発達のすじみちとして見ると、第一学年から第二学年の間と第五学年と第六学年との間に大きな数値の違いが表れている。

「船と車が違う」という、乗り物の違いに着目している子どもは、どの学年にも属しており、平均で二一%である。第四学年が四五%というのは突出しており、テクストの題材について、第四学年になり関心が高くなることが分かった。場所への着目は決して多くはないが、第三学年から場所に着目している子どもが現れ始める。全体としても、二%と着目度が低い。

物語の展開構造の共通点として、どちらも事件が起きることが挙げられる。学年が上がるにつれ、子どもたちの気付きは多くなっている（三%、一一%、一四%、一七%、二五%、三五%）。共通点でよく反応しているのが終結部への着目が挙げられる。第一・二学年の反応は皆無で、第三―五学年までもわずかである。しかし、第六学年になると二三%と大幅に増える。ここに、発達のすじみちが見える。物語の展開構造への共通点と相違点の着目の延べ数から考えると、第四学年から六〇%に達し、相当増加している。第六学年になると、さらに加速がかかり、九四%となる。これは、山元（一九九六）の「参加者としての読みから見物人としての読みへ移行する」時期と重なる。小学生である読者は、「こんな話を作った作者はえらい」「この場面の書き方がうまい」など、物語の語り手を飛び越え、作者へ反応することが多い。

子ども読者として、学年が上がるにつれ、「自分だったら」という自分が登場人物の立場に立った意見を出している。

第三節では、二つの説明的文章『あめんぼがとんだ』『みずのうえでくらすむしあめんぼ』を小学一―六年生を対象として、調査し、考察した。その結果、文学テクストの場合と同様に、学年に関係なく気付くことと学年の発達段階に影響されることとが明確になった。その中で、「語り手の語り口」など、六年生であってもほとんど気付くことができないことがあることが分かった。また、予備調査によっても、それは、大人の読みと子どもの読みの違いとしてとらえることができた。

調査の観点は、「1テクスト選択とその理由」「2共通点と相違点にどう気付いているか」「3表に書き表す」と大きく三つ設定した。

テクスト選択の理由の傾向としては、第一学年で「おもしろいから」（四一％）、「分かりやすいから」（一九％）が多く、第二学年では、「分かりやすいから」（一四％）が多かった。「説明しやすいから」などと、自分自身の説明の仕方に関するものは、一〇％であった。第四学年からは、「あめんぼはこうやって生きていくんだよと教えたいから」（一一％）などと自分が説明したいことを具体的に考えている。「分かりやすい」「詳しく書いてあるから」「成長の様子が分かるから」という理由も多い。第五学年からは、「②の子どものときや飛ぶことより、①のあめんぼがどのようになっているかを先に教えた方がいいから」というように、両テクストの特徴をとらえた上で選択していることが分かる。

テクストの文体上の特徴から考えると、第一学年から第四学年までの発達と、第五学年からの発達と、二つのまとまりと見ることもできよう。

共通点と相違点にどう気付いているか分析する観点として、①あめんぼという対象、②場面情況（場所）、③説明的文章の展開・構造、④筆者の表現の仕方、⑤説明方法による表現様式、の五点を設定した。

「あめんぼが出てくる」という共通点に着目している総数が高く、二つのテクストの説明されている対象をとらえられている。いちばん多く着目している共通点は、「あめんぼが落ちてきた虫を食べる」（平均二八％）という習性で、相違点では、「②は、あめんぼが卵から誕生することが書いてある」（平均一三％）という項目であった。第二学年と第三学年の間に、数値上で大きな違いが表れた。第三学年から比べて読み、対象の特性である共通点に気付くようになるようである。

対象に次いで子どもたちが着目したのは、住処である場所（池）である。「どちらも池に住んでいる」という共通点や「家の近くの公園」と「川の側」という明確な場所の違いに気付くなど、場面状況への反応は、学年に関係なく反応している。

「終わり方が違う」「あめんぼの成長の仕方が似ている」などの文章の展開・構造に着目しているのは少なく、ほとんどが第四学年以上である。「文学テクストを対象とした調査」でも、第四学年から文章の展開・構造に着目している子どもが相当増加していた。「書き出しが読者を引きつけるように書いてある」（共通点）と、冒頭部の働きとしてとらえている子どもは、第四学年に一人、第六学年に三人だけである。「終わり方が違う」（相違点）と、終結部の違いに着目しているのは、第六学年に一人だけだった。このように、冒頭、終結部の構造については学年が上がっても気付きにくいようである。

「表現の仕方が違う」とストレートに記述している子どもが第六学年に二人いる。「①は謎は多く、②は詳しく説明している」（四年）「①はあめんぼがしゃべっているように言っている」（五年）と書いている子どもは一名ずつで、第四学年から筆者の表現に目を向けやすくなるようである。「①はあめんぼを捕まえて観察している、②は外で観察している」と記述している子どもは少数ではあるが、第二学年以上にいる。これは、それぞれのテクストの書き表し方の特徴である。「①は自分の体験で、②はあめんぼの説明」と書いている子どもは、第六学年に三名いる。「①は主人公がいるみたいで、②は説明文のようになっている」と、語り手の存在に気付いているのも、第六学年に二人である。説明方法による表現様式の文体の違いを意識できるのは、第六学年にならないと難しいようだ。

小学生である子どもたちにとって、表に書き表すことは予想以上に難しいことが明白になった。第四学年は皆無で、第五学年で二四%、第六学年で二〇%であった。第一・二学年には回答を求めていない。実際に書かれた表には、三つのパターンが確認できた。①の内容だけを表にしたもの、②の内容だけを表にしたもの、①②の両方を上下にして表にしたもの、である。観点の取り上げ方としては、読んで理解したまま順序よく表にしたもの、それよりも高度になる説明のために観点を整理して表にしたもの、と二通りがあった。

比べ読みをした直後の自己評価（四段階）では、「とても楽しかった」「まあまあ楽しかった」とした子どもたちが平均八三%であった。比べ読みのよさとしては、①おもしろさ、②理解の深化、③読みの発見、④比べ読みへの満足感、⑤筆者の工夫の発見、の五つの集約できた。中でも「理解の深化」を第二学年以上で多く実感している。「文章の無理な展開」や「取り上げる事例の適否」などを直接批判するものはなかったものの、その前段階の批判的に読む基礎と考えられるものは少なくはなかった。「②は説明文だけど、①は説明と同時に感想を入れている」（六年二名）「①はあめんぼの特徴を、②はあめんぼの誕生を詳しく紹介している」（五年一名、六年二名）などは、それぞれのテクストの特徴をとらえており、批判的に読むことにつながっていくものと考えることができるであろう。両テクストの相違点のとらえ方（①は―で、②は―）に着目すると、第三学年から増加し、第五学年で、大幅に伸びていく。ここに、批判的に読む基礎の発達が見られる。比べて読むことによって、一つのテクストを絶対視することなく、相対化して理解することができよう。

第四節では、文学テクストと説明的文章の場合で共通する部分と独特な部分とを明らかにした。調査の観点を意図的に両者そろえる部分と違う観点とを設定した。①登場人物と対象、②物語の舞台・状況と場面情況（場所）、③物語の展開構造と説明的文章の展開構造、④作者・表現の仕方と筆者の表現の仕方は、共通する部分であり、⑤の説明方法による表現様式を筆者の表現方法と関連付けて設定した。

共通する結果としては、登場人物と対象に着目して読むことは、学年に関係なく断然多いということである。一方、展開構造や作者・筆者の表現の仕方への反応は、第三学年以上で表れ、第六学年になりこれまでにない割合で増加する。

第四項　実践の教え

本書には省略したが、研究を進める過程で先行授業を取り上げた章を立てていた。比べ読みの先行実践を文学、説明的文章、伝記文の文種で分けて取り上げ、考察した。一時間の授業に焦点を当てて具体的に考察をしたことで、それぞれの授業での子どもがどう比べて読んでいるのかが理解できた。

第一節では、現在から遡ること二〇年間を対象として、時代を追って雑誌や図書を読むことで、比べ読みがどのように行われてきたのか時代の流れを知ることができた。また、どういう授業で比べ読みは活用されているのか、整理することができた。

単元「本を本で読む」「表現くらべ」「解説は、作品を読む前に読むか、あとで読むか」などにもあるように、何かを発見するためにも比べて読むことを行っている。

大村は、批判的な態度を育成する、発見する、難しい本を理解するために読む、などをねらいとして、比べ読みを有効に使った。それが、やがて自己表現へ結合していくこと視野に入っているだろう。自分の表現を磨くために、比べて読む、気付いたことを表現へ生かすということを意識している。

比べるということは、二つを「つなぐ」はたらきがあるということに気付かせてくれた。共通点に気付きながら二つが結びつき、つながるということではなかろうか。そうするなかで、深く読める経験をもつことは、一つの作品を読むだけではできないことである。

第五項　授業構想と教師の主体性

第四章では、自身の実践を、読者が主体と成り得ていたのかを中心に省察し、表現者意識を育てる視点を持つことの有効性を確認することができた。と同時に、これまで行われた読むことにおける理論や指導法を遡り、比較検討していく中で、自分自身の授業課題に気付くことができた。

その中の第三節では、これまでの研究を踏襲して単元開発、授業構想を立てることができた。これは、実際に授業をしてみないと真の成果としては言えないが、計画段階では、メディア・リテラシーの育成も含めて構想することができた。

映画批評の仕方を書評の書き方に変換することで、両者の共通点と相違点がはっきりした。映画などの映像を使ったメディア・リテラシーの授業では、それぞれの特徴を教師がよく理解した上で指導にあたることが重要であろう。

第二節　今後の課題

前節では研究でとらえたことを成果という観点からまとめた。その中には今後の課題になるようなものも含まれているが、成果としての側面も考慮して残しておいた。本節では、挙げ出すときりがないぐらいある課題を、五点に絞って残しておく。

第一項　比べ読みの現状

第一章において、各調査の分析後、比べ読みが子どもにも教師にも遠ざけられている現状を以下の一〇点の項目に整理した。

①日常の学習で行われていない、②比べ読みの方法の理解不足、③複数テクストの開発不足、④比べ読みの積み重ね不足、⑤学年に応じたテクストの分量、⑥比べ読みの学習の成就感、⑦教師の充実感、⑧比べ読みの授業の計画性、⑩これまでの指導法からの脱却

この一〇点が向かうベクトルは、私自身にも向けられ、それらを解決していくことが私自身の大きな課題である。これらの一つ一つのことに地道に取り組み、子ども、教師の両者に実践中、実践後に充実感がなければ、これまでの調査結果が表したことを繰り返すだけである。

ただ、平成二十年版学習指導要領の〔読むこと〕第五学年及び第六学年の指導事項の中に、効果的な読み方として、「目的に応じて、本や文章を比べて読むなど効果的な読み方を工夫すること」が、目的に応じた読書として、「目的に応じて、複数の本や文章などを選んで比べて読むこと」が位置付けられた。このことは、比べ読みの現状として大変明るく、今後、各地での取り組みが盛んになっていくことであろう。次の学習指導要領改訂の頃には、比べて読むことが普通に行われていることに期待している。

第二項　理論・実践研究

第二章で取り上げた井上一郎や大村はまの理論と実践を参考にして、自分自身の授業に結合していくことが、実践に向けての重要課題である。授業実践と並行して、井上の読みの授業における考えの基盤である読者論の研究を進める。本研究で未読の現代文学理論書を読み考察し、国語教育に生かしていくことが自分の理論を固める上での課題である。また、大村の単元学習の中で使われた学習の手引きに焦点を当て、実践に生きるような学習資料の作成を推進していきたい。

第三項　他の目的を設定した比べ読みの発達調査

第三章で紹介したような比べ読みの発達調査研究を今後も継続し、その検証が必要である。調査内容は、以下の五つを考えている。

○　文学における長文テクストの比べ読みの発達調査と「文学テクストの発達調査研究」との比較
○　説明的文章における多様な表現様式の比べ読みの発達調査と「説明的文章における比べ読みの発達調査研究」との比較
○　対象が三つ以上の場合の比べ読みの調査
○　一つのテクストを読んだときと二つ以上のテクストを読んだときとの反応の差異
○　発達調査研究の継続後の総合化、発達と反応の客観化

第四項　他国の情報を参考に

比べ読みの授業実践は今後増えていくであろう。今後、授業構想する際に過去の実践と結び付けて実践し、その授業記録と過去のものとを比較検討していく。

また、他国の読むことの授業を参考にする視点も必要である。例えば、イギリスの教科書作成者ニッキ・ギャンボルによると、読むことの授業において、比べ読みは当然のように行われているそうである。実際に、ディズニーのアニメと宮崎駿のアニメを見比べ、読み比べた授業を行っている。さらに、宮崎駿のアニメと原文とを読み比べて、そのメディアの特徴をとらえるような授業も展開されている。イギリスの読むことの授業については、松山雅子の「学力をはぐくむ読書[1]」が参考になり、「比べ読み」がカリキュラムにきちんと位置付けられている。

その他にも、カナダ、ドイツ、フィンランド、アメリカの読むことの授業を探っていきたい。

第五項　メディア・リテラシー

メディア・リテラシーの必要性は、今の情報化社会には欠かせない。カナダやイギリスなどの先進国の取り組みを参考にして、鈴木みどり[2]が研究を進めたように、日本にあったメディア・リテラシーの取り組みと比べ読みと関連付けて考えていく。その後、各県、各市町村、各校でカリキュラムを作成することが必要である。全ての能力を育成することは困難であるから、各校で重点目標、内容を子どもの実態に応じて作成することが必要である。全教育活動を通して身につけさせることが求められる。

注

（1）松山雅子「学力をはぐくむ読書」『月刊国語研究』No.263、東京法令出版、二〇〇二年七月

（2）鈴木みどり編『メディア・リテラシーを学ぶ人のために』世界思想社、一九九七年六月

跋文

船津啓治さんは、鹿児島県現職教員派遣院生として、平成十八年四月から二年間、鳴門教育大学大学院学校教育研究科教科・領域教育専攻言語系コース（国語）に学ばれた俊秀である。その人柄は、交わる人の心をほぐし、思わず笑みのこぼれるなごやかさを創り出す天賦の才をもっていられる。もちろんその才は、ひたむきな努力の積み重ねによって花開いた才能でもある。

小学校で船津さんに学ぶ子どもたちだけでなく、大学院の演習やゼミナールでともに学ぶ仲間や私たち教員も、船津さんが何かやってくれる、おもしろい工夫をみせてくれると心待ちにして時を迎えるのがつねであった。これは思えばただならぬことである。船津さんを大学院に送り出してくださった宮内小学校の下野校長先生がお電話での開口一番「船津君は元気にやっていますか。彼がいないと学校がさびしい、と伝えてください。」と言われたことは忘れられない。船津さんがいかに「心待ちにされ、期待されている人」かが生き生きと伝わってきた。

平成二十年三月に大学院を修了し宮内小学校に帰任されてから、仕事の密度は上がるばかりであったと推察される。その忙しさのなかで、このたび、単独で著す船津さんの著書としては初めての『比べ読みの可能性とその方法』をまとめられたことは、ほんとうに喜ばしい。初稿段階二七七ページに及ぶ原稿を読ませてもらいながら、これは良い本になりそうだと嬉しさを禁じ得ない。この「研究」に結実していく種を船津さんの実践のなかに見いだし研究への道筋を切り開いていかれたのは、ご本人の力はもちろんのことながら、二人の恩師の導きがある。一つは、井上一郎先生のご著書やご講演、直接の指導から実践の豊かさへの強力な憧れを育まれたこと、もう一つは、鹿児島の地で野地潤家先生が講演をされたとき船津さんの実践発表後に直接声をかけられ、「まず、自分の単元を百個創り出してごらんなさい」と助言されて船津さんの意欲の炎がさらに燃え立ったことである。

本書のなかでまとめられている調査のうち、とくに思い出深いのは物語「ガンピーさん」シリーズ二作と、説明文「あめんぼのくらし」を用いた調査である。これらは学会で発表され好評価を得た。専門的な統計技法は使わなくても、分かりやすく意義深い調査結果が得られたと思うのだが、本書の読者にはどのように迎えられるだろうか。ほかに大学院での演習の際にとくに印象深かったのは、「ペンギンたんけんたい」の話と説明文教材「ヤドカリのすみかえ」の話であった。「ペンギンたんけんたい」は船津さんの口を通して語られると、とりわけ生き生きと楽しく感じられた。「ヤドカリ」の教材研究には教員である私の方がおおいに啓発され、この教材を用いて当時参加させてもらっていた科研の研究実験授業の「教材・手びき」を作り研究仲間から喜ばれた。これは私には初めての「話し合い台本型てびき」作成であり、船津さんの演習で出会わなかったら私には教材「ヤドカリのすみかえ」との邂逅はなかったであろう。船津さんの研究に負う学恩の一つである。

本書は、船津啓治さんにとって、実践研究の足固めをした「出発点」としての「まとめ」である。「百個の単元づくり」課題は、構想としてはすでに百を達成し、次は実際に実践に移して確かめ練り上げて仕上げた単元の数を伸ばしていくことを課題にしているそうである。船津さんが自分の手の内に完全に握りしめた「おはこ」としての実践・研究をこれからどれだけ仕上げていかれるか楽しみである。単元の種類や数を増やしていくとともに、この著書で足固めをした「理論・理念」研究もまた、同時に深められていくにちがいない。

船津さんのこの著書での研究は、実践者としての感性に洗われすっきりと分かりやすく頼もしい。鹿児島の地は、椋鳩十をはじめ豊かな文学的土壌と、国語教育史に名をとどめる実践研究者を輩出している。船津さんの実践研究がこの土壌に育まれ、さらに根を張り大樹になっていくことを祈念して、拙文の筆を擱く。

鳴門教育大学教育学部教授　村井　万里子

おわりに

本書は、鳴門教育大学大学院で学び、まとめたものが基盤になっています。二〇〇六年四月入学以前から私の心は鳴門へ向かっていました。六年前、当時本学にいらした世羅博昭先生に、本学のよさを聞くなど、励ましをいただいておりました。入学したとき、野地潤家先生に挨拶状をお送りし、その直後に、激励の手紙が届きました。その手紙を読みながら本学に入学した実感が湧き上がり、責任を感じたことが思い出されます。

その後、村井万里子先生のゼミに入れてもらい、毎回のゼミは充実したものでした。ゼミで発表するときには毎回、今自分は勉強しているなと実感をもてる指導を頂き、それなりの成果と多くの課題を残してきました。全国大学国語教育学会での発表前にも、御自身の発表もありながら、数回に分けて御指導いただきました。そのおかげで、何とか発表することもできました。本書の締め括りとして、跋文まで寄せていただきました。これまでの御指導に感謝申し上げます。また、国語講座の先生方には、御講義や中間発表会後の御指導など、大変参考になりました。余郷裕次先生、幾田伸司先生には国語教育に関する貴重な本を提供していただき感謝しております。さらには、同じときを過ごした院生仲間の皆様やゼミ仲間、他のコースの同級生にもありがたい気持ちでいっぱいです。日常の楽しく何気ない対話から生まれたものも数多くあります。

筆者の拙稿に目を留め、このような機会を与えてくださった溪水社の木村逸司氏に謝辞を呈します。一教師である私が、本を刊行できようとは思ってもみなかったことです。木村様の丁寧な説明と笑顔に大変励まされました。また、西岡真奈美氏には初校段階から丁寧に読んでいただき、多くの示唆を頂きました。心より御礼申し上げます。

表紙にいたっては、絵本作家の本田哲也氏（北海道在住）に「幼い日Ａ」という素敵な絵を快く提供していただき、ありがとうございました。子どものかわいらしさと夢の広がりを感じます。

本書の刊行に当たっては、井上一郎氏に特別なご配慮を頂きました。序文まで寄せて頂き大変光栄です。井上一郎先生には、多忙な中で時間を見つけてもらい直接御指導いただきました。「読書行為力」や「読書生活力」に関して、私の研究の足りない点を鋭くご指摘いただきありがとうございました。

井上一郎先生には、十数年前から講演や公開講座の際に、テクストの読み方や開発の仕方、国語の授業方法から実践論文の書き方まで、多岐に渡り御指導を頂きました。以下の論考を書く機会を得るばかりか、毎回懇切丁寧に推敲して頂き、本書の基盤になっているに違いありません。先生の厳しくも温かい言葉が心に残っています。

①『実践国語研究別冊№164読者としての子どもを育てる文学の授業集成ｐａｒｔ②理解指導と読書指導の統合』（視点の転換を図って、自然を見つめよう　第四学年「春の歌・屋久島の杉の木」）明治図書、一九九六年一〇月
②『多様な読みの力を育てる文学の指導法教材研究と全授業記録３高学年』（「海の命」の教材研究と全授業記録）明治図書、一九九八年五月
③『実践国語研究№276　国語力を高めるフィンランドの教育』（説明文「犬」の特徴を生かした授業　第四学年「ペットと親しくなろう」を通して）明治図書、二〇〇六年七月
④『読解力向上をめざした授業づくり　国語・社会・算数・理科・生活からの発信　高学年』（テキストを理解・評価しながら読む力の向上にむけた実践アイディア　「第六学年　読書発表会につながる「読むこと」の学習」）東洋館出版社、二〇〇六年八月
⑤『初等教育資料№810　10月号』（子どもが学ぶ意欲を持ち、活躍する国語科学習～「作者と語ろう」の学習を例にとりながら～）東洋館出版社、二〇〇六年一〇月
⑥『話す力・聞く力の基礎・基本を育てる　小学校上巻』「第四学年　効果音を生かして声を出そう　効果音を楽しむ」

明治図書、二〇〇八年九月
⑦『小学校学習指導要領ポイントと授業づくり　国語』「第六学年　季節を意識して『枕草子』を読もう」東洋館出版社、二〇〇八年一一月

また、国語教育にとどまらず、教師の在り方や心構え、子どもを大切にすること、発想を豊かにすること、お笑いのセンス、ひいては、人としてどうあるべきかなども教えていただきました。記して感謝のしるしとします。鹿児島大学の上谷順三郎氏には、鹿児島に戻った折に、「子どもの読みの反応」について御指導いただき、ありがとうございました。広島大学の山元隆春氏には、学会でお会いした際、「子どもの読みの発達」についてご示唆を頂いたり、刊行を薦めてもらったりしました。心より感謝します。

さて、本書の一部の内容は、既に論考として誌上及び口頭で発表する機会を得ました。以下掲げておきます。

○鳴門教育大学国語教育学会『語文と教育第22号』「文学テクストにおける比べ読みの発達調査研究」二〇〇八年八月

○全国大学国語教育学会『国語科教育研究』第115回福岡大会発表要旨集「読者主体の比べ読み学習指導の研究」二〇〇八年一一月

○日本国語教育学会編『月刊国語教育研究No.446』「比べ読みの機能」東洋館出版社、二〇〇九年六月
○鳴門教育大学国語教育学会『語文と教育第23号』「説明的文章における比べ読みの発達調査研究」二〇〇九年八月

最後になりましたが、鹿児島県教育委員会、霧島市教育委員会、並びに在籍校であります霧島市立宮内小学校の先生方、子どもたちと保護者の皆様に心から感謝します。

本書の刊行が、これまで支えていただいた全ての方々への御礼になればと考えます。

二〇一〇年五月

船津啓治

著者紹介

船津啓治（ふなつ　けいじ）

現在鹿児島県姶良市立加治木小学校教諭。名瀬市立伊津部小学校（現奄美市）・川内市立隈之城小学校（現薩摩川内市）・祁答院町立上手小学校（現薩摩川内市）・霧島市立宮内小学校を経て、2011年から現職。2006年４月から鳴門教育大学大学院言語系（国語）コースで学ぶ（2008年３月まで）。教師スタート時点では、体育、図画工作、算数が好きでそれらを中心に実践していたが、国語の重要性を感じ、国語を中心に研究、実践を続ける。現在は、子どもが文章や本を読むときにどう反応するのか、研究、実践を進めている。平成16年度「特定課題調査分析委員」（国立教育政策研究所）に従事する。南日本書道会、師範。

【論考】

「視点の転換を図って、自然を見つめよう」『実践国語研究別冊№164読者としての子どもを育てる文学の授業集成part②理解指導と読書指導の統合』明治図書、1996。「「海の命」の教材研究と全授業記録」『多様な読みの力を育てる文学の指導法教材研究と全授業記録３高学年』明治図書、1998。「読書発表会につながる「読むこと」の学習」『読解力向上をめざした授業づくり　国語・社会・算数・理科・生活からの発信　高学年』東洋館出版社、2006。「効果音を生かして声を出そう　効果音を楽しむ」『話す力・聞く力の基礎・基本を育てる　小学校上巻』明治図書、2008。「季節を意識して『枕草子』を読もう」『小学校学習指導要領ポイントと授業づくり　国語』東洋館出版社、2008。「文学テクストにおける比べ読みの発達調査研究」『語文と教育第22号』鳴門教育大学国語教育学会、2008。他多数。

比べ読みの可能性とその方法

2010年７月15日　初版発行
2012年６月25日　第２刷

著　者　船津啓治
発行所　株式会社 溪水社
広島市中区小町１－４（〒730-0041）
電話（082）246－7909／FAX（082）246－7876
E-mail：info@keisui.co.jp
組　版　㈲広島入力情報処理センター
印　刷　モリモト印刷株式会社

ISBN978-4-86327-092-3　C3081